JN301419

グループ法人税制実務事例Q&A

税理士法人プライスウォーターハウスクーパース　編著

PRICEWATERHOUSECOOPERS

税務経理協会

はしがき

　平成13年度の組織再編税制の創設から10年を経た、平成22年度の税制改正においてグループ法人税制の導入や清算所得課税の廃止等を内容とする「資本に関係する取引等に係る税制の見直し」が行われ、既存の法人課税制度は大きく変容した。

　法人税法では1990年代以後の企業統治への関心の高まりを受けて、組織再編税制（平成13年度税制改正）や連結納税制度が創設され（平成14年度税制改正）、会社法施行に伴う法制度の整備（平成18年度税制改正）が行われてきた。このような経緯の中で、会社法、組織再編制度、連結会計制度等を背景とした、近年におけるグループ法人の一体的運営の進展状況を踏まえ、法人の組織形態の多様化に対応した、課税の中立性や公平性等を実現すべく制度として「グループ法人税制」を導入するに到ったのである。そして、連結納税制度は納税者の選択により適用される「グループ法人税制」の一つの納税申告制度として位置付けられ、グループ経営を行う企業の課税制度として整理されている。

　一方、資本関連取引等と法人税制については、平成13年の金庫株の解禁、平成18年の会社法の施行を受けて、自己株式の取得に係る法人税の改正が行われた（平成13年度、平成18年度税制改正）。近年の資本等関連取引等の実態を踏まえ、租税回避行為の防止も視野に入れて税制の抜本的な見直しを図る趣旨で、みなし配当と株式譲渡損益の課税の改正、清算所得課税の廃止、組織再編税制における個々の制度の見直しが行われている。

　「グループ法人税制」は、グループ法人間の所得の通算や投資簿価修正がないということを除けば改正後の連結納税制度と大きく異なるところはない。したがって、「グループ法人税制」は連結納税制度をより広範な企業グループにも適用させた、連結納税制度の拡大版であり、法人税課税制度を大きく変えるものではない、と理解される方もおられるかもしれない。しかしながら、連結納税制度はその適用を法人の選択に委ねられているが、グループ法人税制は、

選択の有無にかかわりなく、100％グループ内の法人間の資産譲渡損益の繰延べや寄附金税制の不適用、子会社の清算損失の非計上等が適用されることになるから、グループ経営を行う企業の法人課税制度は、改正前後でかつてない大きな変化を遂げたといわざるを得ず、企業経営に与える影響も無視できない。
　「グループ法人税制」はグループ内の効率的な資源配分を税制支援する制度として機能することが期待される一方で、組織再編税制や連結納税制度が関連する取引においては、改正前とは比較にならないほど、税務の取扱いが複雑かつ難解になったことは確かである。

　本書は、平成22年度の税制改正のうち、グループ法人税制と資本関連取引の改正を、グループ法人税制、連結納税制緯、資本取引、清算所得、組織再編の5章に分け、78問のＱ＆Ａ方式で改正内容を解説するものである。Ｑは基礎的なものから応用的事例までを盛り込み、Ａではまず Point で回答の要点を示し、Answer では数値例や仕訳例も織り込みながら平易な解説を心がけた。読者としては、法人税に携わる税理士・公認会計士や企業の実務家を想定し、条文等が確認できるように政省令、通達のリファーを入れている。

　本書が難解といわれるグループ法人税制及び資本関連取引の改正の参考書として実務にお役立て頂ければ幸いである。

　最後に多忙な業務の中、短期間で各章の執筆を担当された執筆者各位と内容面で細部にわたりアドバイスを頂いた久保田英夫氏、竹之内茂氏、高野公人氏、宮口徹氏、蒲地正英氏、中原拓也氏、事務局の安藤淳子さんに深く感謝を申し上げる。また、本書の刊行に到るまで辛抱強くご手配頂いた編集部の小林規明氏には厚く御礼申し上げたい。

平成22年9月10日

税理士法人プライスウォーターハウスクーパース
理事長　鈴木洋之

目　　次

はしがき　1

第1章　グループ法人税制

- **Q1**　グループ法人税制の導入の背景……………………………… 2
- **Q2**　グループ法人税制の適用法人…………………………………… 7
- **Q3**　完全支配関係を有することとなった日の判定………………… 13
- **Q4**　外国法人に対するグループ法人税制の適用…………………… 15
- **Q5**　個人による完全支配……………………………………………… 19
- **Q6**　譲渡損益の繰延べ─対象となる資産と取引…………………… 23
- **Q7**　譲渡損益の繰延べ─譲渡法人及び譲受法人の原則的処理…… 27
- **Q8**　譲渡損益の繰延べ─事業譲渡時における「のれん」の取扱い…… 32
- **Q9**　譲渡損益の繰延べ─繰り延べた譲渡損益の実現事由………… 37
- **Q10**　譲渡損益の繰延べ─減価償却（原則法）による固定資産の繰延譲渡損益の部分的実現……………………………………… 40
- **Q11**　譲渡損益の繰延べ─減価償却（簡便法）による固定資産の繰延譲渡損益の部分的実現……………………………………… 44
- **Q12**　譲渡損益の繰延べ─有価証券の一部譲渡及び評価換えによる繰延譲渡損益の実現…………………………………………… 48
- **Q13**　譲渡損益の繰延べ─譲受金銭債権の貸倒れによる繰延譲渡損益の全部実現……………………………………………………… 53
- **Q14**　譲渡損益の繰延べ─譲受資産のグループ外譲渡による繰延譲渡損益の全部実現………………………………………………… 58
- **Q15**　譲渡損益の繰延べ─譲受資産のグループ内譲渡による繰延譲渡損益の全部実現………………………………………………… 63
- **Q16**　譲渡損益の繰延べ─完全支配関係の終了に伴う繰延譲渡損益の全部実現………………………………………………………… 67

- **Q17** 譲渡損益の繰延べ―譲渡法人又は譲受法人の適格合併による解散 ……………………………………………………………………… 72
- **Q18** 譲渡損益の繰延べ―圧縮記帳を適用していた資産の譲渡等 ……… 76
- **Q19** 譲渡損益の繰延べ―税効果会計への影響 ……………………………… 81
- **Q20** 譲渡損益の繰延べ―法人相互間の通知義務 …………………………… 85
- **Q21** 譲渡損益の繰延べ―確定申告書に添付すべき系統図 ……………… 91
- **Q22** 完全支配関係法人間における寄附金税制の概要 …………………… 94
- **Q23** 完全支配関係にある法人についての寄附金税制の適用対象 ……… 98
- **Q24** 子法人株式等の寄附修正 ………………………………………………… 100
- **Q25** 寄附―グループ間の資産の低廉譲渡 …………………………………… 105
- **Q26** 寄附―グループ間の資産の高額譲渡 …………………………………… 110
- **Q27** 寄附―譲渡損益調整資産の低廉譲渡 …………………………………… 114
- **Q28** 寄附―子会社を再建、清算する際の債務免除等の財務支援 ……… 120
- **Q29** 寄附―経済的利益の供与 ………………………………………………… 123
- **Q30** 大法人子会社の中小法人特例非適用 …………………………………… 126
- **Q31** 資本金5億円以下の判定 ………………………………………………… 129

第2章 連結納税制度

- **Q1** 連結納税制度とグループ税制との相違点 ……………………………… 136
- **Q2** 連結納税の承認申請書の提出期限 ……………………………………… 140
- **Q3** 連結子法人の連結納税承認の効力発生日の特例 ……………………… 144
- **Q4** 連結納税の開始又は加入に伴う資産の時価評価制度の特例 ……… 147
- **Q5** 連結納税の開始又は加入に伴う繰越欠損金の取扱い―概論 ……… 149
- **Q6** 連結納税の開始又は加入に伴う繰越欠損金の取扱い ……………… 153
- **Q7** 連結納税の承認取消と繰延譲渡損益の処理 …………………………… 158
- **Q8** 連結法人間の寄附金 ………………………………………………………… 161
- **Q9** 連結納税での現物分配の取扱い ………………………………………… 165

目 次

- **Q10** 連結子法人の解散 …………………………………………… 168
- **Q11** 分割型分割とみなし事業年度 ……………………………… 174
- **Q12** 連結法人からの自己株式の取得 …………………………… 177

第3章 資本取引

- **Q1** 公開買付けによる自己株式の取得 ………………………… 184
- **Q2** 100％グループ内の法人間での自己株式の取得 ………… 190
- **Q3** 完全親会社株式の処分 ……………………………………… 194
- **Q4** MBO後に実施する自己株式の取得 ……………………… 198
- **Q5** TOB後の少数株主のスクイーズアウト―金銭交付の吸収合併のケース ………………………………………………… 205
- **Q6** TOB後の少数株主のスクイーズアウト―全部取得条項付種類株式のケース ………………………………………… 210
- **Q7** 非適格合併に係る抱合株式の取扱いについて …………… 217
- **Q8** 受取配当等の益金不算入制度の改正の概要 ……………… 222
- **Q9** 完全子法人株式等の判定 …………………………………… 225
- **Q10** 完全子法人株式等の判定―期中取得株式の取扱い ……… 231
- **Q11** 受取配当等の益金不算入額計算における控除負債利子の計算 …… 234
- **Q12** 受取配当等の益金不算入額における原則法による控除負債利子の計算 ……………………………………………… 238

第4章 清算

- **Q1** 法人の解散に係る平成22年度税制改正の概要 …………… 242
- **Q2** 清算所得課税から通常所得課税への移行に伴う実務上の影響 …… 246
- **Q3** 完全支配関係のある子会社で残余財産が確定した場合の取扱い … 253
- **Q4** 完全支配関係のある子会社の清算―残余財産の分配なし ……… 261

- **Q5** 完全支配関係のある子会社の清算—残余財産の金銭分配……………264
- **Q6** 完全支配関係のある子会社の清算—残余財産の現物分配……………268
- **Q7** 完全支配関係のない子会社の清算—残余財産の現物分配……………272
- **Q8** 残余財産の一部分配が行われた場合の予納申告の要否……………277
- **Q9** 法人の解散後に継続の決議が採択された場合の取扱い……………279
- **Q10** 外国法人の100％子会社（内国法人）の清算……………283
- **Q11** 外国子会社の清算と株主の課税……………288

第5章　組織再編税制

- **Q1** 適格現物分配の創設—改正前後の取扱い……………292
- **Q2** 適格現物分配の創設—完全支配関係のある外国法人への現物分配
　…………………………………………………………………………300
- **Q3** 適格現物分配—減価償却に関する取扱い（有形固定資産の現物分配）……………303
- **Q4** 適格現物分配—みなし配当との関係……………307
- **Q5** 適格現物分配—孫会社の子会社化……………313
- **Q6** 100％グループ内の法人間で非適格合併が行われた場合の再編当時会社と株主における処理……………318
- **Q7** 100％グループ内の法人間で非適格分割が行われた場合の再編当時会社と株主における処理……………322
- **Q8** 100％グループ内の法人間で非適格株式交換が行われた場合の再編当時会社と株主における処理……………326
- **Q9** 無対価組織再編の取扱いの概要……………328
- **Q10** 兄弟会社間の分割と孫会社間の分割……………336
- **Q11** 適格再編における貸倒引当金の処理……………340
- **Q12** 適格再編における売買目的有価証券の処理……………345

第1章
グループ法人税制

 **グループ法人税制の導入の背景**

平成22年度の税制改正により導入された「グループ法人税制」の概要と制度化の経緯について教えてください。

POINT

- グループ法人税制とは100％グループ内の内国法人間での一定の資産の譲渡取引、寄附、受取配当、現物配当、及び株式の発行法人への譲渡等取引について、企業グループの経済的一体性に着目して課税の中立性や公平性等を確保すべく創設された仕組みです。
- グループ法人税制は、近年の企業グループの一体的運営を踏まえ、経済的実態に即した課税を行うため、平成22年度税制改正前の連結納税制度を発展させるかたちで創設されました。

Answer

1. 制度概要

　平成22年度の税制改正において、資本に関係する取引等に係る税制として、100％の資本関係にある内国法人間で行われる一定の資産譲渡、寄附、配当、株式の発行法人への譲渡等につき、税務上は損益を認識しない仕組みが創設されました。これがいわゆる「グループ法人税制」です。本制度は、100％の資本関係により強固に結ばれた企業グループを経済的に一体性のあるものとして課税関係を規律しようとする仕組みであり、平成22年度税制改正前の連結納税制度を発展するかたちで制度化されました。すなわち、平成22年度税制改正後は、連結納税制度はグループ法人税制の適用法人における選択的な申告納税制度として位置付けられることとなったといえます。また一方で、連結納税制度

第1章 グループ法人税制

についても大幅な改正が行われたことから、100％グループ内の内国法人間の取引については、連結納税適用法人と単体納税適用法人とでは、所得の通算の有無を除けば、両者において取扱いの差異がなくなったといえます。

100％グループ内の内国法人間での資産の移転を例にとると、本制度の内容は次の図のとおり説明ができます。

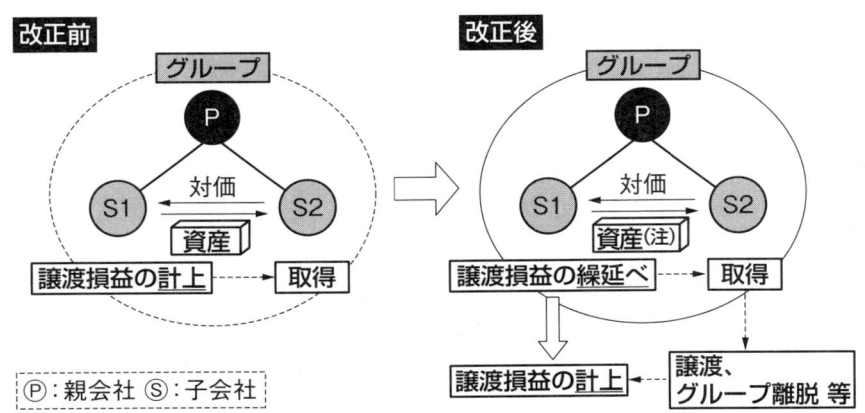

(注)棚卸資産、帳簿価額1,000万円未満の資産等は対象外
(出典：国税庁パンフレット「平成22年度税制改正」)

本制度導入前は100％グループ内の内国法人間での資産の譲渡取引であっても、一般的な譲渡取引の場合と同様に扱い、資産を譲渡した法人（以下「譲渡法人」といいます）は譲渡時に損益を認識する必要がありました。本制度導入により、資産のグループ内取引により生じた一定の資産の譲渡損益については、資産を譲り受けた他の内国法人（以下「譲受法人」といいます）において資産の譲渡等の事由が生じる時点まで計上が繰り延べられることとなりました。これは100％企業グループを一体として捉えた結果であり、当該損益は、譲受法人においてその資産の譲渡等の事由が生じた場合などに、譲渡法人において認識されることになります。

グループ法人税制は、具体的には次のような個々の制度に反映されています。

(イ) 100％グループ内の内国法人間で一定の資産の移転を行ったことにより生ずる譲渡損益を、譲受法人においてその資産の譲渡等の事由が生じたときに、その譲渡法人において計上する（法法61の13）。

(ロ) 100％グループ内の内国法人間の寄附金について、支出法人において全額損金不算入とするとともに、受領法人において受贈益を全額益金不算入とする（法法25の2、37②、81の6②）。

(ハ) 100％グループ内の内国法人間の現物配当（みなし配当を含む）について、現物分配法人における当該現物分配直前の帳簿価額により資産を譲渡したものとする（法法62の5③）。

(ニ) 100％グループ内の内国法人からの受取配当について益金不算入制度を適用する場合には、負債利子控除を適用しない（法法23④）。

(ホ) 100％グループ内の内国法人の株式を発行法人に対して譲渡する場合、当該株式の譲渡損益の計上を行わない（法法61の2⑯）。

(ヘ) 資本金の額が1億円以下の中小法人に係る次の制度については、資本金の額が5億円以上の法人の100％グループ内の法人には適用しない。

(a) 軽減税率（法法66⑥二、措法42の3の2）
(b) 特定同族会社の特別税率の不適用（法法67①）
(c) 貸倒引当金の法定繰入率（措法57の10①）
(d) 交際費等の損金不算入制度における定額控除制度（措法61の4①）
(e) 欠損金の繰戻しによる還付制度（措法66の13①一）

なお、上記制度は、連結納税制度のように適用が法人の任意の選択（適用申請を行う）に委ねられるものではなく、要件が満たされる法人すべてに強制適用されます。

2. 制度化の背景

このグループ法人税制創設の背景には、企業が近年の経済活動においてグループ経営により重点を置き、グループ法人の一体的運営を進めてきたことがあります。

このような企業経営のあり方の変化に対応するよう、税制も改正を重ねてきました。平成13年度改正では組織再編に係る税制が整備され、一定の要件を満たすグループ内資産移転は適格組織再編成として帳簿価額による移転が可能となりました。また平成14年度改正では連結納税制度が創設され、一体として事業活動を行っている企業グループについて、そのグループを１つの納税主体として申告納税が行えるようにしました。

　ただ、組織再編税制はグループの形成や再編成に係る制度であり、適用にあたっては会社法上要請される所定の手続を経る必要があること、連結納税制度は高度な申告書作成技術が必要となる点において、グループ法人の一体的運営に資する制度としては機動性に欠けるという面がありました。

　グループ法人税制は、従来の法人格という法律上の形式にとらわれず、企業グループの経済活動を円滑にし、税負担を伴わない適正なグループ内資源配分を可能とする、経済実態にあった課税を行う制度として導入されたものといえます。

　なお、本制度の趣旨につき、経済産業省は次のとおり説明しております。

> グループ内（100％資本関係のある国内会社間）の取引等について、含み損益を実現せずに円滑に資産移転ができるようにする等、グループ経営の実態を踏まえ、中立的な税制を整備する（経済産業省「平成22年度税制改正のポイント」）。

○我が国企業は、分社化や完全子会社化による企業グループの形成など、企業グループの一体的な経営を展開している。
　→こうした実態を踏まえ、中立的な税制を整備することが必要。
　　具体的には、
　　①グループ内取引等に関する税制の整備
　　②連結納税制度の見直し
　　③その他（資本に関係する取引等に係る税制の見直し）

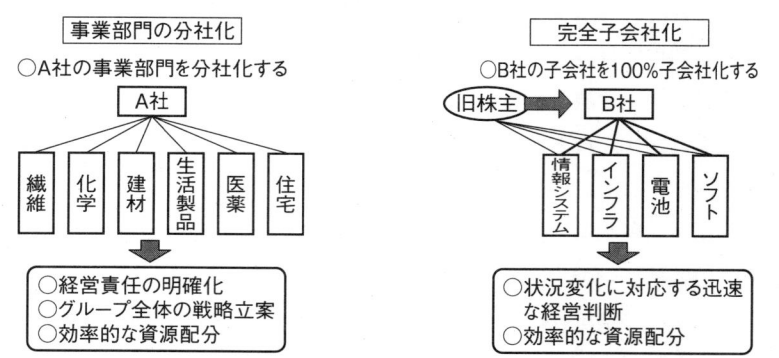

（出典：経済産業省「平成22年度税制改正のポイント」）

第1章　グループ法人税制

Q2 グループ法人税制の適用法人

グループ法人税制はどのような企業グループ及び法人に対して適用になるのですか。

POINT

- グループ法人税制は完全支配関係を有する法人に対して適用されます。完全支配関係は一の者が発行済株式又は出資（当該法人が有する自己の株式又は出資は除きます。以下「発行済株式等」といいます）の全部を保有する関係をいい、一の者の概念には外国法人や個人も含まれます。
- グループ法人税制の適用要件は個々の制度により異なりますので、留意が必要です。

Answer

　グループ法人税制は、「完全支配関係」を有する内国法人に対して適用され（法法61の13など）、国内に支店を有する外国法人については法人税法142条により準用される項目についてのみ、適用があります。
　ここで完全支配関係とは、
① 一の者が法人の発行済株式等の全部を直接若しくは間接に保有する関係として政令で定める関係（当事者間の完全支配の関係）
又は
② 一の者との間に当事者間の完全支配関係がある法人相互の関係
と定義されています（法法2十二の七の六）。
　具体的には次に示す関係をいいます。

① 当事者間の完全支配の関係

② 一の者との間に当事者間の完全支配関係がある法人相互の関係

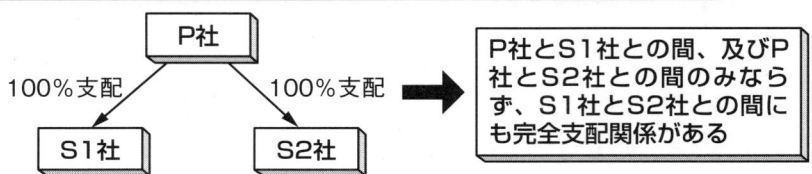

③ 間接支配のケース（みなし直接完全支配関係）

④ 子会社相互持合のケース

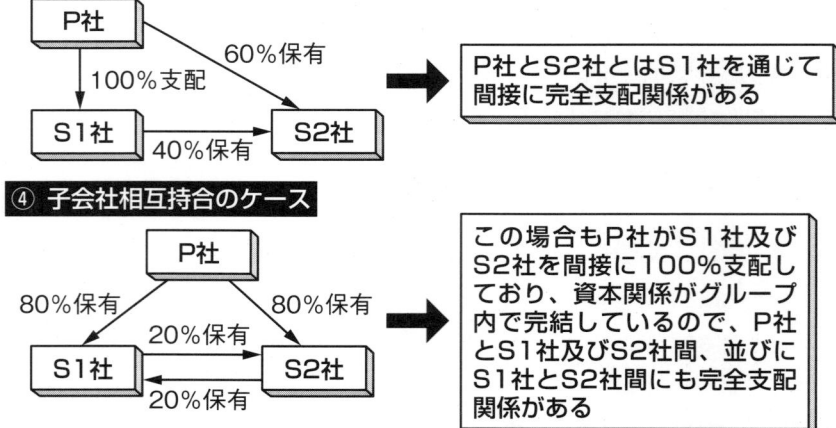

　ここでいう「一の者」には、連結納税制度の場合と異なり、内国法人のみならず、外国法人や個人も含まれます（個人には同族関係者も含まれます（法令4の2②））。
　ただし、グループ法人税制の適用要件は個々の規定によって異なります。
　例えば、寄附金及び受贈益の取扱いについては、適用範囲が法人による完全支配関係に限定されているため、個人により直接に完全支配関係を有する法人

第1章　グループ法人税制

への適用はありません（詳細は本章Q5を参照）。また、グループ法人税制の各個別制度は、法人間の取引に限られているため（法法61の13①など）、個人を頂点とするグループにおいて、その個人との間で直接なされた取引は本制度の適用の対象外となります。

　一方、完全支配関係のある企業グループ内における外国法人の国内源泉所得金額の計算においては、資産の移転による譲渡損益の繰延べ等、グループ内の内国法人間の取引を対象とした規定については適用されませんが、受取配当の益金不算入制度及び中小法人向け特例措置の制限等は適用されます（法法142、詳細は本章Q4を参照）。

① 外国法人が完全支配をしているケース

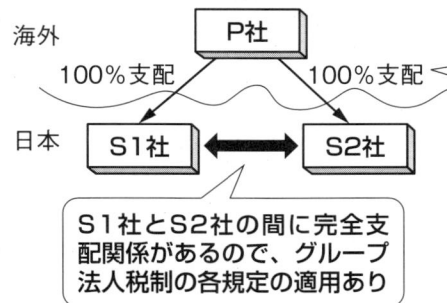

② 個人が完全支配をしているケース

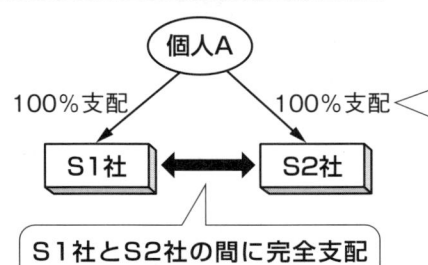

ところで、完全支配関係があるかどうかの判定における、完全支配関係を有することとなった日に関しては、それぞれ次に掲げる日とされています（法基通1-3の2-2）。
 (1)　株式の購入…株式の引渡しのあった日（購入に係る契約の成立した日ではないことに注意）
 (2)　新たな法人の設立…法人の設立後最初の事業年度開始の日
 (3)　合併（新設合併を除く）、分割（新設分割を除く）及び株式交換…それぞれの効力を生ずる日
　なお、完全支配関係は上述のとおり、発行済株式等の100％を保有する関係となりますが、この100％の判定にあたっては、連結納税制度と同様に、次に掲げる株式又は出資を当該発行済株式等から除外して完全支配関係があるか否かを判定することになります（法令4の2②）。
 ㈑　自己株式又は出資
 ㈖　発行済株式総数（自己が有する自己の株式を除く）のうちに次の株式等の合計が5％未満である場合の当該株式等
　　(a)　従業員持株会（法人の使用人のみが組合員となっているもの）の所有株式
　　(b)　役員又は使用人に付与された新株予約権の行使により役員又は使用人が取得した株式
　ここでいう従業員持株会は民法に規定する組合契約による組合に限られているため、いわゆる証券会社方式による持株会は原則としてこれに該当しますが、人格のない社団等に該当するいわゆる信託銀行方式による持株会はこれに該当しません（法基通1-3の2-3）。また、持株会の組合員となる「法人の使用人」に、いわゆる使用人兼務役員は含まれません（法基通1-3の2-4）。

第1章　グループ法人税制

【参考】
グループ法人税制の適用対象法人等の比較

制度	適用対象法人	取引相手の制限	完全支配関係に関する制限
ⅰ　100％グループ内の法人間の資産の譲渡取引等（譲渡損益の繰延べ）（法法61の13）	資産の譲渡法人〔内国法人（普通法人又は協同組合等に限る）〕	資産の譲受法人〔完全支配関係のある他の内国法人（普通法人又は協同組合等に限る）〕	制限なし
ⅱ　100％グループ内の法人間の寄附金の損金不算入（法法37②）	寄附を行った法人〔内国法人〕	寄附を受けた法人〔完全支配関係のある他の内国法人〕	法人による完全支配関係に限られる
ⅲ　100％グループ内の法人間の受贈益の益金不算入（法法25の2）	寄附を受けた法人〔内国法人〕	寄附を行った法人〔完全支配関係のある他の内国法人〕	法人による完全支配関係に限られる
ⅳ　100％グループ内の法人間の現物分配（適格現物分配による資産の簿価譲渡）（法法2十二の六、十二の十五、62の5③）	現物分配法人〔内国法人（公益法人等及び人格のない社団等を除く）〕	被現物分配法人〔完全支配関係のある他の内国法人（普通法人又は協同組合等に限る）〕	制限なし
ⅴ　100％グループ内の法人からの受取配当等の益金不算入（負債利子控除をせず全額益金不算入）（法法23①④⑤）	配当を受けた法人〔・内国法人　・外国法人*〕	配当を行った法人〔配当等の額の計算期間を通じて完全支配関係があった他の内国法人（公益法人等及び人格のない社団等を除く）〕	制限なし

vi 100％グループ内の法人の株式の発行法人への譲渡に係る損益（譲渡損益の非計上） （法法61の2⑯）	株式の譲渡法人〔内国法人〕	株式の発行法人〔完全支配関係がある他の内国法人〕	制限なし

*　上記のとおりi～iv及びviの制度は、外国法人について適用がありません。したがって、vの制度のみが外国法人に適用されますが、その適用対象となる外国法人は法人税法141条1号から3号《外国法人に係る各事業年度の所得に対する法人税の課税標準》に掲げる外国法人、換言すれば、いわゆる恒久的施設が我が国にあることにより法人税の納税義務を有する外国法人に限られます。

（出典：国税庁「平成22年度税制改正に係る法人税質疑応答事例（グループ法人税制関係）」）

 完全支配関係を有することとなった日の判定

当社（S1社）は現在、グループ会社（S2社）の発行済株式の90％を保有しています。今般、S2社の完全子会社化を進めるにあたり、少数株主からの株式取得、株式交換、合併等の組織再編の手法を検討しています。この場合、完全支配関係を有することとなった日を、どのように判定すべきか、教えてください。

POINT

- 完全子会社化の手法により、完全支配関係を有することとなる日が異なります。組織再編手法による場合には再編の効力発生日が完全支配関係発生の判定日となり、株式取得の場合には、株式の引渡しが行われた日が判定日となります。

Answer

　グループ法人税制は、完全支配関係がある内国法人間の取引について適用されますが、いつの時点で完全支配関係を有することとなったかが、課税関係を検討する上で重要となります。
　法人税基本通達1−3の2−2では、支配関係及び完全支配関係を有することとなった事由ごとに、以下のとおり支配関係及び完全支配関係を有することとなった日を判定するものとしています。

支配関係・完全支配関係の発生事由	支配関係・完全支配関係発生の判定日
① 株式の購入	当該株式の引渡しのあった日
② 新たな法人の設立	当該法人の設立後最初の事業年度開始の日
③ 合併（新設合併を除く）	合併の効力を生ずる日
④ 分割（新設分割を除く）	分割の効力を生ずる日
⑤ 株式交換	株式交換の効力を生ずる日

　株式の購入により完全支配関係が生じる場合については、株式の購入に係る約定日と株式の引渡しの日のいずれをもって、完全支配関係を有することとなる日と判定すべきかが問題となります。完全支配関係を有することとなった日とはその法人を現実に支配することができる関係が生じた日をいうものであることから、株式の購入の場合にはその株式の株主権が行使できる状態となる株式の引渡し日をもって完全支配関係が生じたものと扱うことが相当であるということより、株式の引渡し日をもって判定をすることになります。同様に、株式の譲渡により完全支配関係を有しないこととなった日も、株式の引渡日をもって判定をすることになります。

　なお、株式を譲渡した法人における当該株式の譲渡損益の計上は、原則として、従来どおり、約定日に行うことになりますので、留意が必要です。

　グループ法人税制適用の判定にかかる規定の新設（法基通1-3の2-2）に合わせ、連結納税制度における完全支配関係の発生日の判定も同様の取扱いとすることとされました（連基通1-2-2）。ただし、平成22年10月1日前に締結された株式の購入に係る契約については、従前どおり約定日により判定することとしています（連基通経過的取扱い(1)）。

第1章　グループ法人税制

 外国法人に対するグループ法人税制の適用

　当社（P社）は外国法人で下図のとおり間接的に日本国内に100％子会社（S2社）を保有しているほか、支店を有しています。平成22年度税制改正により導入されたグループ法人税制の適用を受けることになりますか。

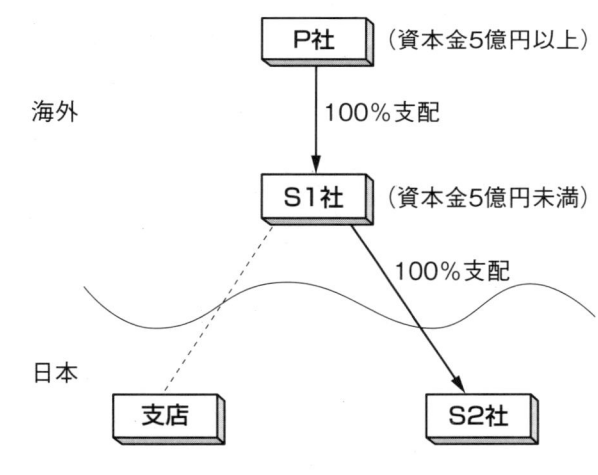

POINT

- 外国法人を頂点とする企業グループでも完全支配関係を有する内国法人については、グループ法人税制の適用があります。
- グループ内の外国法人に関しては、適用になるグループ法人税制関連の制度と適用にならない制度があります。
- 受取配当の益金不算入制度や中小法人向け特例措置の制限については日本支店を有する外国法人にも適用されます。

Answer

　連結納税制度と異なり、グループ法人税制の適用の前提となる完全支配関係を有する企業グループには、外国法人を頂点とする100％企業グループも定義上含まれます。よってＰ社と100％子会社であるＳ１社及びＳ２社との間には完全支配関係があるといえます。
　ただし、グループ法人税制は原則、内国法人間の取引を対象としていますので、企業グループ内の外国法人（日本国内の支店を含む）に対しては、グループ法人税制の各規定のすべてが適用になる訳ではないので注意が必要です。

1．グループ法人間の取引に関する制度の適用関係

　外国法人については国内源泉所得につき日本での納税義務が生じます（法法141）。この国内源泉所得は外国法人の区分に応じてその範囲が異なりますが、日本に支店等の恒久的施設を有する外国法人の場合は原則として、内国法人の所得金額の計算の規定に準じて、その所得金額が計算されます（法法142）。この所得計算において、適用されるグループ法人税制関連の規定と適用されない規定が次のとおり区分されます。
　①　外国法人に適用される制度
　　・受取配当（完全子法人株式等）の全額益金不算入（法法23④一）
　②　外国法人に適用されない制度
　㈲　資産譲渡損益の繰延べ（法法61の13）
　㈹　内国法人への現物分配時の譲渡損益繰延べ（法法２十二の十五、62の５③）
　㈺　寄附金の損金不算入及び受贈益の益金不算入（法法25の２①、37②）
　㈻　株式を発行法人に譲渡した場合（自己株式の譲渡の場合）における譲渡損益の非計上（法法61の２⑯）

　したがって、本事例におけるＳ２社がＳ１社の日本支店に資産を売却しても、グループ内の外国法人に対する資産譲渡となるため、これに伴う譲渡損益は繰

り延べられません。一方、S2社がS1社に配当金を支払った場合、S1社の国内源泉所得金額の計算上、当該配当金額は、S1社の負債利子の金額にかかわらず、S1社ではその全額が益金不算入として扱われます（なお、P11の表を参照）。

2. 中小法人向け特例措置の制限についての適用関係

　資本金又は出資金の額が5億円以上の法人による完全支配関係のある法人には適用しないこととされている次の中小法人向け特例措置については、内国法人と同様に外国法人にも適用はありません。

　(イ)　軽減税率（法法143②⑤）
　(ロ)　貸倒引当金の法定繰入率（法法142、措法57の10①）
　(ハ)　交際費等の損金不算入制度における定額控除制度（法法142、措法61の4①）
　(ニ)　欠損金の繰戻しによる還付制度（法法145①、措法66の13①一）

　なお、特定同族会社の留保金課税については外国法人に対しては適用除外とされています（法法67①）。

　ところで、普通法人（外国法人を含む）を完全支配している外国法人が上述の「資本金又は出資金の額が5億円以上の法人」に該当するかどうかの判定については、完全支配されている普通法人の事業年度終了の時における当該外国法人の資本金の額又は出資金の額を同日の電信売買相場の仲値（TTM）により換算した円換算額によるとされています（法基通16-5-2）。

　S1社を完全支配しているP社の資本金の額が5億円以上であるため、S1社は上述の中小法人向け特例措置の適用制限の対象となります。したがって、S1社の日本支店の国内源泉所得及び法人税を計算する際には、中小法人向け特例措置の適用を受けることはできません。なお、S2社を直接完全支配しているS1社の資本金の額は5億円未満ですが、S2社を間接的に完全支配しているP社の資本金の額が5億円以上であるため、S2社も上述の中小法人向け特例措置の適用制限の対象となり、S2社の所得及び法人税を計算する際には、

中小法人向け特例措置の適用を受けることはできません(法基通16-5-1、本章Q30及びQ31参照)。

第1章 グループ法人税制

 個人による完全支配

　私（A）は下図のとおり日本国内に法人（S1社）を単独で保有しております。また、私の弟であるB及びその妻Cと共同で別の内国法人（S2社）を保有しています。この場合、S1社とS2社間の取引にもグループ法人税制は適用になりますか。

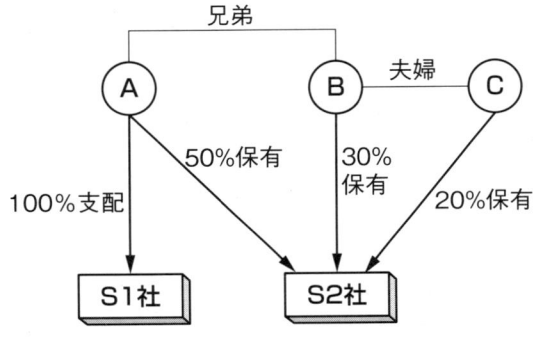

POINT

- 個人により完全支配される内国法人間の取引についても完全支配関係を有する法人相互の関係としてグループ法人税制の適用があります。
- 個人による支配の場合、完全支配関係の定義上「一の者」を判定する際には、その同族関係者も合わせて検討する必要があります。
- グループ法人税制の個別制度の適用に関しては、寄附金の損金不算入及び受贈益の益金不算入規定の適用がありません。

Answer

1. 個人による完全支配

　完全支配関係を判定する際の基準となる「一の者」の定義には個人も含まれます。よって、グループ法人税制が適用される前提となる完全支配関係の形態には、法人が支配するグループだけでなく、個人が支配する企業グループも含まれます。

2.「一の者」による支配の判定

　個人が支配するケースで「一の者」を判定する際には、本人のみならず、本人と「特殊の関係のある個人」も合わせて考えることとされています（法令4の2②）。これは、ある個人と同族関係にある個人とを総じて「一の者」とすることを意味しています。
　この同族関係にある個人には次の者が該当します（法令4①）。
(イ)　株主等の親族
(ロ)　株主等と婚姻の届出をしていないが事実上婚姻関係と同様の事情にある者
(ハ)　株主等の使用人
(ニ)　(イ)～(ハ)以外で株主等から受ける金銭等によって生計を維持しているもの
(ホ)　(イ)～(ハ)と生計を一にする親族
　また、ここでいう親族とは次の関係にある者をいいます（民725）。
　　(a)　六親等内の血族
　　(b)　配偶者
　　(c)　三親等内の姻族

　本事例におけるS1社はAによって完全支配されておりますので、S2社がAとその同族関係者によって完全支配されていると認められれば、S1社とS

2社が「一の者」によって完全支配されている、すなわち、両社の間に完全支配関係があると判定されることになります。

Aから見て、Bは兄弟ですので二親等の血族となり、また、Cはその兄弟の配偶者にあたりますので、二親等の姻族となります。よっていずれも上述の親族の範囲に該当するため、AとB及びCは同族関係にあり、B2社はAを含む「一の者」により完全支配をされている法人と判定されます。

結果として、B1社とB2社との間には完全支配関係があるといえます。

3. 個人支配のグループに対する制度適用

上述のように、個人により完全支配される法人間にも完全支配関係は成立し、例えば、本事例のS1社がS2社に資産を売却した際には、その譲渡損益はS2社における譲渡等の事由が生じるまでS1社で繰り延べられます。

ただし、寄附金の損金不算入及び受贈益の益金不算入の規定については、適用範囲が「法人による完全支配関係」に限定されており（法法25の2①、37②）、本事例のような個人により完全支配されている法人間の取引には適用にならないので注意が必要です。これは、上述のとおり、個人による完全支配関係の判定には本人に加えて同族関係者も考慮されますので、例えば、本人が100％持分を保有する法人から本人の子が100％持分を保有する法人へ資産を譲渡する場合、両社間に「一の者」による完全支配関係に基づく寄附金の益金不算入を認めると、一切課税されることなく親子間で財産の移転が可能になってしまうため、これを防止する趣旨から個人支配のグループには不適用とされたものです。

一方、内国法人が寄附金を支出した他の内国法人との間に、法人による完全支配関係があるだけでなく、さらに個人による完全支配関係もある場合（すなわち、個人が間接的に内国法人の発行済株式等を保有することによる完全支配関係がある場合）については、寄附金の損金不算入及び受贈益の益金不算入の規定が適用されます（法基通9-4-2の5）。

なお、グループ法人税制の各規定は法人間の取引を対象としていますので、

同一グループ内の取引でも、支配している個人との取引はそもそも対象となりません。したがって、S1社又はS2社がAに資産を売却しても、譲渡損益の繰延べは認められません（なお、P11の表を参照）。

 **譲渡損益の繰延べ
―対象となる資産と取引**

グループ法人税制において譲渡損益の繰延べの対象となる資産にはどのようなものが含まれますか。また、対象となる取引には、例えば非適格合併に伴う資産移転のケースなども含まれますか。

POINT

- 譲渡損益の繰延べの対象となる資産は「譲渡損益調整資産」として規定上限定されています。
- 譲渡損益の繰延べの対象となる取引には通常の資産の売買取引のほか、完全支配関係を有する法人間で行われる非適格合併等による資産の移転も含まれます。

Answer

1．対象となる資産―譲渡損益調整資産

　内国法人がその有する一定の資産を完全支配関係のある他の内国法人に譲渡した場合、その資産に係る譲渡利益額又は譲渡損失額は、その譲渡した事業年度（非適格合併による資産の移転の場合には合併の日の前日の属する事業年度）の所得金額の計算上、損金の額又は益金の額に算入されます（法法61の13①）。すなわち、当該資産に係る譲渡損益の計上は次年度以降に繰り延べられることになります。

　この100％グループ内の内国法人間の資産譲渡において譲渡損益の繰延べの対象となる資産は「譲渡損益調整資産」と定義され、次のものが含まれるとされています（法法61の13①）。

　(イ)　固定資産

㈹　土地（土地の上に存する権利を含み、固定資産に該当するものを除く）

　㈺　有価証券

　㈻　金銭債権

　㈾　繰延資産

　なお、下記資産については、上記の譲渡損益調整資産から除かれることになっています（法令122の14①）。

　　(a)　売買目的有価証券
　　(b)　譲渡を受けた法人において売買目的有価証券として取り扱われる有価証券
　　(c)　譲渡した法人における譲渡直前の帳簿価額が1,000万円に満たない資産

　上記の譲渡損益調整資産の定義からも明らかなように、土地以外の棚卸資産は譲渡損益の繰延べの対象とはされていません。譲渡資産が棚卸資産に該当するか固定資産に該当するか、あるいは売買目的有価証券に該当するかは資産の譲渡法人での所有区分によって判断するものと考えられます。したがって、譲渡法人が棚卸資産あるいは売買目的有価証券として保有していた資産を譲受法人において固定資産あるいは投資有価証券として受入れた場合には、当該資産の譲渡損益は繰り延べられません。

　なお、上記(c)の帳簿価額の判定については資産の種類別に以下の区分にて行うこととされています（法規27の13の3、27の15①）。

資産の種類		区分方法
金銭債権		債務者ごと
減価償却資産	建物	一棟（区分所有のものについてはその区分所有部分）ごと
	機械及び装置	一つの生産設備又は一台若しくは一基（通常一組又は一式をもって取引の単位とされるものは、一組又は一式）ごと
	その他	上述の2種に準じて区分
土地等		一筆（一体として事業の用に供される一団の土地等については、その一団の土地等）ごと
有価証券		その銘柄の異なるごと
その他の資産		通常の取引単位を基準として区分

2. 対象となる取引

　譲渡損益の繰延べの対象となる取引は、完全支配関係のある普通法人又は協同組合等の間の譲渡に限られています（法法61の13①かっこ書き）。したがって、公益法人や外国法人が取引の相手方となっている資産譲渡取引には適用がありませんので注意が必要です（グループ法人税制の外国法人への適用については本章Q4参照）。

　また、譲渡損益の繰延べの対象となる取引には通常の資産の譲渡取引のほか、完全支配関係を有する法人間で行われる非適格合併、非適格分割、非適格現物出資及び非適格現物分配（被現物分配法人に外国法人や個人が含まれているような場合）による資産の移転も含まれます（法法61の13）。

　ここで、譲渡損益調整資産を譲渡した法人が100％グループ内の法人との適格合併により消滅した場合、合併法人における繰延譲渡損益の取扱いが問題となります。この場合は、合併法人を譲渡損益調整資産を譲渡した法人とみなして、繰延譲渡損益を将来的に実現させます。また、100％グループ内の法人間の非適格合併により譲渡損益調整資産が移転された場合には、繰延べの対象となる資産の譲渡損益を合併法人の取得原価で調整し、適格合併による資産の簿

価引継ぎの場合と同様の取扱いがされています。すなわち、譲渡損益調整資産の譲渡利益額に相当する金額は合併法人側で当該資産を受け入れる際に取得原価に算入しないこととし、また一方、譲渡損失額に相当する金額は資産の取得原価に算入することとして（法法61の13⑦）、結果として非適格合併のケースであっても、譲渡（合併）直前の帳簿価額での移転が行われるように調整が図られています。なお、当該取得価額に算入しない譲渡利益額から取得価額に算入する譲渡損失額を減算した金額は合併法人の利益積立金額から減算されます（法令9①一ル）。

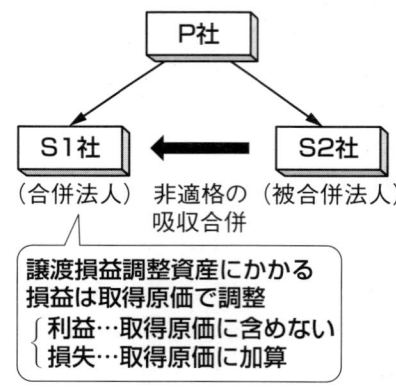

　なお、100％グループ内で行われる非適格株式交換と非適格株式移転においては、完全子法人の資産の時価評価課税は行われません（法法62の9①）。

Q7 譲渡損益の繰延べ
―譲渡法人及び譲受法人の原則的処理

当社（P社、内国法人）は当年度（平成22年4月1日開始事業年度）、保有する以下の資産を100％子会社（S社、内国法人）に対して時価で譲渡する予定です（会計上は時価での譲渡取引として扱うものとします）。平成22年10月以降の譲渡取引については、譲渡に伴う損益が繰り延べられることになったようですが、譲渡時の時価を以下のとおり想定した場合の取引時のP社及びS社の税務上の取扱いにつき具体的に教えてください。

（単位：百万円）

譲渡対象資産	会計上の簿価	税務否認金	時価
土地（甲）	400	200	500
土地（乙）	7	1,000	300
建物（一棟）	100	400	100
投資有価証券（同一の銘柄）	20	60	80
売買目的有価証券（同一の銘柄）	10	20	30

POINT

- 100％子会社（内国法人）に資産を譲渡した場合、損益の繰延べの対象となる資産（譲渡損益調整資産）にかかる譲渡損益については課税が繰り延べられます。
- 課税繰延べの処理は、帳簿上認識された譲渡損益を税務調整により加算、又は減算することにより、申告書上で行います。

Answer

平成22年度の税制改正によりグループ法人税制が導入され、本制度の適用によって、平成22年10月1日以降のP社から100％子会社であるS社への譲渡損益調整資産の移転にかかる譲渡損益は繰延べの対象となります（法法61の13①）。すなわち、取引が行われた時点では譲渡損益は税務上認識されず、資産の譲受法人において譲渡等の事由が生じた場合に、繰延譲渡損益が実現します。

本事例における取引時の会計処理及び税務申告での取扱いにつき、以下、具体的に説明します。

1．会計処理

会計処理上は、P社では時価と帳簿価額の差額を譲渡に伴う譲渡損及び譲渡益として認識し、一方S社では譲受け価格（時価）を取得原価として資産計上します（組織再編や現物出資による資産の移転取引については、企業結合・分離会計の適用となりますが、譲渡契約等による資産の移転の場合には100％グループ法人間の取引であっても、時価での移転になると考えられます）。

【P社の会計仕訳（税効果は考慮しない）】　　　　　　　　　（単位：百万円）

(借)	現金	1,010	(貸)	土地	407
				建物	100
				有価証券	10
				投資有価証券	20
				土地譲渡益	393
				有価証券売却益	20
				投資有価証券売却益	60

【S社の会計仕訳】　　　　　　　　　　　　　　　　　（単位：百万円）

（借）	土　　　　地	800	（貸）	現　　　　金	1,010
	建　　　　物	100			
	有　価　証　券	30			
	投 資 有 価 証 券	80			

2．P社の税務申告書での取扱い

　まず、課税の繰延べの対象となるのは譲渡損益調整資産（本章Q6参照）の譲渡に限られます。譲渡損益調整資産には、売買目的有価証券や譲渡直前の簿価が1,000万円に満たない資産は含まれません。この場合の「簿価」とは税務上の簿価を指しますから、法人税申告書上で加減算調整が行われている場合には、当該調整金額を加減算後の簿価で判定します。

　本件の場合、売買目的有価証券を除く各譲渡資産の譲渡直前の簿価は、土地（甲）が600百万円、土地（乙）が1,007百万円、建物が500百万円、投資有価証券が80百万円とそれぞれ1,000万円以上となっていますので、これらは譲渡損益調整資産に含められ、損益繰延べの対象となります。

　譲渡損益の繰延べ処理は税務調整項目として譲渡法人の法人税申告書上で行います。具体的には、譲渡損は損金不算入として課税所得計算上加算項目に含められ、調整勘定として別表五(一)上で繰り延べられます。一方、譲渡益は益金不算入として減算項目に含められ、同様に調整勘定として繰り延べられます。これにより、資産を譲渡した事業年度では、当該取引に伴う損益は、P社の課税所得の計算上影響しません。

　本件譲渡取引に伴う申告書別表四及び五(一)上の具体的な表記は以下のようになります。

別表四 (単位:百万円)

区分		総額	処分	
			留保	流出
		①	②	③
当期利益又は当期欠損の額		473*	473	配当
				その他
加算	土地(甲)譲渡損繰延べ	100	100	
	土地(乙)譲渡損繰延べ	707	707	
	建物譲渡損繰延べ	400	400	
減算	土地(甲)評価損認容	200	200	
	土地(乙)評価損認容	1,000	1,000	
	建物評価損認容	400	400	
	投資有価証券評価損認容	60	60	
	有価証券評価損認容	20	20	
所得金額又は欠損金額		0	0	

* 当期利益(欠損)=土地譲渡益393+有価証券譲渡益20+投資有価証券譲渡益60=473

別表五(一) I   (単位：百万円)

区分	期首現在利益積立金額	当期の増減 減	当期の増減 増	差引翌期首現在利益積立金額
	①	②	③	④
土地(甲)評価損	200	200		
土地(乙)評価損	1,000	1,000		
建物評価損	400	400		
投資有価証券評価損	60	60		
有価証券評価損	20	20		
土地(甲)譲渡損に係る調整勘定			100	100
土地(乙)譲渡損に係る調整勘定			707	707
建物譲渡損に係る調整勘定			400	400

　P社の申告書上繰り延べられた譲渡損益は、①P社とS社の100％完全支配関係が消滅した場合や、②S社が当該資産について譲渡等を行った場合に実現します（法法61の13②）。譲渡等にはS社での減価償却の実施や除却、評価替えなども含まれます（法令122の14④）。この実現した年度の税務申告で、実現した譲渡損益に係る金額が当該年度の課税所得に含められるよう、税務調整を行います（この点については本章Q9以降を参照）。

Q8 譲渡損益の繰延べ
―事業譲渡時における「のれん」の取扱い

　当社（S1社）はグループ会社（S2社）に対して平成22年10月に家電製品の販売事業の譲渡を行う予定です。
　移転する事業用資産は以下のとおりであり、譲渡対価は合計2,500百万円を予定しています。譲渡対価と個別資産の時価評価額の合計額との差額500百万円はいわゆる自己創設「のれん」であり、税務上は資産調整勘定（法法62の8①）に該当するものです。

(単位：百万円)

科目	帳簿価額*	時価	差額
棚卸資産（商品）	400	500	100
建物（店舗）	600	600	―
土地（店舗）	500	900	400
のれん	―	500	500
合計	1,500	2,500	1,000

　* 会計上の簿価と税務上の簿価は一致している。

　上記の場合、各社の税務上の取扱いにつき具体的に教えてください。なお、S1社とS2社はともにP社を直接の100％親会社とする内国法人です。

POINT

- 自己創設「のれん」については、譲渡直前における帳簿価額が10百万円に満たない資産であることから譲渡益の繰延べの対象とはならず、のれんに係る譲渡益の認識が必要となる点に留意が必要です。

Answer

【S1社の会計仕訳】 (単位:百万円)

(借)	現 金	2,500	(貸)	棚 卸 資 産	400
				建 物	600
				土 地	500
				譲 渡 益	1,000

【S2社の会計仕訳】 (単位:百万円)

(借)	棚 卸 資 産	400	(貸)	現 金	2,500
	建 物	600			
	土 地	500			
	の れ ん	1,000			

　会計処理上は、共通支配下の取引として資産は帳簿価額にて移転します。また、移転事業に係る株主資本相当額と交付した現金等の対価の差額について、売り手は移転損益を計上し、買い手はのれんを計上します(事業分離等会計基準14項、企業結合会計基準三2.(3))。

【S1社の税務処理】

別表四　　　　　　　　　　　　　　　　　　　　　　（単位：百万円）

区分		総額	処分	
			留保	流出
		①	②	③
当期利益又は当期欠損の額		1,000*	1,000	配当
				その他
減算	土地譲渡益繰延べ	400	400	
所得金額又は欠損金額		600	600	

*　当期利益＝棚卸資産譲渡益100＋土地譲渡益400＋事業譲渡益500＝1,000

別表五（一）Ⅰ　　　　　　　　　　　　　　　　　（単位：百万円）

区分	期首現在利益積立金額	当期の増減		差引翌期首現在利益積立金額
		減	増	
	①	②	③	④
土地譲渡益に係る調整勘定			▲400	▲400

第1章 グループ法人税制

【S2社の税務処理】

別表四 (単位:百万円)

区分		総額	処分	
			留保	流出
		①	②	③
当期利益又は当期欠損の額				配当
				その他
加算	棚卸資産取得価額計上漏れ	100	100	
	土地取得価額計上漏れ	400	400	
	資産調整勘定	500	500	
減算	のれん	1,000	1,000	
所得金額又は欠損金額		0	0	

別表五(一)Ⅰ (単位:百万円)

区分	期首現在利益積立金額	当期の増減		差引翌期首現在利益積立金額
		減	増	
	①	②	③	④
棚卸資産			100	100
土地			400	400
資産調整勘定			500	500
のれん			▲1,000	▲1,000

　税務上、事業譲渡を行った場合は個別の資産が時価で移転しますので、各資産の譲渡損益を把握した上でグループ法人税制の適用を検討する必要があります。

　完全支配関係のあるグループ内において固定資産を譲渡した場合、譲渡損益は繰り延べられますが、譲渡直前の資産の帳簿価額が10百万円未満の資産につ

いては、当該資産に係る譲渡損益は繰延べの対象とはされません（法令122の14①三）。また、商品等の棚卸資産に係る譲渡損益も繰延べの対象とはされていません。当該規定は、平成22年度税制改正前の税法における連結法人間取引の損益の調整（旧法法81の10）の規定を100％グループ法人間の取引に適用したものであり、実務上の簡便性を考慮したものと理解されています。

したがって、本件では、土地の譲渡益については繰り延べられますが、棚卸資産（商品）及びのれんの譲渡益については、いずれの資産も譲渡損益調整資産に該当しないことから、譲渡益については繰延べの対象とならず、事業譲渡が行われた事業年度において課税が行われます。

以上を勘案すると全体の事業譲渡対価をどの資産の時価として割り振るかが税務上の処理を行うにあたり、重要となりますので、個別資産ごとに専門家の鑑定評価を行うなど、税務調査等で説明ができるようにしておくことが肝要です。

また、Ｓ２社においては、事業譲受時点では設問の取引により課税所得は生じませんが、会計上、資産が帳簿価額にて受け入れられていることから、税務申告書において資産の取得価額を時価に修正する必要が生じます。

Q9 譲渡損益の繰延べ
―繰り延べた譲渡損益の実現事由

内国法人（「譲渡法人」）が譲渡損益調整資産を当該内国法人との間に完全支配関係がある他の内国法人に譲渡した場合に繰り延べた譲渡損益について、譲渡法人においてその計上を行うこととなる事由につき具体的に教えてください。

POINT

- 譲受法人における一定の事由が発生した場合、譲渡法人が譲受法人との間に完全支配関係を有しないこととなった場合又は時価評価課税の適用対象となる譲渡法人が連結納税の開始・連結納税への加入をする場合には、譲渡法人において繰り延べられた譲渡損益が実現します。

Answer

1．譲受法人における一定の事由の発生

譲受法人において譲渡損益調整資産の譲渡、償却、評価換え、貸倒れ、除却など以下に掲げる事由が生じた場合には、それぞれの事由の区分に応じた一定の金額を、その事由が生じた日の属する譲受法人の事業年度終了の日の属する譲渡法人の事業年度の所得の金額の計算上、益金の額又は損金の額に算入することとされています（法法61の13②、法令122の14④）。

一定の事由

①	譲渡損益調整資産の譲渡、貸倒れ、除却、その他これらに類する事由
②	譲渡損益調整資産の適格分割型分割による分割承継法人（譲受法人との間に完全支配関係があるものを除きます）への移転

③	普通法人又は協同組合等である譲受法人が公益法人等に該当することとなったこと
④	譲渡損益調整資産が譲受法人において、
	法法25②に規定する評価換えによりその帳簿価額を増額され、その増額された部分の金額が益金の額に算入されたこと
	法法25③に規定する資産に該当し、当該譲渡損益調整資産の同項に規定する評価益の額として一定の金額が益金の額に算入されたこと
⑤	譲渡損益調整資産が譲受法人において減価償却資産に該当し、その償却費が損金の額に算入されたこと
⑥	譲渡損益調整資産が譲受法人において繰延資産に該当し、その償却費が損金の額に算入されたこと
⑦	譲渡損益調整資産が譲受法人において、
	法法33②に規定する評価換えによりその帳簿価額を減額され、当該譲渡損益調整資産の同項に規定する差額に達するまでの金額が損金の額に算入されたこと
	法法33③に規定する評価換えによりその帳簿価額を減額され、その減額された部分の金額が損金の額に算入されたこと
	法法33④に規定する資産に該当し、当該譲渡損益調整資産の同項に規定する評価損の額として一定の金額が損金の額に算入されたこと
⑧	有価証券である譲渡損益調整資産と銘柄を同じくする有価証券（売買目的有価証券を除きます）の譲渡（譲受法人が取得した当該銘柄を同じくする有価証券である譲渡損益調整資産の数に達するまでの譲渡に限ります）
⑨	譲渡損益調整資産が譲受法人において法令119の14に規定する償還有価証券に該当し、当該譲渡損益調整資産につき法令139の2①に規定する調整差益又は調整差損が益金の額又は損金の額に算入されたこと
⑩	譲渡損益調整資産が譲受法人において法法61の11①に規定する時価評価資産に該当し、当該譲渡損益調整資産につき同項に規定する評価益又は評価損が益金の額又は損金の額に算入されたこと

　なお、上記表の⑤及び⑥については、簡便法の適用も認められています（Q11参照）。

2. 完全支配関係を有しないこととなった場合

　譲渡法人が譲受法人との間に完全支配関係を有しないこととなった場合には、譲渡損益調整資産に係る譲渡利益額又は譲渡損失額に相当する金額は、その譲渡法人のその完全支配関係を有しないこととなった日の前日の属する事業年度の所得の金額の計算上、益金の額又は損金の額に算入することとされています（法法61の13③）。

　なお、次の事由に基因して完全支配関係を有しないこととなった場合を除きます。

　(イ)　譲渡法人の適格合併（合併法人が当該譲渡法人との間に完全支配関係がある内国法人であるものに限ります）による解散

　(ロ)　譲受法人の適格合併（合併法人が当該譲受法人との間に完全支配関係がある内国法人であるものに限ります）による解散

3. 連結納税の開始・連結納税への加入

　時価評価課税の適用対象となる譲渡法人（法法61の11①に規定する他の内国法人又は法法61の12①に規定する他の内国法人に限ります）が連結納税の開始又は連結納税への加入をする場合において、連結開始直前事業年度又は連結加入直前事業年度以前の各事業年度において譲渡損益調整資産に係る譲渡利益額又は譲渡損失額につき、本制度の適用を受けているときには、譲渡損益調整資産に係る譲渡利益額又は譲渡損失額に相当する金額（以下「譲渡損益調整額」といいます）は、その譲渡損益調整額が少額であるなど一定のものを除いて、当該連結開始直前事業年度または連結加入直前事業年度の所得の計算上、益金の額又は損金の額に算入することとされています（法法61の13④、法令122の14⑫）。

Q10 譲渡損益の繰延べ—減価償却（原則法）による固定資産の繰延譲渡損益の部分的実現

当社（P社、内国法人）は平成23年3月期末に100％子会社（S社、内国法人）に対して保有する機械装置（法定耐用年数10年、帳簿価額800百万円（減価償却超過額なし））を時価1,000百万円で譲渡しました。S社は平成24年3月期において、当該機械装置について耐用年数を8年（中古資産の耐用年数）とし、定率法にて313百万円の減価償却費を計上しています。

グループ法人税制の適用を前提に、当該減価償却資産に係る繰延譲渡損益の実現について原則法を採用する場合の各社の税務上の取扱いにつき具体的に教えてください。

POINT

- 100％グループ内で譲渡した減価償却資産に係る繰延譲渡損益の実現について原則法を採用する場合、譲受法人による減価償却費の損金算入額に応じて、繰り延べられた譲渡損益が実現します。
- 譲渡損益の実現処理は、繰延べ処理されていた譲渡利益額又は譲渡損失額を、申告書上、税務調整により加算、又は減算することにより行います。
- 譲渡損益調整資産を譲渡した法人は、譲渡の後遅滞なく譲渡した資産が譲渡損益調整資産である旨、譲受法人に通知する必要があります。譲渡法人が原則法を採用する場合、譲受法人は損金の額に算入した減価償却費の額を事業年度終了後遅滞なく譲渡法人に通知する必要があります（Q30参照）。

Answer

100％グループ内で譲渡した減価償却資産に係る繰延譲渡損益の実現につい

て原則法を採用する場合、譲受法人による減価償却費の損金算入額に応じて、繰り延べられた譲渡損益が実現します。以下、具体的に解説します。

1．平成23年3月期の処理

【P社の会計仕訳】

(単位：百万円)

(借)	現　　　金	1,000	(貸)	機 械 装 置	800
				機械装置譲渡益	200

【S社の会計仕訳】

(単位：百万円)

(借)	機 械 装 置	1,000	(貸)	現　　　金	1,000

【P社の税務処理】

別表四　　　　　　　　　　　　　　　　　　　　　　(単位：百万円)

区分	総額	処分		
		留保	流出	
	①	②	③	
当期利益又は当期欠損の額	200	200	配当	
			その他	
減算　機械装置譲渡益繰延べ	200	200		
所得金額又は欠損金額	0	0		

別表五(一) I　　　　　　　　　　　　　　　　　　(単位：百万円)

区分	期首現在利益積立金額	当期の増減		差引翌期首現在利益積立金額
		減	増	
	①	②	③	④
機械装置譲渡益に係る調整勘定			▲200	▲200

100％グループ内で資産譲渡を行った場合、譲渡損益は繰り延べられますので、資産を譲渡した事業年度では、P社に課税所得は生じません。一方、S社では取得資産につき時価にて受け入れることになります。

2. 平成24年3月期の処理

【P社の会計仕訳】なし

【S社の会計仕訳】　　　　　　　　　　　　　　　　　　　　　　（単位：百万円）

（借）減価償却費　313＊	（貸）機械装置　313

＊　機械装置取得価額×耐用年数8年の場合の定率法償却率（0.313）
　　1,000百万円×0.313＝313百万円

平成24年3月期においてはS社における減価償却費の損金算入額に応じて、P社にて繰り延べた譲渡益を実現させることになりますが（法法61の13②）、具体的な原則法（法令122の14④三）による実現額の計算については、以下のとおりです。

$$譲渡損益実現額 = 繰延譲渡損益 \times \frac{譲受法人における減価償却費の損金算入額}{譲受法人における取得価額}$$

$$= 200百万円 \times \frac{313百万円}{1,000百万円} \fallingdotseq 62百万円$$

第1章　グループ法人税制

【P社の税務処理】

別表四　　　　　　　　　　　　　　　　　　　　　　　　　　　（単位：百万円）

区分	総額	処分	
		留保	流出
	①	②	③
当期利益又は当期欠損の額			配当
			その他
加算　機械装置譲渡益	62	62	
所得金額又は欠損金額	62	62	

別表五(一)Ⅰ　　　　　　　　　　　　　　　　　　　　　　　（単位：百万円）

区分	期首現在利益積立金額	当期の増減		差引翌期首現在利益積立金額
		減	増	
	①	②	③	④
機械装置譲渡益に係る調整勘定	▲200	▲62		▲138

Q11 譲渡損益の繰延べ—減価償却（簡便法）による固定資産の繰延譲渡損益の部分的実現

Q10において、P社が機械装置について減価償却超過額100百万円を有し（法定耐用年数8年、会計上の帳簿価額800百万円（減価償却超過額100百万円）を時価1,000百万円で譲渡）、繰延譲渡損益の実現について簡便法を採用する場合の各社の税務上の取扱いにつき具体的に教えてください。

POINT

- 譲渡法人が100％グループ内で譲渡した減価償却資産について、減価償却超過額を有する場合、減価償却超過額の認容減算を行い、税務上の帳簿価額をベースに繰延べの対象となる譲渡損益を算定します。
- 100％グループ内で譲渡した減価償却資産に係る繰延譲渡損益の実現について簡便法を採用する場合、譲受法人が採用した税務上の耐用年数を基に、按分計算した繰延譲渡損益を実現させます。
- 繰延譲渡損益の実現処理は、繰延べ処理されていた譲渡利益額又は譲渡損失額を、申告書上、税務調整により加算、又は減算することにより行います。
- 簡便法を適用する場合、原則として、譲渡法人は譲渡損益調整資産の譲渡の日の属する事業年度の確定申告書に、簡便法により益金の額又は損金の額に算入する金額及びその計算に関する明細を記載する必要があります。
- 譲渡法人が簡便法を適用する場合、譲渡の後遅滞なく譲渡した資産が譲渡損益調整資産である旨に加えて簡便法を採用する旨を譲受法人に通知する必要があります。譲受法人は、当該通知を受けた後遅滞なく、取得した譲渡損益調整資産について適用する耐用年数を譲渡法人に通知する必要がある点に留意が必要です（Q20参照）。

Answer

1. 平成23年3月期の処理

【P社の会計仕訳】　　　　　　　　　　　　　　　　　　　　　（単位：百万円）

（借）	現　　　金	1,000	（貸）	機 械 装 置	800
				機械装置譲渡益	200

【S社の会計仕訳】　　　　　　　　　　　　　　　　　　　　　（単位：百万円）

（借）	機 械 装 置	1,000	（貸）	現　　　金	1,000

　P社はグループ内で譲渡した機械装置について、減価償却超過額100百万円を有するため、減価償却超過額の認容減算を行い、譲渡時の税務上の帳簿価額900百万円をベースに繰延べの対象となる譲渡益（100百万円）を算定します。

【P社の税務処理】

別表四　　　　　　　　　　　　　　　　　　　　　　　　　　　（単位：百万円）

区分		総額	処分	
			留保	流出
		①	②	③
当期利益又は当期欠損の額		200	200	配当
				その他
減算	機械装置譲渡益繰延べ	100	100	
	減価償却超過額認容	100	100	
所得金額又は欠損金額		0	0	

別表五(一)Ⅰ　　　　　　　　　　　　　　　　　　　　　　　　（単位：百万円）

区分	期首現在利益積立金額	当期の増減		差引翌期首現在利益積立金額
	①	減 ②	増 ③	④
機械装置	100	100		
機械装置譲渡益に係る調整勘定			▲100	▲100

　100％グループ内で資産譲渡を行った場合、譲渡損益は繰り延べられますので、資産を譲渡した事業年度では、Ｐ社に課税所得は生じません。なお、繰延べの対象となる譲渡損益は譲渡時の税務上の簿価と時価との比較により算定することになりますので、Ｐ社は譲渡資産に係る減価償却超過額を減算の上、譲渡時の税務上の帳簿価額（本件の場合は900百万円）に引きなおして譲渡損益を計算することとなる点に留意が必要です。一方、Ｓ社では取得資産につき時価にて受け入れることになります。

2. 平成24年3月期の処理

【Ｐ社の会計仕訳】なし

【Ｓ社の会計仕訳】　　　　　　　　　　　　　　　　　　　　　　　　（単位：百万円）

（借）減 価 償 却 費 　　313*	（貸）機 械 装 置 　　313

＊　機械装置取得価額×耐用年数8年の場合の定率法償却率（0.313）
　　1,000百万円×0.313＝313百万円

　100％グループ内で譲渡した減価償却資産に係る繰延譲渡損益の実現について簡便法を採用する場合、譲受法人の採用した耐用年数を基に按分計算した繰延譲渡損益を実現させます。具体的な簡便法（法令122の14⑥一）による実現額の計算については、以下のとおりです。

$$譲渡損益実現額 = 繰延譲渡損益 \times \frac{譲渡法人の当期月数（譲渡日の前日までの期間を除く）}{譲受法人における耐用年数 \times 12}$$

$$= 100百万円 \times \frac{12}{8 \times 12} \fallingdotseq 12百万円$$

【P社の税務処理】

別表四

(単位：百万円)

区分	総額	処分	
		留保	流出
	①	②	③
当期利益又は当期欠損の額			配当
			その他
加算 機械装置譲渡益	12	12	
所得金額又は欠損金額	12	12	

別表五(一)Ⅰ

(単位：百万円)

区分	期首現在利益積立金額	当期の増減		差引翌期首現在利益積立金額
		減	増	
	①	②	③	④
機械装置譲渡益に係る調整勘定	▲100	▲12		▲88

Q12 譲渡損益の繰延べ—有価証券の一部譲渡及び評価換えによる繰延譲渡損益の実現

　当社（P社、内国法人）は平成23年3月末に100％子会社（S社、内国法人）に対して保有するグループ外のX社の発行する株式100万株（売買目的有価証券には該当しません。帳簿価額1,000百万円）を時価1,500百万円で譲渡しました。S社は当社より取得したX社株式100万株を、従前より保有していたX社株式100万株（帳簿価額1,000百万円）と同様に、売買目的有価証券以外の有価証券として処理し、平成24年3月期末において、グループ外のY社に対して保有するX社株式200万株のうち60万株を1,200百万円で譲渡しました。
　P社S社間のX社株式の譲渡価額が税務上も妥当である前提で有価証券に係る繰延譲渡損益の実現について、グループ法人税制が適用される場合の各社の税務上の取扱いにつき具体的に教えてください。
　また、上記のX社株式について、仮にS社が平成24年3月末に評価損（1,300百万円）を損金算入処理した場合における繰延譲渡損益の実現について、グループ法人税制における各社の税務上の取扱いについて教えてください。

POINT

- 譲受法人が、譲渡損益調整資産に該当する有価証券と銘柄を同じくする有価証券を譲渡した場合、譲渡法人において、譲受法人が譲渡した数に対応する部分の繰延譲渡損益が実現します。
- 譲受法人が譲渡損益調整資産について、評価換え等による帳簿価額の減額や評価損の計上等を行った場合、譲渡法人において繰り延べた譲渡損益の全額が実現します。
- 繰延譲渡損益の実現処理は、繰延べ処理されていた譲渡利益額又は譲渡損失額を、申告書上、税務調整により加算、又は減算することにより行います。

Answer

1. 有価証券の一部譲渡による繰延譲渡損益の実現

(1) 平成23年3月期の処理

【P社の会計仕訳】　　　　　　　　　　　　　　　　　　　（単位：百万円）

（借）現　　金	1,500	（貸）有 価 証 券	1,000
		有価証券譲渡益	500

【S社の会計仕訳】　　　　　　　　　　　　　　　　　　　（単位：百万円）

（借）有 価 証 券	1,500	（貸）現　　金	1,500

【P社の税務処理】

別表四　　　　　　　　　　　　　　　　　　　　　　　　　（単位：百万円）

区分	総額	処分	
		留保	流出
	①	②	③
当期利益又は当期欠損の額	500	500	配当
			その他
減算　有価証券譲渡益繰延べ	500	500	
所得金額または欠損金額	0	0	

別表五(一) I　　　　　　　　　　　　　　　　　　　　　　（単位：百万円）

区分	期首現在利益積立金額	当期の増減		差引翌期首現在利益積立金額
		減	増	
	①	②	③	④
有価証券譲渡益に係る調整勘定			▲500	▲500

100％グループ内で資産譲渡を行った場合、譲渡損益は繰り延べられますので、資産を譲渡した事業年度では、P社に課税所得は生じません。一方、S社では取得資産につき時価にて受け入れることになります。

(2) 平成24年3月期の処理

【P社の会計仕訳】なし

【S社の会計仕訳】　　　　　　　　　　　　　　　　　　　（単位：百万円）

（借）現　　　金	1,200	（貸）有　価　証　券	750
		有価証券譲渡益	450

　平成24年3月期においてはS社による譲渡損益調整資産と銘柄を同じくする有価証券（X社株式）の譲渡の数に応じて、P社にて繰り延べた譲渡益が実現します。S社はX社株式の譲渡時において、譲渡損益調整資産以外にもX社株式を保有していますが、譲渡損益調整資産と銘柄を同じくする有価証券の譲渡の数に対応する金額が実現することとされていますので、60万株に対応する繰延譲渡損益が譲渡法人において実現します。
　具体的な実現額の計算については、以下のとおりです（法令122の14④六）。

$$譲渡損益実現額 = 繰延譲渡損益 \times \frac{譲渡損益調整資産と銘柄を同じくする有価証券の譲渡の数}{有価証券である譲渡損益調整資産の数}$$

$$= 500百万円 \times \frac{60万株}{100万株} = 300百万円$$

【P社の税務処理】

別表四 (単位:百万円)

区分	総額 ①	処分 留保 ②	処分 流出 ③	
当期利益又は当期欠損の額			配当	
			その他	
加算 有価証券譲渡益	300	300		
所得金額又は欠損金額	300	300		

別表五(一)Ⅰ (単位:百万円)

区分	期首現在利益積立金額 ①	当期の増減 減 ②	当期の増減 増 ③	差引翌期首現在利益積立金額 ④
有価証券譲渡益に係る調整勘定	▲500	▲300		▲200

2. 有価証券の評価換えによる繰延譲渡損益の実現

(1) 平成24年3月期の処理

【P社の会計仕訳】なし

【S社の会計仕訳】 (単位:百万円)

(借) 有価証券評価損	1,300	(貸) 有価証券	1,300

　譲受法人が譲渡損益調整資産について、評価換え等による帳簿価額の減額や評価損の計上等金額について損金算入を行った場合、譲渡法人において繰り延べた譲渡損益の全額が実現します(法令122の14④五)。

【P社の税務処理】

別表四

(単位：百万円)

区分	総額	処分	
		留保	流出
	①	②	③
当期利益又は当期欠損の額			配当
			その他
加算　有価証券譲渡益	500	500	
所得金額又は欠損金額	500	500	

別表五(一) I

(単位：百万円)

区分	期首現在利益積立金額	当期の増減		差引翌期首現在利益積立金額
		減	増	
	①	②	③	④
有価証券譲渡益に係る調整勘定	▲500	▲500		―

第1章 グループ法人税制

Q13 譲渡損益の繰延べ―譲受金銭債権の貸倒れによる繰延譲渡損益の全部実現

当社（P社、内国法人）は平成23年3月末に100％子会社（S社、内国法人）に対して債権譲渡を行いました。譲渡した債権の中には得意先に対する売掛金も含まれていましたが、回収が遅延している業績不振先X社宛の債権額面400百万円については、時価（回収見込額）100百万円にて譲渡しました。

P社はX社宛の債権について、X社の業績悪化を受けて、会計上平成22年3月末より200百万円の貸倒引当金を計上していました（平成22年3月末及び平成23年3月末におけるX社宛債権に係る税務上の個別貸倒引当金の繰入限度額はないものとします）。

平成24年3月期において、X社は特別清算を行い、S社はX社に対する債権全額につき、税務上貸倒損失を計上しました。

P社S社間の債権の譲渡価額が税務上も妥当である前提でグループ法人税制が適用される場合の各社の税務上の取扱いにつき具体的に教えてください。

POINT

- 譲渡損益調整資産につき、税務上貸倒れが生じた場合、譲渡法人において繰り延べられた譲渡損益が実現します。
- 繰延譲渡損益の実現処理は、繰延べ処理されていた譲渡利益額又は譲渡損失額を、申告書上、税務調整により加算、又は減算することにより行います。
- 会計上、債権譲渡損が貸倒引当金戻入益控除後で計上されている場合でも、繰延べの対象となる譲渡損益の算定は債権の譲渡時の税務上の帳簿価額により行います。

Answer

　譲渡損益調整資産につき、税務上貸倒れが生じた場合、譲渡法人において繰り延べられた譲渡損益が実現します。以下、具体的に解説します。

1．平成22年3月期の処理

【P社の会計仕訳】

（単位：百万円）

| （借）貸倒引当金繰入損 | 200 | （貸）貸倒引当金 | 200 |

【P社の税務処理】

別表四　　　　　　　　　　　　　　　　　　　　　　　　　　（単位：百万円）

区分		総額	処分	
			留保	流出
		①	②	③
当期利益又は当期欠損の額		▲200	▲200	配当
				その他
加算	個別貸倒引当金繰入超過額否認	200	200	
所得金額又は欠損金額		0	0	

別表五(一) I　　　　　　　　　　　　　　　　　　　　　　　（単位：百万円）

区分	期首現在利益積立金額	当期の増減		差引翌期首現在利益積立金額
		減	増	
	①	②	③	④
貸倒引当金			200	200

2. 平成23年3月期の処理

【P社の会計仕訳】 (単位:百万円)

(借)	現　　　　金	100	(貸)	売　掛　金	400
	売掛金譲渡損	300			
	貸倒引当金	200		貸倒引当金戻入益	200

【S社の会計仕訳】 (単位:百万円)

(借)	売　掛　金	100	(貸)	現　　　金	100

【P社の税務処理】

別表四 (単位:百万円)

| 区分 | 総額 | 処分 | | |
| | | 留保 | 流出 | |
	①	②	③	
当期利益又は当期欠損の額	▲100	▲100	配当	
			その他	
加算　売掛金譲渡損繰延べ	300	300		
減算　個別貸倒引当金繰入超過額認容	200	200		
所得金額又は欠損金額	0	0		

別表五(一)Ⅰ　　　　　　　　　　　　　　　　　　　　（単位：百万円）

区分	期首現在利益積立金額	当期の増減 減	当期の増減 増	差引翌期首現在利益積立金額
	①	②	③	④
貸倒引当金	200	200		—
売掛金譲渡損に係る調整勘定			300	300

　100％グループ内で資産譲渡を行った場合、譲渡損益は繰り延べられますので、資産を譲渡した事業年度では、Ｐ社に課税所得は生じません。なお、Ｐ社において、会計上、売掛金譲渡損を貸倒引当金戻入益控除後で計上している場合であっても、繰延べの対象となる譲渡損益は、売掛金譲渡時の帳簿価額と時価との差額により算定される譲渡損益となる点に留意が必要です。一方、Ｓ社では取得資産につき時価にて受け入れることになります。

3. 平成24年3月期の処理

【Ｐ社の会計仕訳】なし

【Ｓ社の会計仕訳】　　　　　　　　　　　　　　　　　　　（単位：百万円）

（借）貸倒損失	100	（貸）売掛金	100

【P社の税務処理】

別表四　　　　　　　　　　　　　　　　　　　　　　　　　（単位：百万円）

区分	総額	処分	
		留保	流出
	①	②	③
当期利益又は当期欠損の額			配当
			その他
減算　売掛金譲渡損	300	300	
所得金額又は欠損金額	▲300	▲300	

別表五（一）Ｉ　　　　　　　　　　　　　　　　　　　　（単位：百万円）

区分	期首現在利益積立金額	当期の増減		差引翌期首現在利益積立金額
		減	増	
	①	②	③	④
売掛金譲渡損に係る調整勘定	300	300		―

　譲渡損益調整資産の貸倒れは、繰り延べた譲渡損益の実現事由に該当するため（法法61の13②）、Ｐ社において繰り延べた売掛金譲渡損を実現させます。

Q14 譲渡損益の繰延べ—譲受資産のグループ外譲渡による繰延譲渡損益の全部実現

　当社（P社、内国法人）が営むX事業については、業績が低迷しており、平成22年3月期にX事業の事業用資産である機械装置につき、会計上1,000百万円の減損損失を計上しました（会計上の簿価500百万円、税務上の簿価1,500百万円）。平成23年3月期末において当該機械装置を100％子会社（S社、内国法人）に対して時価300百万円で譲渡し、S社においてX事業を継続しましたが、事業好転の目途が立たないため、平成24年3月期にS社は当該機械装置につき、グループ外のY社に時価200百万円で譲渡し、X事業から撤退しました。
　P社S社間及びS社Y社間の機械装置の譲渡価額が税務上も妥当である前提でグループ法人税制が適用される場合の各社の税務上の取扱いにつき具体的に教えてください。なお、簡便化のため機械装置にかかる減価償却及び減価償却超過額認容の仕訳は省略するものとします。

POINT

- 繰延べの対象となる譲渡損益の算定は譲渡時の税務上の帳簿価額をベースに行うため、減損損失計上前の帳簿価額により譲渡損益を算定します。
- 譲渡損益調整資産につき、譲受法人が再譲渡した場合、譲渡法人において繰り延べられた譲渡損益が実現します。
- 繰延譲渡損益の実現処理は、繰延べ処理されていた譲渡利益額又は譲渡損失額を、申告書上、税務調整により加算、又は減算することにより行います。

Answer

　譲渡損益調整資産につき、譲受法人が再譲渡した場合、譲渡法人において繰り延べられた譲渡損益が実現します。以下、具体的に解説します。

1. 平成22年3月期の処理

【P社の会計仕訳】　　　　　　　　　　　　　　　　　　　　　（単位：百万円）

（借）減損損失　1,000	（貸）機械装置　1,000

【P社の税務処理】

別表四　　　　　　　　　　　　　　　　　　　　　　　　　　（単位：百万円）

区分		総額	処分	
			留保	流出
		①	②	③
当期利益又は当期欠損の額		▲1,000	▲1,000	配当
				その他
加算	機械装置減損損失否認（減価償却超過額否認）	1,000	1,000	
所得金額又は欠損金額		0	0	

別表五(一)Ⅰ　　　　　　　　　　　　　　　　　　　　　　　（単位：百万円）

区分	期首現在利益積立金額	当期の増減		差引翌期首現在利益積立金額
		減	増	
	①	②	③	④
機械装置			1,000	1,000

2. 平成23年3月期の処理

【P社の会計仕訳】　　　　　　　　　　　　　　　　　　　　（単位：百万円）

（借）	現　　　　金	300	（貸）	機 械 装 置	500
	機械装置譲渡損	200			

【S社の会計仕訳】　　　　　　　　　　　　　　　　　　　　（単位：百万円）

（借）	機 械 装 置	300	（貸）	現　　　　金	300

【P社の税務処理】

別表四　　　　　　　　　　　　　　　　　　　　　　　　　　（単位：百万円）

区分		総額	処分	
			留保	流出
		①	②	③
当期利益又は当期欠損の額		▲200	▲200	配当
				その他
加算	機械装置譲渡損繰延べ	1,200	1,200	
減算	機械装置譲渡損認容（減価償却超過額認容）	1,000	1,000	
所得金額又は欠損金額		0	0	

別表五（一）Ⅰ　　　　　　　　　　　　　　　　　　　　　　（単位：百万円）

区分	期首現在利益積立金額	当期の増減		差引翌期首現在利益積立金額
		減	増	
	①	②	③	④
機械装置	1,000	1,000		―
機械装置譲渡損に係る調整勘定			1,200	1,200

第1章　グループ法人税制

　100％グループ内で資産譲渡を行った場合、譲渡損益は繰り延べられますので、資産を譲渡した事業年度では、P社に課税所得は生じません。一方、S社では取得資産につき時価にて受け入れることになります。

　なお、繰延べの対象となる譲渡損益は譲渡時の税務上の簿価と時価との比較により算定することになりますので、P社は譲渡資産に係る減価償却超過額（減損損失否認額）を減算の上、譲渡時の税務上の帳簿価額（本件の場合は減損損失計上前の1,500百万円）をベースに譲渡損益を計算することとなる点に留意が必要です。

3. 平成24年3月期の処理

【P社の会計仕訳】なし

【S社の会計仕訳】　　　　　　　　　　　　　　　　　　　　　　（単位：百万円）

（借）	現　　　　金	200	（貸）	機　械　装　置	300
	機械装置譲渡損	100			

【P社の税務処理】

別表四

区分	総額	処分	
		留保	流出
	①	②	③
当期利益又は当期欠損の額			配当
			その他
減算　機械装置譲渡損	1,200	1,200	
所得金額又は欠損金額	▲1,200	▲1,200	

別表五(一)Ⅰ　　　　　　　　　　　　　　　　　　(単位：百万円)

区分	期首現在利益積立金額	当期の増減 減	当期の増減 増	差引翌期首現在利益積立金額
	①	②	③	④
機械装置譲渡損に係る調整勘定	1,200	1,200		―

　譲渡損益調整資産の譲渡は、繰り延べた譲渡損益の実現事由に該当するため(法法61の13②)、Ｐ社において繰り延べた機械装置譲渡損が実現します。

　なお、Ｓ社で計上された機械装置譲渡損につきましては、100％グループ外の法人への譲渡であるため、税務上は繰延べの対象にはなりません。

第1章 グループ法人税制

Q15 譲渡損益の繰延べ―譲受資産のグループ内譲渡による繰延譲渡損益の全部実現

当社（P社、内国法人）は平成23年3月期末に100％子会社（S1社、内国法人）に対して土地（帳簿価額400百万円）につき時価600百万円で譲渡しました。その後、平成24年3月期末においてS1社は当該土地につき、P社の別の100％子会社（S2社、内国法人）に時価500百万円にて譲渡しました。P社S1社間及びS1社S2社間の土地の譲渡価額が税務上も妥当である前提でグループ法人税制が適用される場合の各社の税務上の取扱いにつき具体的に教えてください。

POINT

- 譲渡損益調整資産につき、譲受法人が再譲渡した場合、再譲渡先が100％グループ内の法人であっても譲渡法人において繰り延べられた譲渡損益が実現します。
- 繰延譲渡損益の実現処理は、繰延べ処理されていた譲渡利益額又は譲渡損失額を、申告書上、税務調整により加算、又は減算することにより行います。
- 100％グループ内法人への再譲渡の際に譲渡損益が生じる場合、再譲渡による譲渡損益の繰延処理にも留意が必要です。

Answer

譲渡損益調整資産につき、譲受法人が再譲渡した場合、再譲渡先が100％グループ内の法人であっても譲渡法人において繰り延べられた譲渡損益が実現します。以下、具体的に解説します。

1．平成23年3月期の処理

【P社の会計仕訳】 (単位：百万円)

（借）	現	金	600	（貸）	土	地	400
					土地譲渡益		200

【S1社の会計仕訳】 (単位：百万円)

（借）	土	地	600	（貸）	現	金	600

【P社の税務処理】

別表四 (単位：百万円)

区分	総額	処分	
		留保	流出
	①	②	③
当期利益又は当期欠損の額	200	200	配当
			その他
減算　土地譲渡益繰延べ	200	200	
所得金額又は欠損金額	0	0	

別表五(一)Ⅰ (単位：百万円)

区分	期首現在利益積立金額	当期の増減		差引翌期首現在利益積立金額
		減	増	
	①	②	③	④
土地譲渡益にかかる調整勘定			▲200	▲200

　100％グループ内で資産譲渡を行った場合、譲渡損益は繰り延べられますので、資産を譲渡した事業年度では、P社に課税所得は生じません。一方、S1社では取得資産を時価（600百万円）にて受け入れます。

2. 平成24年３月期の処理

【P社の会計仕訳】なし

【S１社の会計仕訳】　　　　　　　　　　　　　　　　　　　（単位：百万円）

（借）現　　　　金	500	（貸）土　　　地	600
土地譲渡損	100		

【P社の税務処理】

別表四　　　　　　　　　　　　　　　　　　　　　　　　　（単位：百万円）

区分	総額	処分	
		留保	流出
	①	②	③
当期利益又は当期欠損の額			配当
			その他
加算　土地譲渡益	200	200	
所得金額又は欠損金額	200	200	

別表五(一)Ⅰ　　　　　　　　　　　　　　　　　　　　　（単位：百万円）

区分	期首現在利益積立金額	当期の増減		差引翌期首現在利益積立金額
		減	増	
	①	②	③	④
土地譲渡益に係る調整勘定	▲200	▲200		―

　譲渡損益調整資産の譲渡は、繰り延べた譲渡損益の実現事由に該当するため（法法61の13②）、P社において繰り延べた土地譲渡益が実現します。

　資産の再譲渡先がグループ内の法人である場合、理論的には譲渡法人での課

税の繰延べを継続すべきとも考えられますが、実務上の資産管理の煩雑さを考慮して、再譲渡の場合には例外なく繰り延べられた譲渡損益を実現するとされたものと考えられます。

本件の場合、平成24年3月期末において土地の時価が下落し、S1社では会計上100百万円の譲渡損が計上されますが、S1社による再譲渡は、100％グループ内の譲渡損益調整資産の譲渡に該当するため、資産を譲渡した事業年度では、税務上、S1社において譲渡損は繰延べの対象となり譲渡損は認識されません。一方、S2社では取得資産を時価（500百万円）にて受け入れます。

【S1社の税務処理】

別表四　　　　　　　　　　　　　　　　　　　　　　　　　　（単位：百万円）

区分	総額	処分	
		留保	流出
	①	②	③
当期利益又は当期欠損の額	▲100	▲100	配当
			その他
加算　土地譲渡損繰延べ	100	100	
所得金額又は欠損金額	0	0	

別表五(一)Ⅰ　　　　　　　　　　　　　　　　　　　　　　（単位：百万円）

区分	期首現在利益積立金額	当期の増減		差引翌期首現在利益積立金額
		減	増	
	①	②	③	④
土地譲渡損に係る調整勘定			100	100

第1章　グループ法人税制

Q16 譲渡損益の繰延べ
―完全支配関係の終了に伴う繰延譲渡損益の全部実現

当社（P社、内国法人）は平成23年3月期末に100％子会社（S社、内国法人）に対して商標権（帳簿価額400百万円）につき時価600百万円で譲渡しました。S社は当該商標権を用いて事業を行っており、平成24年3月期以降、毎期60百万円の減価償却費（法定耐用年数10年を適用）を税務上、損金算入しています。

また、平成25年3月期期中においてS社は当社と資本関係のないX社と資本及び業務提携を行うこととなり、X社に第三者割当増資を行った結果、平成25年3月期末における当社のS社に対する持株比率は66％となりました。

上記の場合、P社S社間の商標権の譲渡価額が税務上も妥当である前提でグループ法人税制が適用される場合の各社の税務上の取扱いにつき具体的に教えてください。

POINT

- 譲渡損益調整資産につき、資産の譲渡法人と譲受法人が完全支配関係を有しなくなった場合、譲渡法人において繰り延べられた譲渡損益が実現します。
- 繰延譲渡損益の実現処理は、譲渡法人の完全支配関係を有しなくなった日の前日の属する事業年度の所得の金額の計算上、繰延べ処理されていた譲渡利益額又は譲渡損失額を、申告書上、税務調整により加算、又は減算することにより行います。

Answer

1．平成23年3月期の処理

【P社の会計仕訳】 （単位：百万円）

（借）現　　金	600	（貸）商　標　権	400
		商標権譲渡益	200

【S社の会計仕訳】 （単位：百万円）

（借）商　標　権	600	（貸）現　　金	600

【P社の税務処理】

別表四 （単位：百万円）

区分	総額	処分	
		留保	流出
	①	②	③
当期利益又は当期欠損の額	200	200	配当
			その他
減算　商標権譲渡益繰延べ	200	200	
所得金額又は欠損金額	0	0	

別表五(一)Ⅰ （単位：百万円）

区分	期首現在利益積立金額	当期の増減		差引翌期首現在利益積立金額
		減	増	
	①	②	③	④
商標権譲渡益に係る調整勘定			▲200	▲200

　100％グループ内で資産譲渡を行った場合、譲渡損益は繰り延べられますの

で、資産を譲渡した事業年度では、P社に課税所得は生じません。一方、S社では取得資産につき時価にて受け入れることになります。

2. 平成24年3月期の処理

【P社の会計仕訳】なし

【S社の会計仕訳】　　　　　　　　　　　　　　　　　　　（単位：百万円）

| （借）商標権償却費 | 60 | （貸）商標権 | 60 |

【P社の税務処理】

別表四　　　　　　　　　　　　　　　　　　　　　　　　（単位：百万円）

区分	総額	処分	
		留保	流出
	①	②	③
当期利益又は当期欠損の額			配当
			その他
加算　商標権譲渡益	20	20	
所得金額又は欠損金額	20	20	

別表五(一) I　　　　　　　　　　　　　　　　　　　　（単位：百万円）

区分	期首現在利益積立金額	当期の増減		差引翌期首現在利益積立金額
		減	増	
	①	②	③	④
商標権譲渡益に係る調整勘定	▲200	▲20		▲180

　S社における減価償却費（原則法）又はS社の適用した耐用年数（簡便法）に応じて、P社にて繰り延べた譲渡益が実現します（法法61の13②）。本事例では下記のとおり原則法、簡便法いずれの場合においても譲渡益の実現額は同額と

なります。

【原則法（法令122の14④三）】

譲渡損益実現額＝繰延譲渡損益×

$$\frac{譲受法人における減価償却費の損金算入額}{譲受法人における取得価額}$$

$$=200百万円 \times \frac{60百万円}{600百万円} = 20百万円$$

【簡便法（法令122の14⑥一）】

譲渡損益実現額＝繰延譲渡損益×

$$\frac{譲渡法人の当期月数（譲渡日の前日までの期間を除く）}{譲受法人における耐用年数 \times 12}$$

$$=200百万円 \times \frac{12}{10 \times 12} = 20百万円$$

---

3. 平成25年3月期の処理

【P社の会計仕訳】なし

【S社の会計仕訳】　　　　　　　　　　　　　　　　　　　（単位：百万円）

（借）商標権償却費	60	（貸）商　標　権	60

　譲渡損益調整資産につき、資産の譲渡法人と譲受法人が完全支配関係を有しなくなった場合、譲渡法人において繰り延べられた譲渡損益が実現します（法法61の13③）。

【P社の税務処理】

別表四 （単位：百万円）

区分	総額	処分	
		留保	流出
	①	②	③
当期利益又は当期欠損の額			配当
			その他
加算　商標権譲渡益	180	180	
所得金額又は欠損金額	180	180	

別表五（一）Ⅰ （単位：百万円）

区分	期首現在利益積立金額	当期の増減		差引翌期首現在利益積立金額
		減	増	
	①	②	③	④
商標権譲渡益に係る調整勘定	▲180	▲180		―

　したがって、100％グループ内で資産を譲渡した法人は、以後の税務申告にあたって、譲渡資産のステータスとともに、譲受法人との資本関係の変動の有無を毎期確認することが必要になります。

Q17 譲渡損益の繰延べ
―譲渡法人又は譲受法人の適格合併による解散

　当社（Ｓ１社）はグループ会社（Ｓ２社）に対して保有する土地（帳簿価額500百万円）を、平成23年３月期末において時価1,000百万円で譲渡しました。
　平成24年４月１日にＳ１社又はＳ２社が別のグループ会社（Ｓ３社）との適格合併により解散することが検討されています。
　Ｓ１社Ｓ２社間の土地の譲渡価額が税務上も妥当である前提でグループ法人税制が適用される場合の各社の税務上の取扱いにつき具体的に教えてください。なお、Ｓ１社、Ｓ２社及びＳ３社はＰ社を直接の100％親会社とする内国法人です。

POINT

- 繰延譲渡損益を有する譲渡法人が、完全支配関係を有する内国法人との適格合併により解散した場合、繰り延べた譲渡損益は実現せず、合併法人の当該適格合併の日の属する事業年度以後の各事業年度においては、当該合併法人が繰延譲渡損益を有する法人とみなされます。
- 譲渡損益調整資産を取得した譲受法人が、完全支配関係を有する内国法人との適格合併等により譲渡損益調整資産を移転した場合、繰り延べた譲渡損益は実現せず、当該移転した日以後に終了する譲渡法人の各事業年度においては、当該適格合併等に係る合併法人等が、当該譲渡損益調整資産に係る譲受法人とみなされます。

Answer

1. 平成23年3月期の処理

【S1社の会計仕訳】　　　　　　　　　　　　　　　　　　　（単位：百万円）

（借）現　金	1,000	（貸）土　地	500
		土地譲渡益	500

【S2社の会計仕訳】　　　　　　　　　　　　　　　　　　　（単位：百万円）

（借）土　地	1,000	（貸）現　金	1,000

【S1社の税務処理】

別表四　　　　　　　　　　　　　　　　　　　　　　　　　（単位：百万円）

区分	総額	処分		
		留保	流出	
	①	②	③	
当期利益又は当期欠損の額	500	500	配当	
			その他	
減算　土地譲渡益繰延べ	500	500		
所得金額又は欠損金額	0	0		

別表五(一)Ⅰ　　　　　　　　　　　　　　　　　　　　　（単位：百万円）

区分	期首現在利益積立金額	当期の増減		差引翌期首現在利益積立金額
		減	増	
	①	②	③	④
土地譲渡益に係る調整勘定			▲500	▲500

　100％グループ内で資産譲渡を行った場合、譲渡損益は繰り延べられますの

で、資産を譲渡した事業年度では、S1社に課税所得は生じません。一方、S2社では取得資産につき時価にて受け入れることになります。

2. 平成25年3月期の処理

(1) S1社がS3社との適格合併により解散する場合

　繰延譲渡損益を有する譲渡法人が適格合併により解散した場合、譲受法人との完全支配関係が終了し、繰り延べた譲渡損益の実現事由に該当しますが、合併法人が譲渡法人と完全支配関係を有する内国法人である場合、繰り延べた譲渡損益は実現しません（法法61の13③一）。

　また、合併法人の当該適格合併の日の属する事業年度以後の各事業年度においては、当該合併法人を繰延譲渡損益を有する法人とみなすこととされています（法法61の13⑤）。譲渡損益にかかる調整勘定は税務上の資産又は負債として適格合併により被合併法人から合併法人に引き継がれます（法令122の14⑭）。

　したがって、平成25年3月期においては、合併法人であるS3社が繰延譲渡益を有し、繰延譲渡損益の実現事由が生じた場合には、S3社において譲渡益を認識することとなります。

(2) S2社がS3社との適格合併により解散する場合

　譲渡損益調整資産を取得した譲受法人が適格合併により解散した場合、譲渡法人との完全支配関係が終了し、繰り延べた譲渡損益の実現事由に該当しますが、合併法人が譲受法人と完全支配関係を有する内国法人である場合、繰り延べた譲渡損益は実現しません（法法61の13③二）。

　また、譲渡損益調整資産を取得した譲受法人が、完全支配関係を有する内国法人との適格合併等により譲渡損益調整資産を移転した場合、譲渡法人は当該移転した日以後に終了する各事業年度において、当該適格合併等に係る合併法人等を、当該譲渡損益調整資産に係る譲受法人とみなすこととされています（法法61の13⑥）。

　したがって、平成25年3月期において、譲渡法人であるS1社では、S2社の

適格合併による解散及び譲渡損益調整資産のS2社から合併法人への移転による繰延譲渡損益の実現は行われず、S3社を譲渡損益調整資産に係る譲受法人とみなして、繰延譲渡損益の実現の判断を行うこととなります。

Q18 譲渡損益の繰延べ
―圧縮記帳を適用していた資産の譲渡等

当社（P社、内国法人）は平成23年3月期末に100％子会社（S社、内国法人）に対して保有する建物（会計上の帳簿価額1,500百万円）を時価2,000百万円で譲渡しました。当社は当該建物について、税務上、圧縮記帳を行っており、圧縮記帳後の帳簿価額は1,000百万円です。

グループ法人税制の適用を前提に、圧縮記帳を適用していた譲渡損益調整資産に係る譲渡損益の繰延べについて、各社の税務上の取扱いにつき具体的に教えてください。

併せて、譲渡法人が譲渡損益調整資産の譲渡に伴う資産の取得について圧縮記帳を適用する場合及び譲受法人が圧縮記帳の適用対象となる譲渡損益調整資産を取得する場合の税務上の取扱いについて教えてください。

POINT

- 繰延べの対象となる譲渡損益の算定は税務上の帳簿価額をベースに行うため、圧縮記帳後の帳簿価額により譲渡損益を算定します。
- 譲渡法人が譲渡損益調整資産の譲渡に伴う資産の取得につき圧縮記帳を適用する場合、繰延べの対象となる譲渡利益額は、圧縮記帳の適用による損金算入額を控除した金額となります。
- 譲受法人による譲渡損益調整資産への圧縮記帳の適用は、譲渡法人における繰延譲渡損益の実現処理に影響を与えません。

Answer

1．圧縮記帳を適用していた譲渡損益調整資産を譲渡する場合

(1) 平成23年3月期の処理

【P社の会計仕訳】　　　　　　　　　　　　　　　　　　　　（単位：百万円）

（借）	現 金	2,000	（貸）	建　　物	1,500
				建物譲渡益	500

【S社の会計仕訳】　　　　　　　　　　　　　　　　　　　　（単位：百万円）

（借）	建　物	2,000	（貸）	現　金	2,000

【P社の税務処理】

別表四　　　　　　　　　　　　　　　　　　　　　　　　　　（単位：百万円）

区分	総額	処分		
		留保	流出	
	①	②	③	
当期利益又は当期欠損の額	500	500	配当	
			その他	
加算　建物譲渡益計上漏れ	500	500		
減算　建物譲渡益繰延べ	1,000	1,000		
所得金額又は欠損金額	0	0		

別表五(一)Ⅰ　　　　　　　　　　　　　　　　　　　（単位：百万円）

区分	期首現在利益積立金額	当期の増減		差引翌期首現在利益積立金額
		減	増	
	①	②	③	④
建物	▲500	▲500		—
建物譲渡益に係る調整勘定			▲1,000	▲1,000

　100％グループ内で資産譲渡を行った場合、譲渡損益は繰り延べられますので、資産を譲渡した事業年度では、P社に課税所得は生じません。一方、S社では取得資産につき時価にて受け入れることになります。

　なお、繰延べの対象となる譲渡損益はP社の譲渡時は税務上の帳簿価額（本件の場合は圧縮記帳後の1,000百万円）と時価との差額として算定される点に留意が必要です。

2．譲渡法人が譲渡損益調整資産の譲渡に伴う資産の取得について圧縮記帳を適用する場合

　譲渡法人が譲渡損益調整資産を譲渡した場合において、当該譲渡に伴う資産の取得について圧縮記帳を適用することにより、譲渡した事業年度の所得の金額の計算上、損金に算入される金額があるときは、繰延べの対象となる譲渡利益額は、当該損金算入額を控除した金額とされています（法令122の14③）。

　上記事例において、仮に、P社が建物の譲渡に伴い資産の取得を行い、300百万円の圧縮記帳を行った場合には、繰延べの対象となる譲渡利益額は300百万円減額されることとなります。

【P社の税務処理】
別表四　　　　　　　　　　　　　　　　　　　　　　（単位：百万円）

区分	総額	処分	
		留保	流出
	①	②	③
当期利益又は当期欠損の額	500	500	配当
			その他
加算　建物譲渡益計上漏れ	500	500	
減算　資産圧縮損	300	300	
建物譲渡益繰延べ	700	700	
所得金額又は欠損金額	0	0	

別表五（一）Ⅰ　　　　　　　　　　　　　　　　　　（単位：百万円）

区分	期首現在利益積立金額	当期の増減		差引翌期首現在利益積立金額
		減	増	
	①	②	③	④
建物	▲500	▲500		－
資産			▲300	▲300
建物譲渡益に係る調整勘定			▲700	▲700

3．譲受法人が圧縮記帳の適用対象となる譲渡損益調整資産を取得した場合

　譲受法人が圧縮記帳の適用対象となる譲渡損益調整資産を取得し、当該譲渡損益調整資産について圧縮記帳を行った場合であっても、当該圧縮記帳の適用は、譲渡法人における繰延譲渡損益の実現処理に影響は与えないものとされています。

　資産の譲渡に係るグループ法人税制の規定のベースとなった平成22年度税制

改正前の「分割前事業年度における連結法人間取引の損益」の規定では、上記譲受法人による圧縮記帳の適用は、譲渡法人における繰延譲渡損益の一部実現の事由とされていましたが、処理の簡便化のため、繰延譲渡損益の実現事由から除外されたものと考えられます。

第1章 グループ法人税制

Q19 譲渡損益の繰延べ
―税効果会計への影響

当社（P社、内国法人）は平成22年10月、保有する土地（帳簿価額500百万円、時価100百万円）を100％子会社（S社、内国法人）に対して時価で譲渡する予定です。この場合、譲渡損益の繰延べ処理に伴う税効果会計への影響につき具体的に教えてください。

POINT

- 税務上繰り延べられた譲渡損益に基づき、譲渡法人の個別財務諸表上は繰延税金資産及び負債を認識することになりますが、連結財務諸表上では未実現損益として消去されます。
- グループ法人税制導入に伴う連結子会社の繰越欠損金の持込みや寄附に伴う子会社株式の簿価修正も税効果会計へ影響を及ぼします。

Answer

1．個別財務諸表への影響

グループ法人税制の導入により平成22年10月1日以降のP社から100％子会社であるS社への資産移転に係る譲渡損益は繰延べの対象となり（法法61の13①）、取引が行われた時点では譲渡損益は税務上認識されません。会計上は譲渡損益を認識する場合も、法人税申告書での税務調整でこれを所得計算に算入しない処理を行います。

(1) 譲渡取引の会計処理

本件の譲渡取引時にP社は次の会計処理を行います。

(単位：百万円)

(借)	現　　　　金	100	(貸)	土　　　　地	500
	土 地 譲 渡 損	400			

(2) 税務調整

　譲渡損益の繰延べ処理は税務調整項目として法人税申告書上で行います。具体的には次のとおり、土地の譲渡に伴い認識された譲渡損を損金不算入として課税所得計算上加算項目に含め、税務上調整勘定として別表五(一)の上で繰り延べます。

別表四　　　　　　　　　　　　　　　　　　　　　　　　(単位：百万円)

区分		総額	処分	
			留保	流出
		①	②	③
当期利益又は当期欠損の額		▲400*	▲400	配当
				その他
加算	土地譲渡損繰延べ	400	400	
所得金額又は欠損金額		0	0	

＊　当期欠損は土地譲渡損のみとします。

別表五(一) Ⅰ　　　　　　　　　　　　　　　　　　　　(単位：百万円)

区分	期首現在利益積立金額	当期の増減		差引翌期首現在利益積立金額
		減	増	
	①	②	③	④
土地譲渡損に係る調整勘定			400	400

— 82 —

(3) 繰延税金資産の計上

　この繰延べの対象となった土地の譲渡損はＰ社の個別財務諸表では税効果会計上の将来減算一時差異に該当しますので、繰延税金資産を認識します（「日本公認会計士協会　会計制度委員会報告第10号」第８項）。実効税率を40％とし再譲渡予定があり繰延税金資産の回収可能性があることを前提とすると、決算時に次の会計処理を帳簿に反映させる必要があります。

（単位：百万円）

（借）　繰延税金資産	160	（貸）　法人税等調整額	160

2. 連結財務諸表への影響

　連結納税制度上、譲渡した事業年度の課税所得を構成せずに課税が繰り延べられることになる損益は、連結財務諸表においても消去されることから、連結納税主体の繰延税金資産及び繰延税金負債は認識しないこととされています（「企業会計基準委員会実務対応報告第５号」Ｑ５）。この取扱いが、連結納税を行わない場合であっても、完全支配関係にある国内会社間で平成22年10月１日以後に行われる資産の譲渡取引により生じる譲渡損益の繰延べの場合にも適用になることとされました（同報告Ｑ５注書き、「日本公認会計士協会　会計制度委員会報告第６号」第12-２項）。

　よって、Ｐ社で会計上認識された土地譲渡損はＰ社の連結財務諸表では課税されない損益として消去され、またＰ社の個別財務諸表でいったん認識された繰延税金資産（160百万円）も消去されることになります。したがって、結果的にＰ社の連結財務諸表上に当該土地の譲渡損益繰延べの税効果は生じません。

3. その他グループ法人税制導入に伴う税効果会計への影響

　上述の事項以外に、グループ法人税制導入に伴う税効果会計への影響として、以下の事項があります。

（1） 連結子会社の繰越欠損金の持込みが可能になったことに伴う影響

　これまで、連結子会社が持つ繰越欠損金は、連結納税開始時に失効していましたが、平成22年度税制改正以降は、一定の欠損金（以下、「特定連結欠損金」）は連結納税制度移行後も損金算入が可能となりました（第2章Q5参照）。したがって、平成22年4月1日以後に開始する連結親法人事業年度において連結納税グループに加入する、あるいは連結納税を開始する場合の連結子法人の欠損金（時価評価適用除外法人）については、当該連結子法人において計上されていた繰延税金資産を連結納税への加入又は開始に伴って取り崩すことは基本的に不要になりました。

　なお、連結欠損金に特定連結欠損金が含まれている場合の連結財務諸表における繰延税金資産の回収可能性の判定については、連結納税主体を一体として回収可能性を判断しますが、その際には連結納税主体の連結所得見積額と各連結納税会社の個別所得見積額の両方を考慮することになります。また同様に、個別財務諸表における当該特定連結欠損金に係る繰延税金資産の回収可能性の判定については、連結納税主体の連結所得見積額及び各連結納税会社の個別所得見積額を考慮します（「企業会計基準委員会実務対応報告第7号」Q3、「企業会計基準委員会実務対応報告第5号」Q1、Q4）。

（2） グループ内の寄附に伴う親会社による子会社株式の簿価修正の影響

　100％グループ内の内国法人間で寄附を行った場合、当該金額は支出した側の損金の額に算入されませんが、受け取った側の益金の額にも算入されません。この場合、寄附金を支出した法人及び受け取った法人の親会社は、それぞれの会社の株式の税務上の簿価を修正する必要があります（本章Q24参照）。この簿価修正は、会計上は行われないので、税効果会計上の一時差異が認識されることになります。

第1章 グループ法人税制

Q20 譲渡損益の繰延べ
―法人相互間の通知義務

譲渡損益繰延べの対象となる資産を100％グループ内の子会社に譲渡した場合に生ずる通知義務について教えてください。また当該子会社が譲り受けた資産を他に売却する際にも通知義務が発生するようですが、どのようなものか教えてください。

POINT

- 譲渡損益調整資産を譲渡した法人は、その譲渡の後遅滞なく、譲渡した資産が譲渡損益調整資産に該当することを、譲り受けた法人に通知しなければなりません。
- 譲渡損益調整資産を譲り受けた法人は、当該資産の譲渡等の事由が生じたときには、その旨を遅滞なく譲渡法人に通知しなければなりません。

Answer

1．譲渡法人の通知義務

　内国法人が譲渡損益繰延べの対象となる固定資産、土地、有価証券、金銭債権又は繰延資産（譲渡損益調整資産）を100％グループ内の他の内国法人に譲渡した場合には、その譲渡の後遅滞なく、当該他の内国法人に対し、その譲渡した資産が譲渡損益調整資産に該当する旨を通知しなければならないこととされています（法令122の14⑯）。

　なお、譲渡損益調整資産が減価償却資産の場合に、譲渡損益の戻入れ計算の際に、譲り受けた法人の償却費を用いて計算する方法をとらず、当該資産の耐用年数で算出するいわゆる簡便法を採用することが認められていますが（法令

122の14⑥)、この適用を受けようとする場合には、その旨も合わせて通知しなければなりません（法令122の14⑯かっこ書）（簡便法については本章 Q11を参照）。

2. 譲受法人の通知義務

1．の通知を受けた資産の譲受法人は、次に該当する場合、下の必要事項を、通知を受けた後遅滞なく、資産の譲渡法人に通知しなければならないことになっています（法令122の14⑰)。

(イ) 譲渡を受けた資産が譲り受け法人にとって売買目的有価証券に該当する場合…その旨
(ロ) 譲渡を受けた資産が減価償却資産又は一定の繰延資産である場合で、その資産につき上述の簡便法の適用を受けようとする旨の通知を受けた場合…当該資産について適用する耐用年数又は当該資産の支出の効果の及ぶ期間

なお、いわゆる非適格合併によって資産の移転を受けた場合は、上述の通知義務は生じません。

また、1．の通知を行った譲渡法人が100％グループ内の他の内国法人との適格合併により解散した場合は、当該適格合併に係る合併法人に対して通知を行うことになります。

3. 譲渡損益実現にかかる通知

資産を譲り受けた法人は、譲渡損益調整資産について繰り延べていた譲渡損益が実現する次に掲げる事由が生じたときは、その旨及びその生じた日を、当該事由が生じた事業年度終了後遅滞なく、その資産の譲渡法人に通知しなければなりません（法令122の14⑱)。

(イ) 譲渡損益調整資産の譲渡、貸倒れ、除却その他これらに類する事由（法令122の14④一イ）
(ロ) 譲渡損益調整資産の適格分割型分割による分割承継法人への移転（同項一ロ）

(ハ) 普通法人又は協同組合等である当該譲受法人が公益法人等に該当することとなった場合（同項一ハ）
(ニ) 譲渡損益調整資産が譲受法人において評価換えされた場合（同項二、五）
(ホ) 譲渡損益調整資産が譲受法人において減価償却資産又は繰延資産に該当し、その償却費が損金の額に算入された場合（同項三、四）
(ヘ) 有価証券である当該譲渡損益調整資産と銘柄を同じくする有価証券が譲受法人で譲渡された場合（同項六）
(ト) 当該譲渡損益調整資産が譲受法人において償還有価証券に該当し、かつ、調整差益又は調整差損が益金の額又は損金の額に算入された場合（同項七）
(チ) 当該譲渡損益調整資産が譲受法人において時価評価資産に該当し、かつ、評価益又は評価損が益金の額又は損金の額に算入された場合（同項八）

なお、上述(ニ)の減価償却資産又は繰延資産について通知をする場合は、譲受法人が損金算入した償却費の金額も合わせて通知する必要があります。ただし、上述１．の簡便法の適用を受けようとする旨の通知を受けていた場合には、本通知義務は生じません。

また、２．と同様に、１．の通知を行った譲渡法人が100％グループ内の他の内国法人との適格合併により解散した場合は、当該適格合併に係る合併法人に

① 譲渡した資産が譲渡損益調整資産に該当する旨
② 減価償却資産の償却に簡便法を適用する場合⇒その旨

譲渡法人 ── 通知義務 ── 譲受法人

[1] 売買目的有価証券に該当する場合⇒その旨
[2] 上記②の通知を受けた場合
　→ ・耐用年数
　　・支出の効果が及ぶ期間
[3] 繰り延べていた譲渡損益が実現する事由が生じた場合
　→ ・その旨
　　・生じた日
　　・上記②の簡便法を適用しなかった場合は償却費の額

対して通知を行うことになります。

4．通知の方法

通知の方法については法令等で特に指定されておりません。したがって、譲渡法人と譲受法人との間で任意の方法により通知を行うこととなります。

なお、国税庁が平成22年8月に公表した「平成22年度税制改正に係る法人税質疑応答事例（グループ法人税制関係）」の中で、実務上の参考として譲渡損益調査資産に関する通知書の書式例が示されています（次ページ参照）。

(別紙)

法人税法第61条の13（完全支配関係がある法人の間の取引の損益）に規定する譲渡損益調整資産に関する通知書

譲渡法人（甲）	譲受法人（乙）
（法人名） （住　所） （連絡先）	（法人名） （住　所） （連絡先）

（譲渡法人→譲受法人）

　　　　　　　　　　　　　　　　　　　　［通知年月日］　平成○年○月○日
1　当社（甲）が、平成○年○月○日付で貴社（乙）に譲渡した次の資産については、法人税法第61条の13に規定する譲渡損益調整資産に該当しますので、その旨通知します。

資産の種類	固定資産・土地・有価証券・金銭債権・繰延資産
資産の名称	
譲渡数量	

（譲渡損益調整資産が固定資産又は繰延資産である場合）
2　なお、上記の資産が貴社（乙）において、減価償却資産又は繰延資産に該当する場合には、当社（甲）では、法人税法施行令第122条の14第6項に規定する簡便法の適用を（　受ける　・　受けない　）予定ですので、その旨通知します。

- -

（譲受法人→譲渡法人）

　　　　　　　　　　　　　　　　　　　　［通知年月日］　平成○年○月○日
3　上記1の資産は、当社（乙）において、次のとおりとなりますので、その旨通知します。

・上記1の資産が、有価証券である場合 　　当社（乙）において、売買目的有価証券に	該当する・該当しない
・上記1の資産が、貴社（甲）において固定資産である場合 　　当社（乙）において、減価償却資産に	該当する・該当しない
減価償却資産に該当する場合に、その減価償却資産に適用される耐用年数	年
・上記1の資産が、貴社（甲）において繰延資産である場合 　　当社（乙）において、繰延資産に	該当する・該当しない
繰延資産に該当する場合に、その繰延資産となった費用の支出の効果の及ぶ期間	年

［通知年月日］　平成○年○月○日

4　上記1の資産について、当社（乙）において次の事由が生じましたので、その旨通知します。

該当有無 ○表示	発生事由	発生年月日	左記の日の属する事業年度	備考
	① 上記1の資産について次の事実が発生したこと 【　譲渡・貸倒れ・除却・その他類する事由　】 その他類する事由（　　　　　　　　　　　）	平　．．	自：平　．． 至：平　．．	
	② 上記1の資産を適格分割型分割により分割承継法人へ移転したこと	平　．．	自：平　．． 至：平　．．	
	③ 普通法人又は協同組合等である当社（乙）が、公益法人等に該当することとなったこと	平　．．	自：平　．． 至：平　．．	
	④ 上記1の資産につき当社（乙）において、 ・法人税法第25条第2項に規定する評価換えによりその帳簿価額を増額し、その増額した部分の金額を益金の額に算入したこと ・法人税法第25条第3項に規定する資産に該当し、上記1の資産の同項に規定する評価益の額として政令で定める金額を益金の額に算入したこと	平　．．	自：平　．． 至：平　．．	
	⑤ 上記1の資産が当社（乙）において、減価償却資産に該当し、その償却費を損金の額に算入したこと	償却費を損金の額に算入した事業年度 自：平　．． 至：平　．． ※　上記事業年度の末日が発生年月日です		損金の額に算入した償却費の額 円
	⑥ 上記1の資産が当社（乙）において、繰延資産に該当し、その償却費を損金の額に算入したこと	償却費を損金の額に算入した事業年度 自：平　．． 至：平　．． ※　上記事業年度の末日が発生年月日です		損金の額に算入した償却費の額 円
	⑦ 上記1の資産につき当社（乙）において、 ・法人税法第33条第2項に規定する評価換えによりその帳簿価額を減額し、上記1の資産の同項に規定する差額に達するまでの金額を損金の額に算入したこと ・法人税法第33条第3項に規定する評価換えによりその帳簿価額を減額し、その減額した部分の金額を損金の額に算入したこと ・法人税法第33条第4項に規定する資産に該当し、上記1の資産の同項に規定する評価損の額として政令で定める金額を損金の額に算入したこと	平　．．	自：平　．． 至：平　．．	
	⑧ 上記1の資産が有価証券である場合で、当社（乙）において、上記1の資産と銘柄を同じくする有価証券（売買目的有価証券以外のもの）を譲渡したこと （上記1の資産の数に達するまでの譲渡に限る。）	平　．．	自：平　．． 至：平　．．	譲渡した数量
	⑨ 上記1の資産が当社（乙）において、法人税法施行令第119条の14に規定する償還有価証券に該当し、上記1の資産について法人税法施行令第139条の2第1項に規定する調整差益又は調整差損を益金の額又は損金の額に算入したこと	平　．．	自：平　．． 至：平　．．	
	⑩ 上記1の資産が当社（乙）において、法人税法第61条の11第1項に規定する時価評価資産に該当し、上記1の資産について同項に規定する評価益又は評価損を益金の額又は損金の額に算入したこと	平　．．	自：平　．． 至：平　．．	

第1章　グループ法人税制

Q21 譲渡損益の繰延べ
―確定申告書に添付すべき系統図

グループ法人税制の施行後、100％の資本関係のある企業グループに属する法人は、グループ内の法人との関係を示す系統図の添付が必要になるということですが、どのような形式の書類を用意すればよろしいのでしょうか。

POINT

- グループ法人税制の導入に伴い、100％グループ内の完全支配関係がある法人との関係を系統的に示す図を平成22年4月1日以後開始事業年度の確定申告書に添付することが求められるようになりました。
- この系統図について定まった様式は示されていないため、各法人の任意の形式で作成し提出することになります。

Answer

グループ法人税制の導入に伴い、法人税法施行規則の確定申告の添付書類に関する規定が次のとおり改正されました。

> 第35条　法第74条第3項（確定申告書の添付書類）に規定する財務省令で定める書類は、次の各号に掲げるもの（略）とする。
> 　　　　　　　　　　（略）
> 四　当該内国法人の事業等の概況に関する書類（<u>当該内国法人との間に完全支配関係がある法人との関係を系統的に示した図を含む。</u>）
> 　　　　　　　　　　（略）

このとおり、100％グループ内の完全支配関係がある法人との関係を系統的に示す図の添付が新たに求められています。グループ法人税制は連結納税制度

と異なり、要件を満たす内国法人に強制適用されるため、この系統図は該当するすべての法人が提出する必要があります。

　また、仮に該当事業年度において、100％グループ内の法人との間に資産の譲渡や寄附等の取引が全くなかった場合でも、上記書類の添付は必要になるので注意が必要です。

　この系統図について現時点で国税庁は定まった様式を示していないため、各法人の任意の形式で作成し提出することになりますが、国税庁が「連結納税の

【参考】
5　添付書類の作成例

(1) 出資関係図

平成15年X月XX日現在

```
                        1 連結親法人
                          ㈱ A
        ┌──────┬──────┬──────┐
      100%      100%     80%     100%
        │         │        │        │
    2連結子法人  3連結子法人 →20%→ 4連結子法人  5連結子法人
       ㈱B       ㈱C              ㈱D         ㈱E
        │      30%  70%            │
      100%    ↓    ↓             100%
              6連結子法人  7連結子法人   8連結子法人
                ㈱F        ㈱G          ㈱H
```

(凡例)
一連番号　持株割合等
親・子の表示
法人名

(注)　申請書に記載したすべての法人を記載してください。

(2) グループ一覧

平成15年X月XX現在

一連番号	所轄税務署名	法人名	納税地	代表者氏名	事業種目	資本金等（千円）	決算期	備考
1	麹町	㈱A	千代田区大手町1-3-3	a	鉄鋼	314,158,750	3.31	
2	仙台北	㈱B	仙台市青葉区本町3-3-1	b	機械修理	34,150,000	6.30	

(注)　1　一連番号は、上記(1)出資関係図の一連番号に合わせて付番してください。
　　　2　持株割合が100％であるが、法人税法4条の2又は同4条の3第2項の規定により、申請法人にならないものがある場合には、「一連番号」欄に「対象外」と表示して、法人名等を記載してください。
　　　　また、対象外となった理由を「備考」欄に、「取消有」等と簡記してください。

（出典：国税庁「連結納税の承認の申請書の記載要領」）

承認の申請書」の記載要領として同様の系統図（出資関係図）の例を示しており（前ページ図参照）、これが作成にあたっての１つの基準となるでしょう。

ところで、作成する系統図は原則、決算日時点のものとなるかと思いますが、完全支配関係に適用されるグループ法人税制は、取引が行われた時点で完全支配の関係にあるか否かが判定されるため、事業年度中に100％の資本関係がなくなった等の変動があれば、これについても合わせて記載しておく必要があると思われます。

系統図に内国法人のみならず、国内に支店等を有する外国法人の確定申告書についても添付義務が課されています（法規61）。系統図は平成22年４月１日以後開始事業年度の確定申告書の添付書類として提出が義務付けられています（改正法規附則２①）。

Q22 完全支配関係法人間における寄附金税制の概要

平成22年度税制改正において、寄附金に関する税務上の取扱いが大幅に改正されたとのことですが、改正の概要について教えてください。

POINT

- 100%グループ内の内国法人間で寄附があった場合には、支出法人においては寄附金の全額が損金不算入となる一方で、受領法人においては受贈益の全額が益金不算入となります。
- 支出法人又は受領法人の株主である法人においては、寄附修正事由による投資簿価修正が必要となります。

Answer

内国法人が支出した寄附金（一定のものを除く）の額のうち、損金算入限度額を超える部分の金額は、各事業年度の所得の計算上、損金の額に算入されません（法法37①）。一方、寄附を受けた内国法人は、その寄附金の全額を受贈益として各事業年度の所得の計算上、益金の額に算入することとなります（法法22）。

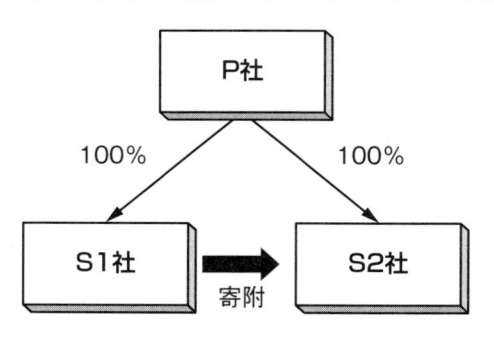

```
          ┌─────┐
          │ P社  │
          └─────┘
         100%  100%
         ↙        ↘
    ┌─────┐ 寄附  ┌─────┐
    │ S1社 │ ──→ │ S2社 │
    └─────┘       └─────┘
```

【S1社の会計仕訳（寄附金の損金算入限度額を0と仮定する）】

| （借）寄　附　金 | 100 | （貸）現　　　金 | 100 |

【S1社の税務処理】

別表四

区分	総額	処分	
		留保	流出
	①	②	③
当期利益又は当期欠損の額	▲100	▲100	配当
			その他
加算　寄附金損金不算入額＊	100		100
所得金額又は欠損金額	0	▲100	100

＊　別表四上では仮計の下（27欄）で調整します。

【S2社の会計仕訳】

| （借）現　　　金 | 100 | （貸）受　贈　益 | 100 |

【S2社の税務処理】

別表四

区分	総額	処分	
		留保	流出
	①	②	③
当期利益又は当期欠損の額	100	100	配当
			その他
加減算なし			
所得金額又は欠損金額	100	100	

　平成22年度税制改正において、100％グループ内の内国法人間の寄附金は、

支出法人において全額が損金不算入とされるとともに（法法37②）、受領法人においては全額が益金不算入とされます（法法25の2①）。また、支出法人、受領法人の直接の株主である法人（単体納税適用法人）においては、「寄附修正事由による投資簿価修正」（法令9①七）が必要になります（投資簿価修正についてはQ24をご参照ください）。

　この規定は、平成22年10月1日以後に授受される寄附金・受贈益について適用されます。

【S1社の会計仕訳】

（借）寄　附　金　　100	（貸）現　　　金　　100

【S1社の税務処理】

別表四

区分	総額	処分	
		留保	流出
	①	②	③
当期利益又は当期欠損の額	▲100	▲100	配当
			その他
加算　寄附金損金不算入額＊	100		100
所得金額又は欠損金額	0	▲100	100

＊　別表四上では仮計の下（27欄）で調整します。

第1章 グループ法人税制

【S2社の会計仕訳】

| (借) | 現 | 金 | 100 | (貸) | 受 | 贈 | 益 | 100 |

【S2社の税務処理】

別表四

区分	総額	処分	
		留保	流出
	①	②	③
当期利益又は当期欠損の額	100	100	配当
			その他
減算 受贈益益金不算入額	▲100		▲100
所得金額又は欠損金額	0	100	▲100

　なお、この規定の適用範囲は、「法人による」完全支配関係がある場合に限定されているため、個人株主とその同族関係者により直接の完全支配関係がある法人間の寄附金には適用がありません(詳しくはQ23をご参照ください)。

　また、例えば支出法人、受領法人のいずれかが公益法人等であり、寄附金又は受贈益がこれらの法人の収益事業以外の事業に属するものである場合には、支出法人又は受領法人においてその寄附金又は受贈益の額を損金算入又は益金算入できないことから、この規定の適用対象外とされています(法基通4-2-4、9-4-2の6)。

Q23 完全支配関係にある法人についての寄附金税制の適用対象

平成22年度税制改正により、100％グループ内の内国法人間の寄附金・受贈益は、全額が損金不算入・益金不算入になるとのことですが、100％グループ内の内国法人であればすべてこの規定の適用対象となるのでしょうか。

POINT

- 寄附金の損金不算入・受贈益の益金不算入の規定は、「法人による」完全支配関係がある場合に限り適用されます。

Answer

　100％グループ内の内国法人間の寄附金の損金不算入・受贈益の益金不算入の規定の適用範囲は、「法人による」完全支配関係がある場合に限定されているため、次ページの図のように個人株主とその同族関係者により完全支配関係がある法人間の寄附金には適用がありません（法法37②）。

第1章　グループ法人税制

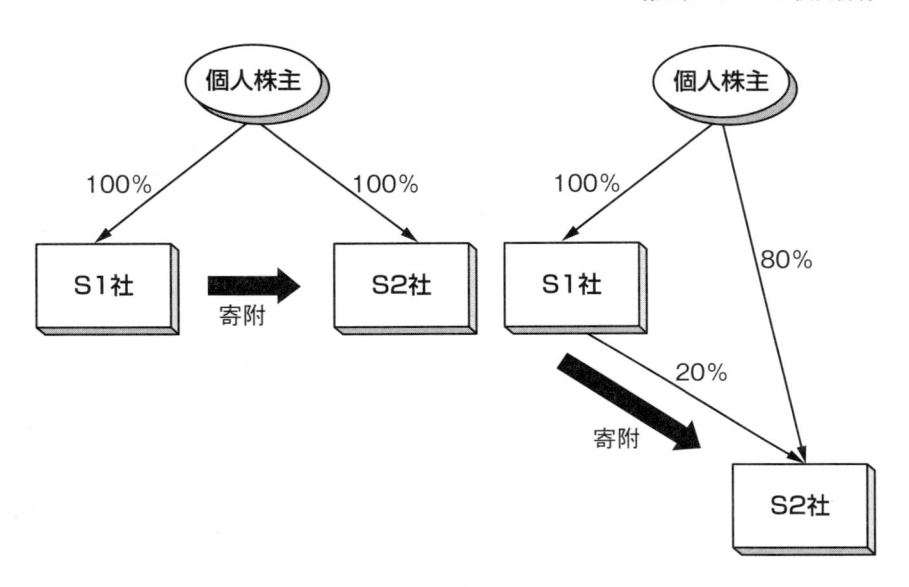

一方、下図のように個人株主とその同族関係者により間接的に完全支配関係がある法人であっても、法人による完全支配関係がある（直接の株主が法人株主のみである場合）法人間については、100％グループ内の内国法人間の寄附金の損金不算入・受贈益の益金不算入の規定が適用されます（法基通9-4-2の5）。

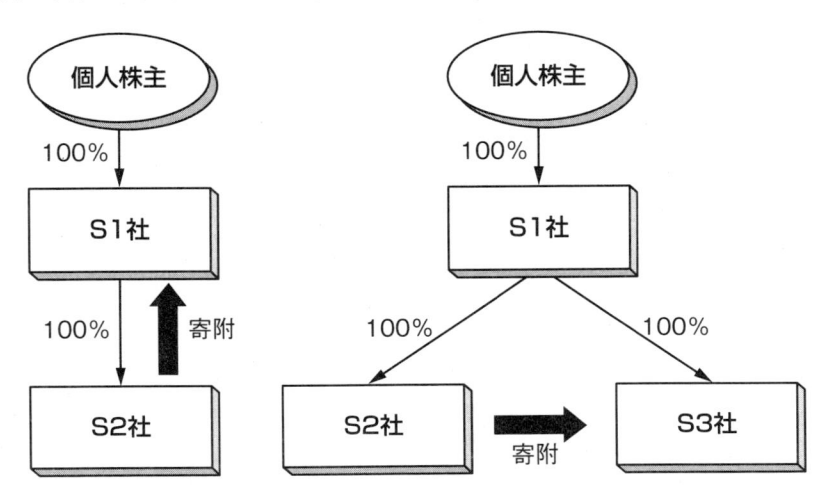

Q24 子法人株式等の寄附修正

100％グループ内の内国法人間（法人による完全支配関係がある単体納税適用法人です）で寄附があった場合には、寄附金を支出した法人及び受領した法人の株主において子会社株式等の帳簿価額の修正が必要とのことですが、この仕組みについて教えてください。

POINT

- 子法人が寄附金の損金不算入・受贈益の益金不算入の規定の適用を受けた場合には、当該親法人は一定の算式で計算した金額を利益積立金額に加減算するとともに、同額を当該子法人の株式の寄附直前の帳簿価額に加減算します。

Answer

100％グループ内の内国法人間で寄附があった場合には、前述のとおり支出法人においてその全額が損金不算入とされ、受領法人においては受贈益の全額が益金不算入とされ、結果として寄附金はそれぞれの法人の課税所得に影響しません。しかしながら、支出法人の価値を受領法人に無償で移転し、いずれかの法人の株式を譲渡する際に譲渡損又は譲渡益を創出することを避けるため、寄附修正事由があった場合には、支出法人又は受領法人の株主である法人においては、次の金額を利益積立金額に加減算するとともに、同額をその支出法人又は受領法人の株式の直前の帳簿価額に加減算することとされています（法令9①七、119の3⑥）。

> 受贈益の額×持分割合－寄附金の額×持分割合

なお、「寄附修正事由」とは、以下の事由をいいます（法令9①七）。

第1章　グループ法人税制

(イ)　子法人が完全支配関係のある他の内国法人から法人税法25条の2第1項の規定の適用により益金不算入とされる受贈益の額を受けたこと

(ロ)　子法人が完全支配関係のある他の内国法人に対して法人税法37条2項（又は法人税法81条の6第2項）の規定の適用により損金不算入とされる寄附金の額を支出したこと

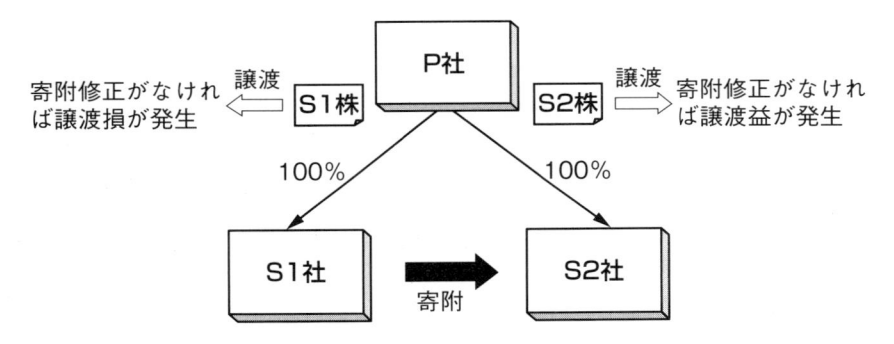

（図：P社がS1株を譲渡 → 寄附修正がなければ譲渡損が発生、P社がS2株を譲渡 → 寄附修正がなければ譲渡益が発生。P社はS1社・S2社を100%支配し、S1社からS2社へ寄附）

事例1

【前提】

S1社株の帳簿価額	1,000
S2社株の帳簿価額	500
S1社からS2社への寄附金	100

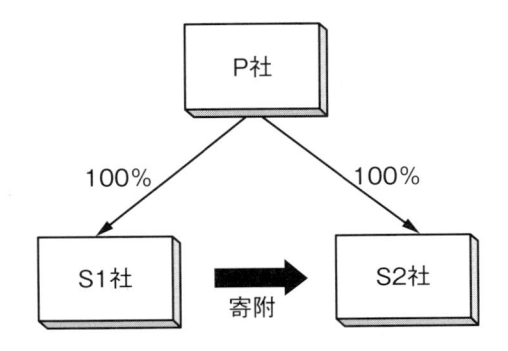

（図：P社がS1社・S2社を100%支配し、S1社からS2社へ寄附）

【S1社株に係る寄附修正】

　　受贈益0×持分割合100％－寄附金100×持分割合100％＝▲100

【S2社株に係る寄附修正】

受贈益100×持分割合100％－寄附金0×持分割合100％＝100

【寄附修正後の帳簿価額】

S1社株　1,000－100＝900
S2社株　500＋100＝600

P社の別表五(一)Ⅰ

区分	期首現在利益積立金額	当期の増減		差引翌期首現在利益積立金額
		減	増	
	①	②	③	④
S1社株式			▲100	▲100
S2社株式			100	100

事例2

【前提】

P社におけるS1社株の帳簿価額	1,000
P社におけるS2社株の帳簿価額	400
S1社におけるS2社株の帳簿価額	100
S1社からS2社への寄附金	100

第1章　グループ法人税制

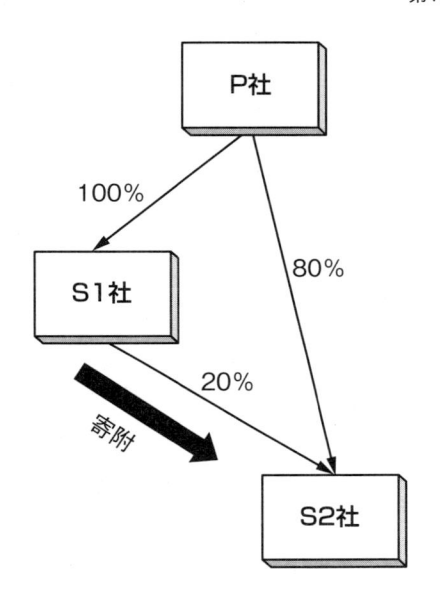

```
         P社
       ↙     ↘
   100%       80%
    ↓          ↘
   S1社         ↓
    ━━20%━→   S2社
    寄附
```

P社

【S1社株に係る寄附修正】

　　受贈益0×持分割合100％－寄附金100×持分割合100％＝▲100

【S2社株に係る寄附修正】

　　受贈益100×持分割合80％－寄附金0×持分割合80％＝80

【寄附修正後の帳簿価額】

　　S1社株　1,000－100＝900

　　S2社株　400＋80＝480

S1社

【S2社株に係る寄附修正】

　　受贈益100×持分割合20％－寄附金0×持分割合20％＝20

【寄附修正後の帳簿価額】

　　S2社株　100＋20＝120

P社の別表五(一)Ⅰ

区分	期首現在 利益積立金額	当期の増減		差引翌期首現在 利益積立金額
		減	増	
	①	②	③	④
S1社株式			▲100	▲100
S2社株式			80	80

S1社の別表五(一)Ⅰ

区分	期首現在 利益積立金額	当期の増減		差引翌期首現在 利益積立金額
		減	増	
	①	②	③	④
S2社株式			20	20

Q25 寄附
—グループ間の資産の低廉譲渡

当社(S1社)はグループ会社(S2社)に対して資産(帳簿価額300百万円、時価500百万円、譲渡損益調整資産に該当します)を300百万円で譲渡しました。この場合の、S1社及びS2社の税務処理について教えてください。なお、S1社とS2社はともにP社を直接の100％親会社とする内国法人です。

POINT

- 時価と譲渡価額との差額は譲渡法人から譲受法人に対する寄附として取り扱われますが、100％グループ内の内国法人間の場合は、寄附金・受贈益の全額が損金不算入・益金不算入となります。

Answer

S1社は帳簿価額300百万円、時価500百万円の資産を300百万円で譲渡していますので、対価の額と時価との差額200百万円のうち実質的に贈与又は無償の供与をしたと認められる金額がある場合は、S2社に対する寄附金として取り扱われます。100％グループ内の内国法人間での寄附金は所得の金額の計算上損金の額に算入されませんので、S1社においては寄附金200百万円（全額が実質的に贈与又は無償の供与とされた場合）は損金不算入となります（法法37②）。

一方で、S2社は時価500百万円の資産を300百万円で取得していますので、対価の額と時価との差額200百万円のうち実質的に贈与又は無償の供与を受けたと認められる金額がある場合には、S1社から受けた受贈益として取り扱われます。100％グループ内の内国法人間での受贈益は所得の金額の計算上益金の額に算入されませんので、S2社においては受贈益200百万円（全額が実質的に贈与又は無償の供与とされた場合）は益金不算入となります（法法25の2①）。

また、本件取引は100％グループ内の内国法人間の譲渡損益調整資産の譲渡取引に該当しますので、S1社において認識される資産の譲渡益200百万円は、譲渡損益調整資産に係る譲渡利益額として課税の繰延べの対象となります（法法61の13①）。
　S1社及びS2社においてそれぞれ寄附金・受贈益認定が行われた場合の処理は以下のとおりとなります。

【S1社（譲渡法人）の会計仕訳】　　　　　　　　　　　（単位：百万円）

| （借） | 現 | 金 | 300 | （貸） | 資 | 産 | 300 |

【S1社（譲渡法人）の税務仕訳及び税務処理】　　　　　（単位：百万円）

| （借） | 現 | 金 | 300 | （貸） | 資 | 産 | 300 |
| | 寄 附 | 金 | 200 | | 譲 渡 | 益 | 200 |

別表四　　　　　　　　　　　　　　　　　　　　　　　（単位：百万円）

区分		総額	処分	
			留保	流出
		①	②	③
当期利益又は当期欠損の額				配当
				その他
加算	資産譲渡益計上漏れ	200	200	
	寄附金損金不算入額*	200		200
減算	資産譲渡益繰延べ	200	200	
	寄附金認定損	200	200	
所得金額又は欠損金額		0	▲200	200

＊　別表四上では仮計の下（27欄）で調整します。

第1章 グループ法人税制

別表五(一) I　　　　　　　　　　　　　　　　　　　　　　（単位：百万円）

区分	期首現在利益積立金額	当期の増減		差引翌期首現在利益積立金額
		減	増	
	①	②	③	④
資産譲渡益に係る調整勘定			▲200	▲200
未収入金		200	200	

【S2社（譲受法人）の会計仕訳】　　　　　　　　　　　　　（単位：百万円）

（借）資　　産　　300	（貸）現　　金　　300

【S2社（譲受法人）の税務仕訳及び税務処理】　　　　　　　（単位：百万円）

（借）資　　産　　500	（貸）現　　金　　300
	受　贈　益　200

別表四　　　　　　　　　　　　　　　　　　　　　　　　　（単位：百万円）

区分		総額	処分	
			留保	流出
		①	②	③
当期利益又は当期欠損の額				配当
				その他
加算	資産計上漏れ	200	200	
減算	受贈益益金不算入額	200		200
所得金額又は欠損金額		0	200	▲200

別表五(一) I　　　　　　　　　　　　　　　　　　　　　　（単位：百万円）

区分	期首現在利益積立金額	当期の増減		差引翌期首現在利益積立金額
		減	増	
	①	②	③	④
資産			200	200

　上記の結果だけを見ると、本件取引によりＳ１社、Ｓ２社ともに追加の課税所得は発生せず、資産を時価（500百万円）ではなく帳簿価額（300百万円）で譲渡したとしても課税上の弊害はないように考えられます。しかしながら、Ｓ２社が当該資産を外部に500百万円で譲渡した場合、Ｓ１社からＳ２社に時価で譲渡された場合には譲渡益200百万円はＳ１社で実現するのに対し、Ｓ１社からＳ２社に簿価で譲渡された場合には譲渡益200百万円はＳ２社で実現することとなり、簿価での譲渡を容認してしまうと100％グループ内の法人間で含み損益のある資産の譲渡を行うことにより所得の付け替えが自由に行えることになります。したがって、完全支配関係のある法人間の取引であっても、時価で譲渡することが原則とされ、時価で譲渡されなかった部分は寄附金・受贈益として取り扱う必要があります。

　なお、これらの取引はそれぞれ「寄附修正事由」に該当しますので、親会社であるＰ社において、保有するＳ１社株、Ｓ２社株の税務上の帳簿価額を修正する必要があります（法令９①七）。

P社の別表五(一)　　　　　　　　　　　　　　　　　　　　（単位：百万円）

区分	期首現在利益積立金額	当期の増減 減	当期の増減 増	差引翌期首現在利益積立金額
	①	②	③	④
S1社株式			▲200*¹	▲200
S2社株式			200*²	200

*1　利益積立金減少額＝寄附金の額×持分割合
　　　＝200百万円×100％＝200百万円
*2　利益積立金増加額＝受贈益の額×持分割合
　　　＝200百万円×100％＝200百万円

Q26 寄附
―グループ間の資産の高額譲渡

当社（S1社）はグループ会社（S2社）に対して資産（帳簿価額300百万円、時価500百万円、譲渡損益調整資産に該当します）を600百万円で譲渡しました。この場合の、S1社及びS2社の税務処理について教えてください。なお、S1社とS2社はともにP社を直接の100％親会社とする内国法人です。

POINT

- 時価と譲渡価額との差額は譲受法人から譲渡法人に対する寄附として取り扱われますが、100％グループ内の内国法人間の場合は、寄附金・受贈益の全額が損金不算入・益金不算入となります。

Answer

　S1社は帳簿価額300百万円、時価500百万円の資産を600百万円で譲渡していますので、時価と帳簿価額の差額200百万円は資産の譲渡益として取り扱われ、対価の額と時価との差額100百万円のうち実質的に贈与又は無償の供与を受けたと認められる金額がある場合は、S2社から受けた受贈益として取り扱われます。100％グループ内の内国法人間での資産の譲渡損益は譲受法人においてその資産の譲渡、除却等一定の事由があるまで繰り延べられ、受贈益は所得の金額の計算上益金の額に算入されませんので、S1社においては譲渡益200百万円は繰り延べられ、受贈益100百万円（全額が実質的に贈与又は無償の供与とされた場合）は益金不算入となります（法法25の2①、61の13①）。

　一方で、S2社は時価500百万円の資産を600百万円で取得していますので、対価の額と時価との差額100百万円のうち実質的に贈与又は無償の供与をしたと認められる金額がある場合には、S1社に対する寄附金として取り扱われま

— 110 —

す。100％グループ内の内国法人間での寄附金は所得の金額の計算上損金の額に算入されませんので、S2社においては寄附金100百万円（全額が実質的に贈与又は無償の供与とされた場合）は損金不算入となります（法法37②）。

S1社及びS2社においてそれぞれ受贈益・寄附金認定が行われた場合の処理は以下のとおりとなります。

【S1社（譲渡法人）の会計仕訳】　　　　　　　　　　　　（単位：百万円）

| （借） | 現 | 金 | 600 | （貸） | 資 | 産 | 300 |
| | | | | | 譲 | 渡 益 | 300 |

【S1社（譲渡法人）の税務処理】　　　　　　　　　　　　（単位：百万円）

（借）	現	金	600	（貸）	資	産	300
					譲	渡 益	200
					受	贈 益	100

別表四　　　　　　　　　　　　　　　　　　　　　　　　（単位：百万円）

区分	総額	処分	
		留保	流出
	①	②	③
当期利益又は当期欠損の額	300	300	配当
			その他
減算　資産譲渡益繰延べ	200	200	
減算　受贈益益金不算入額	100		100
所得金額又は欠損金額	0	100	▲100

【S2社（譲受法人）の会計仕訳】　　　　　　　　　　　（単位：百万円）

| （借） | 資　　産 | 600 | （貸） | 現　　金 | 600 |

【S2社（譲受法人）の税務処理】　　　　　　　　　　　（単位：百万円）

| （借） | 資　　産 | 500 | （貸） | 現　　金 | 600 |
| | 寄　附　金 | 100 | | | |

別表四　　　　　　　　　　　　　　　　　　　　　　　（単位：百万円）

区分		総額	処分	
			留保	流出
		①	②	③
当期利益又は当期欠損の額				配当
				その他
加算	寄附金損金不算入額*	100		100
減算	資産過大計上	100	100	
所得金額又は欠損金額		0	▲100	100

＊　別表四上では仮計の下（27欄）で調整します。

別表五(一)Ⅰ　　　　　　　　　　　　　　　　　　　（単位：百万円）

区分	期首現在利益積立金額	当期の増減		差引翌期首現在利益積立金額
		減	増	
	①	②	③	④
資産			▲100	▲100

　なお、これらの取引はそれぞれ「寄附修正事由」に該当しますので、親会社であるP社において、保有するS1社株、S2社株の税務上の帳簿価額を修正する必要があります（法令9①七）。

第1章 グループ法人税制

P社の別表五(一)　　　　　　　　　　　　　　　　　　　　（単位：百万円）

区分	期首現在利益積立金額	当期の増減		差引翌期首現在利益積立金額
		減	増	
	①	②	③	④
S1社株式			100*1	100
S2社株式			100*2	▲100

*1　利益積立金増加額＝受贈益の額×持分割合
　　＝100百万円×100％＝100百万円
*2　利益積立金減少額＝寄附金の額×持分割合
　　＝100百万円×100％＝100百万円

Q27 寄附
―譲渡損益調整資産の低廉譲渡

当社（S1社）は、グループ会社（S2社）から、簿価300百万円の資産（譲渡損益調整資産に該当します）を時価500百万円で譲渡を受けましたが、今般、当該資産を別のグループ会社（S3社）に簿価で譲渡することになりました。S1社からS3社への譲渡時の時価は700百万円です。この場合のS1社、S2社及びS3社における税務上の取扱いについて教えてください。なお、S1社、S2社及びS3社はP社にそれぞれ発行済株式のすべてを保有されています。

POINT

- 100％グループ内の譲渡法人（S2社）において繰り延べられた譲渡損益は、譲受法人（S1社）が他の法人（S3社）に譲渡した時点で認識されます。
- 時価と譲渡価額との差額は譲渡法人（S1社）から譲受法人（S3社）に対する寄附として取り扱われますが、100％グループ内の内国法人間の場合は、寄附金・受贈益の全額が損金不算入・益金不算入となります。

Answer

S2社からS1社に資産が譲渡された際にS2社において生じた譲渡益は、S2社の課税所得の計算上、益金不算入とされ、繰り延べられています。この譲渡に係るS1社及びS2社それぞれの会計仕訳及び税務処理は以下のとおりです（法法61の13①）。

第1章 グループ法人税制

【S1社（譲受法人）の会計仕訳】　　　　　　　　　　（単位：百万円）

（借）資　産	500	（貸）現　金	500

【S2社（譲渡法人）の会計仕訳及び税務処理】　　　（単位：百万円）

（借）現　金	500	（貸）資　産	300
		譲　渡　益	200

別表四　　　　　　　　　　　　　　　　　　　　　　　（単位：百万円）

区分	総額	処分	
		留保	流出
	①	②	③
当期利益又は当期欠損の額	200	200	配当
			その他
減算　資産譲渡益繰延べ	200	200	
所得金額又は欠損金額	0	0	

別表五(一)Ⅰ　　　　　　　　　　　　　　　　　　　（単位：百万円）

区分	期首現在利益積立金額	当期の増減		差引翌期首現在利益積立金額
		減	増	
	①	②	③	④
資産譲渡益にかかる調整勘定			▲200	▲200

繰り延べられた譲渡益は、S1社がS3社に当該資産を譲渡したときに益金に算入されます。

【S2社（譲渡法人）の税務処理】

別表四　　　　　　　　　　　　　　　　　　　　　　　（単位：百万円）

区分		総額	処分	
			留保	流出
		①	②	③
当期利益又は当期欠損の額				配当
				その他
加算	資産譲渡益繰延べ認容	200	200	
所得金額又は欠損金額		200	200	

別表五(一)Ⅰ　　　　　　　　　　　　　　　　　　　（単位：百万円）

区分	期首現在利益積立金額	当期の増減		差引翌期首現在利益積立金額
		減	増	
	①	②	③	④
資産譲渡益に係る調整勘定	▲200	▲200		―

　S1社は帳簿価額500百万円、時価700百万円の資産を500百万円で譲渡していますので、対価の額と時価との差額200百万円のうち実質的に贈与又は無償の供与をしたと認められる金額がある場合は、S3社に対する寄附金として取り扱われます。100％グループ内の法人間での寄附金は所得の金額の計算上損金の額に算入されませんので、S1社においては寄附金200百万円（全額が実質的に贈与又は無償の供与とされた場合）は損金不算入となります（法法37②）。

　一方で、S3社は時価700百万円の資産を500百万円で取得していますので、対価の額と時価との差額200百万円のうち実質的に贈与又は無償の供与を受け

第1章　グループ法人税制

たと認められる金額がある場合には、S1社から受けた受贈益として取り扱われます。100％グループ内の法人間での受贈益は所得の金額の計算上益金の額に算入されませんので、S3社においては受贈益200百万円（全額が実質的に贈与又は無償の供与とされた場合）は益金不算入となります（法法25の2①）。

S1社及びS3社においてそれぞれ寄附金・受贈益認定が行われた場合（及び自ら申告調整を行う場合）の処理は以下のとおりとなります。

【S1社（譲渡法人）の会計仕訳】　　　　　　　　　　　　　　　（単位：百万円）

（借）	現　金	500	（貸）	資　産	500

【S1社（譲渡法人）の税務仕訳及び税務処理】　　　　　　　　（単位：百万円）

（借）	現　金	500	（貸）	資　産	500
	寄附金	200		譲渡益	200

別表四　　　　　　　　　　　　　　　　　　　　　　　　　　　（単位：百万円）

区分	総額	処分 留保	処分 流出
	①	②	③
当期利益又は当期欠損の額			配当
			その他
加算　資産譲渡益計上漏れ	200	200	
寄附金損金不算入額*	200		200
減算　資産譲渡益繰延べ	200	200	
寄附金認定損	200	200	
所得金額又は欠損金額	0	▲200	200

*　別表四上では仮計の下（27欄）で調整します。

— 117 —

別表五(一)Ⅰ　　　　　　　　　　　　　　　　　　（単位：百万円）

区分	期首現在利益積立金額	当期の増減		差引翌期首現在利益積立金額
		減	増	
	①	②	③	④
資産譲渡益に係る調整勘定			▲200	▲200
未収入金		200	200	

【S3社（譲受法人）の会計仕訳】　　　　　　　　（単位：百万円）

（借）資　　産　　500	（貸）現　　金　　500

【S3社（譲受法人）の税務仕訳及び税務処理】　（単位：百万円）

（借）資　　産　　700	（貸）現　　金　　500
	受　贈　益　200

別表四　　　　　　　　　　　　　　　　　　　　（単位：百万円）

区分		総額	処分	
			留保	流出
		①	②	③
当期利益又は当期欠損の額				配当
				その他
加算	資産計上漏れ	200	200	
減算	受贈益益金不算入額	200		200
所得金額又は欠損金額		0	200	▲200

第1章　グループ法人税制

別表五(一)Ⅰ　　　　　　　　　　　　　　　　　　　（単位：百万円）

区分	期首現在利益積立金額	当期の増減		差引翌期首現在利益積立金額
		減	増	
	①	②	③	④
資産			200	200

　なお、これらの取引はそれぞれ「寄附修正事由」に該当しますので、親会社であるＰ社において、保有するＳ１社株、Ｓ３社株の税務上の帳簿価額を修正する必要があります（法令９①七）。

Ｐ社の別表五(一)　　　　　　　　　　　　　　　　　（単位：百万円）

区分	期首現在利益積立金額	当期の増減		差引翌期首現在利益積立金額
		減	増	
	①	②	③	④
Ｓ１社株式			▲200*1	▲200
Ｓ３社株式			200*2	200

＊１　利益積立金減少額＝寄附金の額×持分割合
　　　＝200百万円×100％＝200百万円
＊２　利益積立金増加額＝受贈益の額×持分割合
　　　＝200百万円×100％＝200百万円

Q28 寄附
―子会社を再建、清算する際の債務免除等の財務支援

当社（P社）は経営不振の状況にある子会社（S社）を解散する方向で検討していますが、S社の従業員の処遇について、S社が支給すべき退職金の支給原資100百万円を提供することを検討しています。当社がS社に対して当該支給原資を提供した場合の取扱いはどのようになるか教えてください。なお、P社はS社の発行済株式の100％を保有しています。

POINT

- 退職金の支給原資の提供が法人税基本通達9-4-1等に該当しない場合には、その提供した金額が寄附として取り扱われますが、100％グループ内の内国法人間の場合は、寄附金・受贈益の全額が損金不算入・益金不算入となります。

Answer

法人がその子会社等の解散、経営権の譲渡等に伴い当該子会社等のために債務の引受けその他の損失負担又は債権放棄等（以下、「損失負担等」）をした場合において、その損失負担等をしなければ今後より大きな損失を蒙ることになることが社会通念上明らかであると認められるためやむを得ずその損失負担等をするに至った等そのことについて相当な理由があると認められるときは、その損失負担等により供与する経済的利益の額は、寄附金の額に該当しないものとされています（法基通9-4-1）。

仮にP社が退職金の支給原資をS社に提供しなければ、例えばS社の従業員をP社が再雇用しなければならずそのことでP社が余剰人員を抱えることになり、より大きな損失を蒙ることになるような場合に、その損失を回避するためにP社がS社に退職金の支給原資を提供していると認められること等、

「相当な理由がある」と認められる場合には、その提供した支給原資の額をＰ社の所得金額の計算上、損金に算入することが認められます。一方で、資金の提供を受けたＳ社の所得金額の計算上は、当該金額は受贈益として益金に算入しなければなりません。この場合のＰ社及びＳ社における具体的な税務処理は以下のとおりです。

【Ｐ社（親法人）の税務仕訳】　　　　　　　　　　　　　　（単位：百万円）

（借）	子会社支援損失	100	（貸）	現　　　　金	100
	（損金算入）				

【Ｓ社（子法人）の税務仕訳】　　　　　　　　　　　　　　（単位：百万円）

（借）	現　　　　金	100	（貸）	受　贈　益	100
				（益金算入）	

　この点、支給原資を提供した時点でＰ社とＳ社との間には完全支配関係がありますので、平成22年税制改正の影響をどのように考慮すべきか問題となりますが、新規定は寄附金の支出があった場合における課税上の取扱いに関するものですので、法人税基本通達９－４－１（子会社等を整理する場合の損失負担等）、及び法人税基本通達９－４－２（子会社等を再建する場合の無利息貸付け等）により寄附金の額に該当しないこととされる損失負担や経済的利益の供与は、平成22年度税制改正の影響を受けず、従来どおりその負担や供与を行った法人の損金の額に算入され、その供与を受けた法人における受贈益相当額は全額益金の額に算入されることとなります（法基通４－２－５）。

　一方、仮にＰ社のＳ社に対する支給原資の提供について、「相当な理由」がないとして寄附金の額に該当するとされた場合あるいは納税者において寄附金と取り扱って確定申告書において申告調整を行う場合の、Ｐ社及びＳ社における税務処理は以下のとおりと考えられます。

【P社（親法人）の税務仕訳】 （単位：百万円）

（借）	寄附金	100	（貸）	現金	100
	（損金不算入）				

【S社（子法人）の税務仕訳】 （単位：百万円）

（借）	現金	100	（貸）	受贈益	100
				（益金不算入）	

　すなわち、P社の行う支給原資の提供が法人税基本通達9-4-1（子会社等を整理する場合の損失負担等）に照らして「相当の理由がある」と認められない場合には、P社が提供した支給原資の額は完全支配関係のある他の内国法人に対する寄附金として全額損金算入が認められない一方、S社においては提供を受けた支給原資の額が完全支配関係のある他の内国法人から受ける受贈益として全額益金不算入とされます（法法25の2①、37②）。

Q29 寄附
―経済的利益の供与

当社（S1社）はグループ会社（S2社）に対して1,000百万円の金銭の貸付を行いました。当該貸付に対して徴収すべき適正な金利は3％（年）ですが、当社はS2社から利子を徴収しませんでした。この場合の、S1社及びS2社の税務処理について教えてください。なお、S1社とS2社はともにP社を直接の100％親会社とする内国法人です。

POINT

- 貸付金においては、適正な金利により計算した利子の金額を受取利子として計上し、同額を寄附金として計上しますが、100％グループ内の内国法人間の場合は、寄附金の全額が損金不算入となります。
- 同様に、借入人においては、適正な金利により計算した利子の金額を支払利子として計上し、同額を受贈益として計上しますが、100％グループ内の内国法人間の場合は、受贈益の全額が益金不算入となります。

Answer

　S1社は1,000百万円の金銭の貸付を行っていますが、適正な利子を徴収していませんので、徴収すべき利子年30百万円が受取利子として認識されるとともに、同額のうち実質的に贈与又は無償の供与をしたと認められる金額がある場合は、S2社に対する寄附金として取り扱われます。100％グループ内の内国法人間での寄附金は所得の金額の計算上損金の額に算入されませんので、S1社においては寄附金30百万円（全額が実質的に贈与または無償の供与とされた場合）は損金不算入となります（法法37②）。

　一方で、S2社は支払うべき利子を支払っていませんので、適正な利子年30

百万円が支払利子として認識されるとともに、同額のうち実質的に贈与又は無償の供与を受けたと認められる金額がある場合には、S1社から受けた受贈益として取り扱われます。100％グループ内の内国法人間での受贈益は所得の金額の計算上益金の額に算入されませんので、S2社においては受贈益30百万円（全額が実質的に贈与または無償の供与とされた場合）は益金不算入となります（法法25の2①、法基通4-2-6）。

S1社及びS2社において利子及び寄附金・受贈益の認識が求められた場合の処理は以下のとおりとなります。

【S1社（貸付法人）の税務仕訳及び税務処理】　　　　　　（単位：百万円）

(借) 寄 附 金	30	(貸) 受 取 利 子	30

別表4　　　　　　　　　　　　　　　　　　　　　　　　（単位：百万円）

区分		総額	処分	
			留保	流出
		①	②	③
当期利益又は当期欠損の額		―	―	配当
				その他
加算	受取利子計上漏れ	30	30	
	寄附金損金不算入額	30		30
減算	寄附金認定損	30	30	
所得金額又は欠損金額		30		30

第1章　グループ法人税制

別表5(1)Ⅰ　　　　　　　　　　　　　　　　　　　　（単位：百万円）

区分	期首現在利益積立金額	当期の増減 減	当期の増減 増	差引翌期首現在利益積立金額
	①	②	③	④
未払金		200	200	

【S2社（借入法人）の税務仕訳及び税務処理】　　　　（単位：百万円）

（借）支払利子　30	（貸）受贈益　30

別表4　　　　　　　　　　　　　　　　　　　　　　（単位：百万円）

区分		総額	処分 留保	処分 流出
		①	②	③
当期利益又は当期欠損の額		—	—	配当
				その他
加算	受贈益計上漏れ	30	30	
	支払利子計上漏れ	30	30	
減算	受贈益益金不算入額	30		30
所得金額又は欠損金額		▲30		▲30

別表5(1)Ⅰ　　　　　　　　　　　　　　　　　　　　（単位：百万円）

区分	期首現在利益積立金額	当期の増減 減	当期の増減 増	差引翌期首現在利益積立金額
	①	②	③	④
未払金		200	200	

Q30 大法人子会社の中小法人特例非適用

当社は資本金10億円の外国法人を親会社とする100％グループに属する内国法人であり、資本金の額は10百万円です。当社は資本金1億円以下の中小法人に認められる税務上の各種優遇措置の適用を受けてきました。平成22年度税制改正において、大法人の子会社に係る中小法人向け特例措置の取扱いが改正されたそうですが、その概要について教えてください。

POINT

- 中小法人向けの特例措置は、大法人に発行済株式等の100％を直接又は間接に保有されている普通法人等には適用されません。

Answer

平成22年度税制改正前の規定においては、中小法人及び中小企業者に関して表のような税務上の優遇措置が認められています。

表：中小法人及び中小企業者向けの主な優遇措置（普通法人のみ記載）

対象法人	特例	特例の概要
中小法人	軽減税率	年間800万円までの所得につき法人税率30％が22％（平成21年4月1日から平成23年3月31日までの間に終了する事業年度は18％）に軽減（法法66②、⑥、措法42の3の2）
	特定同族会社の特別税率（いわゆる留保金課税）	留保金課税の適用なし（法法67①）
	貸倒引当金の法定繰入率	貸倒引当金の損金算入限度額算定につき実績繰入率に代え、業種別の法定繰入率（0.3％〜1.3％）の適用が可能（措法57の10）
	交際費の損金算入枠	支出交際費の内、年間600万円までの金額につき90％の損金算入が可能（平成24年3月31日までに開始する各事業年度に限る）（措法61の4①）
	欠損金の繰戻しによる還付制度	欠損金の繰戻しによる還付制度の適用が可能（措法66の13） （平成21年2月1日以後に終了する事業年度に限る）
中小企業者	中小企業等基盤強化税制	一定の機械装置又は器具備品を取得し、事業供用した場合、取得価額の30％の特別償却
	中小企業投資促進税制	一定の機械装置、器具備品、ソフトウエア、貨物自動車又は船舶を取得し、事業供用した場合、取得価額（船舶の場合は取得価額の75％）の30％の特別償却
	中小企業者等の少額減価償却資産の即時償却	取得価額が30万円未満の少額減価償却資産につき、年間300万円を限度として、事業供用年度に取得価額全額を損金算入
	中小企業技術基盤強化税制	試験研究費につき、法人税額の20％（平成21年4月1日から平成23年3月31日までの間に開始する各事業年度は30％）を限度として、支出額の12％を法人税額から控除

＊1 中小法人…期末資本金又は出資金（以下「資本金」とします）が1億円以下の法人
＊2 中小企業者…期末資本金が1億円以下の法人のうち、大規模法人（期末資本金が1億円超の法人）が発行済株式総数等の2分の1以上を所有している法人及び2以上の大規模法人が発行済株式総数等の3分の2以上を所有している法人を除く）

このうち、中小法人に適用される特例制度については、対象法人の期末資本金により適用の有無が判定されていたため、大規模法人の子会社であっても適用が可能でした。
　平成22年度税制改正により、中小法人向けの優遇措置については、大法人（期末資本金が5億円以上の法人）との間に完全支配関係（当該大法人が発行済株式等の100％を直接又は間接に保有すること）がある法人には適用しないこととされました。
　なお、本改正は親会社が内国法人の場合だけでなく、外国法人の場合であっても適用されますので、親会社である外国法人の資本金が5億円以上である場合には、その外国法人と完全支配関係のある内国法人の所得の金額の計算上、中小法人向けの優遇措置は適用されないことになります。また、直接の親会社だけでなく、当該内国法人の株式を直接又は間接に100％保有する全ての法人について検討し、いずれかの法人の資本金が5億円以上の場合には優遇措置が適用されないこととなります。
　貴社の場合、100％グループ内の親会社である外国法人の資本金等が5億円以上とのことですので、表の中小法人向けの優遇措置が適用されないこととなります。
　本改正は平成22年4月1日以後に開始する事業年度から適用されます。

Q31 資本金5億円以下の判定

当社の資本金の額は10百万円で、資本金1億円以下の中小法人として税務上の各種優遇措置の適用を受けてきました。平成22年度税制改正において、大法人の子会社である中小法人については一部の中小法人向け特例措置が適用されなくなるとのことですが、一定の法人については引き続き適用されると聞きました。どのような場合に中小法人向け特例措置が適用されないのでしょうか。

POINT

- 大法人が直接又は間接に発行済株式等の100％を保有している場合に中小法人向け特例措置が適用されなくなります。

Answer

　中小法人（期末資本金が1億円以下の法人）には、以下のような税務上の優遇措置が認められていますが、平成22年度税制改正により、当該中小法人の発行済株式等の100％が大法人（期末資本金が5億円以上の法人、外国法人を含む）により保有されている場合には、これらの優遇措置が適用されないこととなりました。なお、当該大法人が外国法人である場合には、期末資本金が5億円以上であるかどうかは、当該中小法人の事業年度終了の時における当該大法人の資本金の額について、当該事業年度終了の日の電信売買相場の仲値（TTM）により換算した金額により判定されることとされています（法基通16-5-2）。

特例	特例の概要
軽減税率	年間800万円までの所得につき法人税率30％が22％（平成21年4月1日から平成23年3月31日までの間に終了する事業年度は18％）に軽減
特定同族会社の特別税率（いわゆる留保金課税）	留保金課税の適用なし
貸倒引当金の法定繰入率	貸倒引当金の損金算入限度額算定につき実績繰入率に代え、業種別の法定繰入率（0.3％～1.3％）の適用が可能
交際費の損金算入枠	支出交際費の内、年間600万円までの金額につき90％の損金算入が可能（平成24年3月31日までに開始する各事業年度に限る）
欠損金の繰戻しによる還付制度	欠損金の繰戻しによる還付制度の適用が可能（平成21年2月1日以後に終了する事業年度に限る）

具体的には以下のようなケースに優遇措置が適用されなくなります。

① 大法人による直接支配

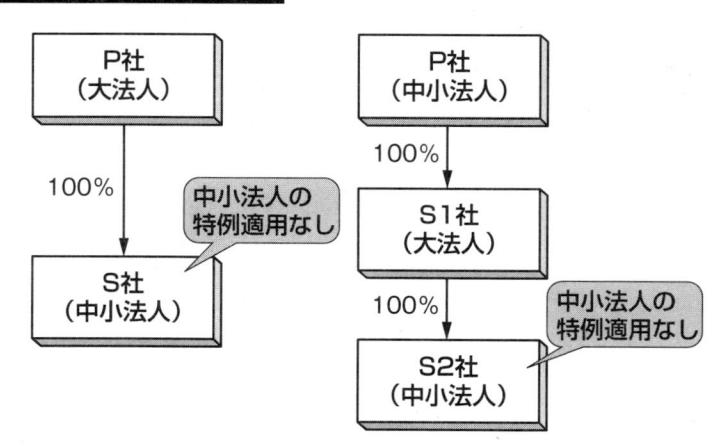

P社（大法人）
　↓ 100％
S社（中小法人）　←中小法人の特例適用なし

P社（中小法人）
　↓ 100％
S1社（大法人）
　↓ 100％
S2社（中小法人）　←中小法人の特例適用なし

② 大法人による間接支配（法基通16-5-1）

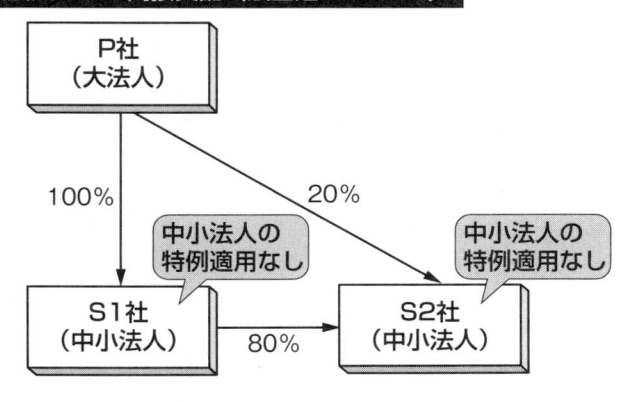

- P社（大法人）
  - 100% → S1社（中小法人）【中小法人の特例適用なし】
  - 20% → S2社（中小法人）【中小法人の特例適用なし】
- S1社 → 80% → S2社

③ 外国法人である大法人による直接支配

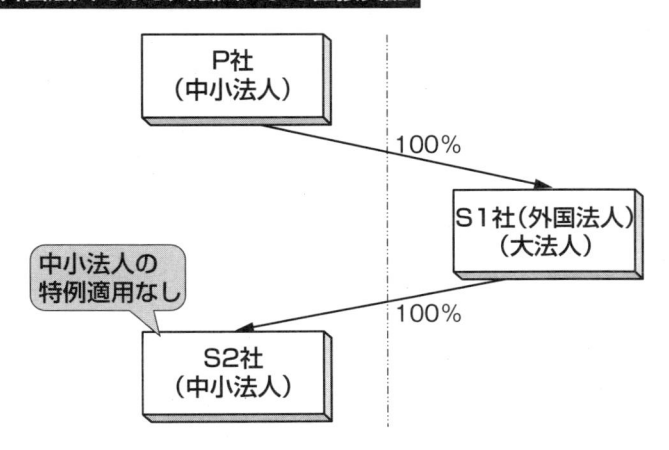

- P社（中小法人）
  - 100% → S1社(外国法人)（大法人）
- S1社 → 100% → S2社（中小法人）【中小法人の特例適用なし】

一方、以下のようなケースには優遇措置は適用されます。

① 個人による間接支配

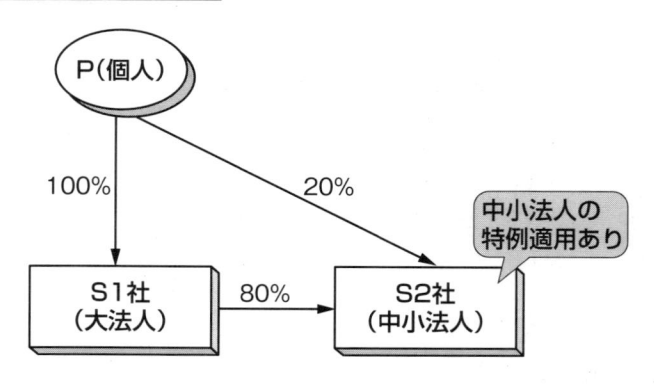

P（個人） → S1社（大法人） 100%
P（個人） → S2社（中小法人） 20%
S1社（大法人） → S2社（中小法人） 80%

S2社：中小法人の特例適用あり

第1章 グループ法人税制

② 中小法人による間接支配

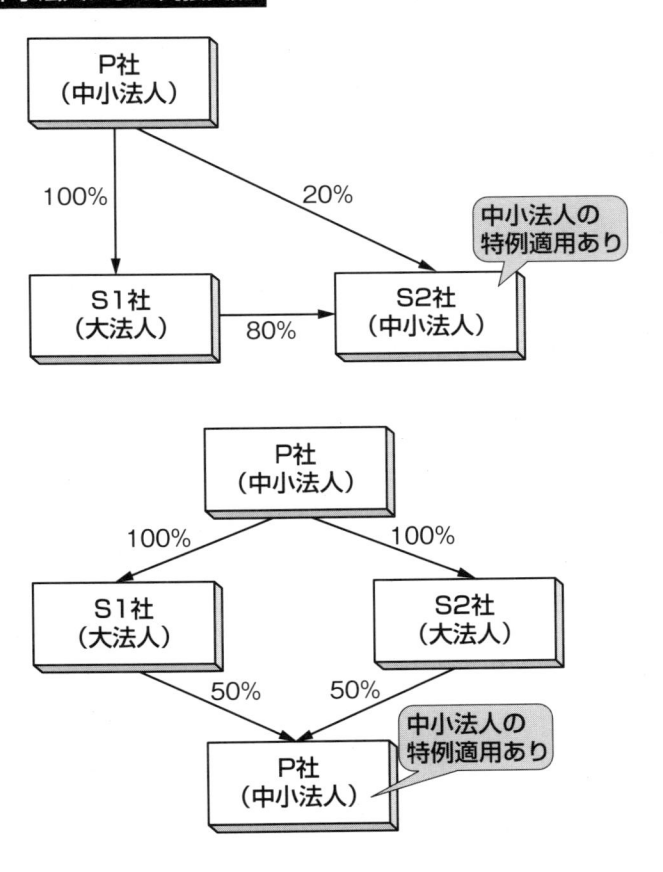

```
P社
（中小法人）
  │100%      ＼20%
  ↓           ↓
S1社 ──80%→ S2社      中小法人の
（大法人）    （中小法人） 特例適用あり
```

```
        P社
     （中小法人）
      100%  100%
       ↓     ↓
     S1社   S2社
    （大法人）（大法人）
       50%  50%
         ↓ ↓
         P社        中小法人の
      （中小法人）   特例適用あり
```

第2章
連結納税制度

Q1 連結納税制度とグループ税制との相違点

平成22年度税制改正で新たにグループ法人税制が導入されましたが、連結納税制度との違いを教えてください。

POINT

連結納税制度とグループ法人税制の主な制度比較は、次の表のとおりです。

	連結納税制度	グループ法人税制
申告形態	連結納税	単体納税
制度の適用	任意適用	強制適用
適用対象法人	連結親法人（内国法人）と、当該連結親法人に直接又は間接に100％保有される内国法人（外国法人又は個人を通じた100％保有関係を除く）	直接又は間接に100％保有し、又は保有される関係にある内国法人（外国法人又は個人を通じた100％保有関係を含む）
確定申告書の提出義務	連結親法人	それぞれの法人
法人税の納付義務	連結親法人（連結子法人は連帯納付義務を負う）	それぞれの法人
申告事業年度	連結親法人事業年度	それぞれの法人自身の事業年度
課税所得計算におけるグループ内の損益通算	認められる	認められない
グループ内の内国法人間の一定の資産譲渡に係る譲渡損益の繰延べ	有	有

グループ内の内国法人間の寄附	支払法人	全額損金不算入	全額損金不算入
	受取法人	全額益金不算入	全額益金不算入
	法人株主における子会社株式簿価の修正	支払法人、受取法人が連結離脱する際の投資簿価修正により、実質的に寄附修正と同様の効果が生じる 但し、投資簿価修正は離脱事由発生時に行う	寄附修正により支払法人、受取法人の株式簿価を修正 寄附修正はその都度行う
グループ内の内国法人からの受取配当		全額益金不算入（負債利子控除なし）	全額益金不算入（負債利子控除なし）
連結納税開始、加入時の子法人の保有資産の時価評価		原則的に、連結納税開始前又は加入前に時価評価の適用があるが、一定の場合には時価評価の適用除外	－
連結納税開始、加入時の子法人の繰越欠損金の持込み		原則的に、連結納税の開始又は加入に伴って切り捨てとなるが、一定の場合には、みなし連結欠損金として連結納税下でも使用可能	－
軽減税率の適用		連結親法人の資本金が1億円超の場合には適用なし	資本金の額が5億円以上の親法人に直接又は間接に支配されている場合には適用なし
交際費の損金算入限度額		連結親法人の資本金が1億円超の場合には全額損金不算入	資本金の額が5億円以上の親法人に直接又は間接に支配されている場合には全額損金不算入

貸倒引当金の法定繰入率	連結親法人の資本金が1億円超の場合には適用なし	資本金の額が5億円以上の親法人に直接又は間接に支配されている場合には適用なし
貸倒引当金の設定対象	グループ内債権は対象外	グループ内債権も対象
外国税額に係る税額控除と損金算入方式の選択	連結グループ全体で統一方針を採用	それぞれの法人で選択
試験研究費、外国税額控除の控除限度額の計算	連結グループ全体で控除限度額を計算	それぞれの法人で計算

Answer

　グループ法人税制は、直接又は間接に100％の保有関係（完全支配関係）にある内国法人間の取引に適用される制度で、選択制の連結納税制度が包含される制度として平成22年度税制改正で導入されたものです。

　連結納税制度とグループ法人税制の違いですが、まず、連結納税制度は任意適用であり、その適用を受けようとする際には、親法人及びすべての子法人の連名で承認申請書を提出し、国税庁長官の承認を受けなければなりません（法法4の3①）。しかし、グループ法人税制は、その適用にあたって届出等の特段の手続は不要であり、完全支配関係がある内国法人に対して一律に、かつ、強制的に適用されます。適用範囲については、グループ法人税制は、外国法人又は個人を通じた100％保有関係も含まれるのに対して、連結納税制度は、内国法人によって100％保有される内国法人のグループに限定される点でグループ法人税制の方が適用範囲が広くなっています。

　また、法人税の申告については、連結納税制度では、連結親法人が連結納税グループの連結確定申告書を提出することとされていますが（法法81の22①）、グループ法人税制では、納税単位は個々の法人ですから、それぞれの法人が個別に申告書を提出する必要があります（ただし、連結納税の場合でも、連結子法人

は個別帰属額の届出書を納税地の所轄税務署長に提出する必要があります（法法81の25①））。なお、連結納税制度では連結親法人が申告義務と共に納付義務も負うため、連結グループ内での税金の精算を行うことになります（法法81の18①）。

　申告事業年度について、連結納税制度では連結親法人の事業年度が連結事業年度となりますので（法法15の2①）、連結子法人は、自身の事業年度に関わらず、連結親法人の事業年度に合わせて課税所得計算を行います。連結納税の制度上、親法人と子法人の事業年度の統一は必要とされていませんが、子法人において、税務申告目的で会計と異なる事業年度を設けると処理が煩雑になることから、実務上は事業年度を統一しているケースが多いものと思われます。一方で、グループ法人税制では、個々の法人が申告を行うことから、事業年度の統一は求められていませんが、連結財務諸表を作成している場合には事業年度を統一している場合が少なくないと思われます。

　これら形式面、手続面の相違点に加え、所得計算においても連結納税制度とグループ法人税制では違いがありますが、両者の最も異なる点は、グループ法人間の損益通算です。連結納税制度では、連結所得計算を通じて連結法人間の損益を通算することにより、連結グループ全体の法人税額を減少させることができます。また、外国税額控除や試験研究費の税額控除における連結グループ全体での限度額計算も、連結納税制度がグループ法人税制の単体納税に比して有利となる可能性があります。

　平成22年度の税制改正前においては、連結納税グループ間での寄附金の取扱いや、連結納税の開始又は加入に伴う子法人の欠損金の切捨て等、連結納税適用上の不利な点もありましたが、今般の改正で連結納税制度がグループ法人税制に包含されることとなったことを受け、実質的にはほとんど差異がなくなりました。これまでは連結納税制度の導入に慎重であった企業も、今後は積極的にその導入を検討する可能性が高まるものと思われます。

Q2 連結納税の承認申請書の提出期限

平成22年度税制改正により連結納税の承認申請期限が改正されたと聞いていますが、以下の各々のケースについて、連結納税の承認申請書の提出期限を教えてください。

- 上場会社P社（12月決算）が100％所有するS1社及びS2社（それぞれ12月決算）と平成23年1月1日から同12月31日の期間（平成23年12月期）より連結納税を開始する場合
- 上場会社P1社（3月決算）と上場会社P2社（3月決算）が平成22年4月1日に共同株式移転により統合持株会社を設立し、統合持株会社を連結親法人として設立事業年度（平成22年4月1日から同23年3月31日までの期間。平成23年3月期）から連結納税を開始する場合
- 上記2と同じく共同株式移転により統合持株会社を設立し、連結納税を適用しようとするが、設立翌事業年度（平成23年4月1日から同24年3月31日までの期間。平成24年3月期）から連結納税を開始する場合
- 上場会社P1社（3月決算）と上場会社P2社（3月決算）が平成23年2月1日に共同株式移転により統合持株会社を設立し、統合持株会社を連結親法人として設立事業年度（平成23年2月1日から同23年3月31日までの期間。平成23年3月期）から連結納税を開始する場合

POINT

連結納税の承認申請書は、最初に連結納税の適用を受けようとする親法人の事業年度開始の日の3カ月前の日までに提出することが原則です。しかし、連結親法人となる法人が新設法人である場合には、承認申請の提出期限の特例が設けられています。

Answer

平成22年度の税制改正により、平成22年10月1日以後の日を最初連結親法人事業年度の開始日として申請する場合、連結納税の承認申請書の提出期限は以下のようになります（法法4の3①⑥、法令14の7、法附則12）。

1．原則的な承認申請

【申請期限】

最初に連結納税の適用を受けようとするその親法人の事業年度開始の日の3月前の日

2．新設親法人の承認申請の特例

連結親法人となる法人が株式移転などで新たに新設された場合において、設立事業年度又はその翌事業年度から連結納税を開始しようとする場合には、上記の原則的な提出期限の他に特例が設けられています。

【申請期限】

　①　親法人の設立事業年度を最初の連結事業年度とする場合

以下のa、bのいずれか早い日が申請書の提出期限となる。

　　a　設立事業年度開始の日から1月を経過する日
　　b　設立事業年度終了の日の2月前の日

　②　親法人の設立翌事業年度を最初の連結事業年度とする場合

以下のa、bのいずれか早い日が申請書の提出期限となる。

　　a　設立事業年度終了の日
　　b　設立翌事業年度終了の日の2月前の日

設例のケースにおける承認申請書の提出期限は以下のとおりとなります。

　①　上場会社P社（12月決算）が100％所有するS1社及びS2社（それぞれ12月決算）と平成23年12月期より連結納税を開始する場合

　　→　平成22年9月30日まで

原則的な承認申請の場合に該当し、最初に連結納税を適用する事業年度開始の日の３月前の日までに申請書の提出が必要となります。

② 上場会社Ｐ１社（３月決算）と上場会社Ｐ２社（３月決算）が平成22年４月１日に共同株式移転により統合持株会社を設立し、統合持株会社を連結親法人として平成23年３月期（設立初年度）から連結納税を開始する場合

→ 平成22年４月30日まで

新設親法人の承認申請の特例のうち、設立事業年度からの適用の場合に該当することから、設立事業年度開始の日から１月を経過する日は平成22年４月30日、また、設立事業年度終了の日の５月前の日は平成22年10月31日（最初連結親法人事業年度の開始日が平成22年10月１日前となるため、旧法が適用されます）となるため、これらのうちの早い日、すなわち、平成22年４月30日までに承認の申請を行うことになります。

③ 上記②と同じく共同株式移転により設立した統合持株会社を連結親法人として平成24年３月期（設立翌事業年度）から連結納税を開始する場合

→ 平成23年３月31日まで

新設親法人の承認申請の特例のうち、設立翌事業年度からの適用の場合に該当することから、設立事業年度終了の日である平成23年３月31日と設立翌事業年度終了の日の２月前の日である平成24年１月31日となるので、これらのうちの早い日、すなわち、平成23年３月31日までに承認の申請を行うことになります。

④ 上場会社Ｐ１社（３月決算）と上場会社Ｐ２社（３月決算）が平成23年２月１日に共同株式移転により統合持株会社を設立し、統合持株会社を連結親法人として設立事業年度（平成23年２月１日から同23年３月31日までの期間。平成23年３月期）から連結納税を開始する場合

→ 平成23年３月31日まで

（設立事業年度からの適用はできず、**設立翌事業年度である平成24年３月期から適用となります**）

設立事業年度から連結納税を適用する場合には、設立事業年度開始の日から1月を経過する日と設立事業年度終了の日の2月前の日のうち、いずれか早い日までに申請書を提出する必要があります。本件の場合、設立事業年度開始の日から1月を経過する日（平成23年2月28日）と、設立事業年度終了の日の2月前の日（平成23年1月31日）のうち、いずれか早い日までとなり平成23年1月31日が申請書の提出期限となります。しかしながら、株式移転の日は平成23年2月1日であり、平成24年1月31日現在では連結親法人が設立されていないため、設立事業年度からの適用はできないことになります。連結納税の適用は設立翌事業年度からとなるため、設立事業年度終了の日である平成23年3月31日と設立翌事業年度終了の日の2月前の日である平成24年1月31日となるので、これらのうちの早い日、すなわち、平成23年3月31日までに承認の申請を行うことになります。

　なお、連結納税の適用を受けようとする場合には、連結親法人となる親法人は親法人及びその親法人と完全支配関係を有するすべての子法人と連名で「連結納税の承認の申請書」を親法人の所轄税務署長を経由して国税庁長官に提出することとされています。また、承認申請に加わった子法人は「連結納税の承認の申請書を提出した旨の届出書」を所轄税務署長宛に提出することになっています（法法4の3①、法令14の7①）。

Q3 連結子法人の連結納税承認の効力発生日の特例

　当社（3月決算法人）は当社を連結親法人として連結納税を行っています。この度、当社は平成22年12月4日にS社（3月決算法人）の全株式を取得しました。原則的には、連結子法人となったS社は平成22年12月3日を末日とするみなし事業年度を設けて、当社の連結納税加入前の期間において個別申告（非連結法人として単体で申告を行うこと。以下同じ）を行わなければならないと思いますが、平成22年度の税制改正により、申告作業の事務負担軽減を目的として連結納税の承認の効力発生日（加入日）を月次決算日の翌日とすることができるようになったと聞きました。当該制度の内容及び留意点について教えてください。

POINT

　平成22年10月1日以後は、問にあるような場合、その加入日（最初連結事業年度の開始日）を当該加入月の月次決算日の翌日とすることができます（みなし加入日）。

　したがって、本件においては、連結納税加入直前の事業年度末日を、選択により、平成22年12月3日（原則による）あるいは12月31日（みなし加入日）のいずれかとすることが可能です。

Answer

　平成22年度の税制改正前は連結親法人事業年度末日と加入連結子法人の完全支配関係成立日及びその事業年度の末日が接近していなければ、加入時期の特例制度が利用できませんでした。上述のような特別の場合を除き、連結事業年度の中途で連結親法人との間に完全支配関係が生じた内国法人は、連結納税グループへの加入にあたり、当該内国法人の事業年度開始の日から完全支配関係

が生じた日の前日までの期間をみなし事業年度とする申告を行わなければなりませんでした。

　平成22年度の税制改正により、平成22年10月1日以後の連結納税への加入について、事務負担を軽減する観点から、上記の特例に加え納税者の選択により、一定の届出書類を提出することにより、連結完全支配関係が生じた日と同月の月次決算日の翌日を連結納税の承認の効力発生日とすることができるようになりました（法法4の3⑩、14②一イ、15の2②、法規8の3の12、法附則13）。

　本件の場合、S社は平成22年12月4日に連結親法人である当社との間に完全支配関係が生じていますので、平成22年4月1日から12月3日までを期間とする個別申告（原則的な加入による場合）又は4月1日から月次決算日である12月31日までを期間とする個別申告（加入時期の特例を選択した場合）どちらか一方を選択することが可能となります。

連結納税の承認の効力発生日の特例

【改正前（参考　平成22年10月1日前加入）】

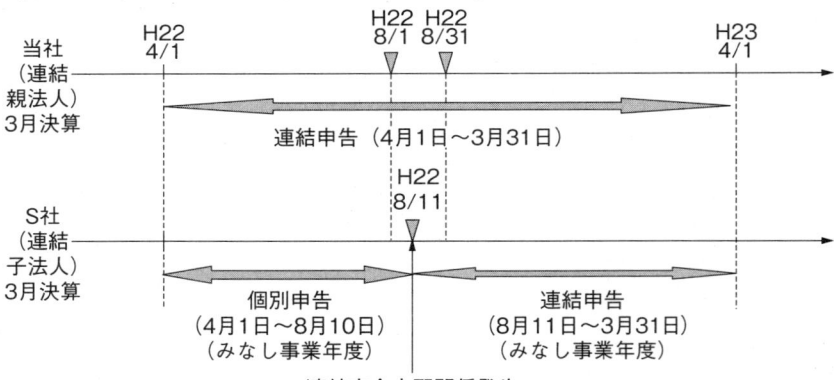

当社
（連結親法人）
3月決算

H22 4/1　　　　　　H22 8/1　H22 8/31　　　　　　　　　H23 4/1

連結申告（4月1日〜3月31日）

S社
（連結子法人）
3月決算

H22 8/11

個別申告
（4月1日〜8月10日）
（みなし事業年度）

連結申告
（8月11日〜3月31日）
（みなし事業年度）

連結完全支配関係発生
連結加入日

【改正後（平成22年10月1日以後加入で特例を適用した場合）】

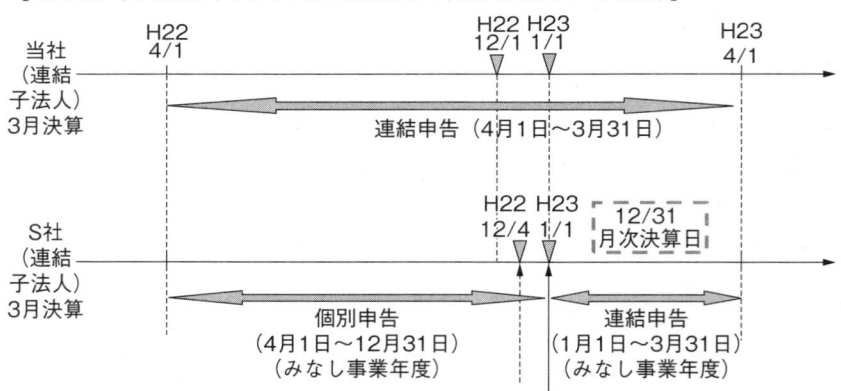

当社
（連結子法人）
3月決算

H22 4/1　　　　　　　　　　　H22 12/1　H23 1/1　　　　　H23 4/1

連結申告（4月1日〜3月31日）

S社
（連結子法人）
3月決算

H22 12/4　H23 1/1　　　12/31 月次決算日

個別申告
（4月1日〜12月31日）
（みなし事業年度）

連結申告
（1月1日〜3月31日）
（みなし事業年度）

連結完全支配関係発生
連結加入日とできる

Q4 連結納税の開始又は加入に伴う資産の時価評価制度の特例

当社（3月決算法人）は当社を連結親法人とする連結納税を行っています。この度、当社は平成22年12月4日にS社株式を100％取得し、平成23年2月1日において当社の子会社（上場会社）であるA社にその一部を譲渡する予定です。この一連の取引について留意すべき点について教えてください。

POINT

連結納税開始又は加入後2カ月以内に連結納税グループから離脱する法人については、連結納税開始又は加入時の時価評価課税が免除されます。

ただし、このように短期間で連結納税から離脱する法人であっても、みなし事業年度や投資簿価修正等の規定は通常の連結納税離脱時と同様に適用されますので留意が必要です。

Answer

平成22年度の税制改正前においては、内国法人が連結親法人との間に完全支配関係を有した場合には、当該内国法人は原則として、当該関係成立日に連結納税に加入となり、当該内国法人が時価評価対象資産を有していた場合、たとえ連結申告をすることなく短期間で連結納税グループから離脱した場合であっても、加入日の前日を末日とする加入直前の事業年度において、その時価評価資産について課税されることになっていました。しかしながら、平成22年度の税制改正により連結納税開始又は加入後2月以内に連結納税グループから離脱する内国法人については、その時価評価資産が時価評価すべき対象から除外され、時価評価課税は行われないこととなりました（法法61の11かっこ書、61の12、法令14の8、122の12①七）。

なお、短期に連結納税を離脱する法人については、上述のように時価評価課税が免除されることとなりましたが、みなし事業年度や投資簿価修正の規定の適用があることについては平成22年度の税制改正前の取扱いと同様となっています。

　平成22年度の税制改正後の取扱いについては平成22年10月1日以後に内国法人が連結親法人との間に連結完全支配関係を有する場合について適用されます（法令附則7）。

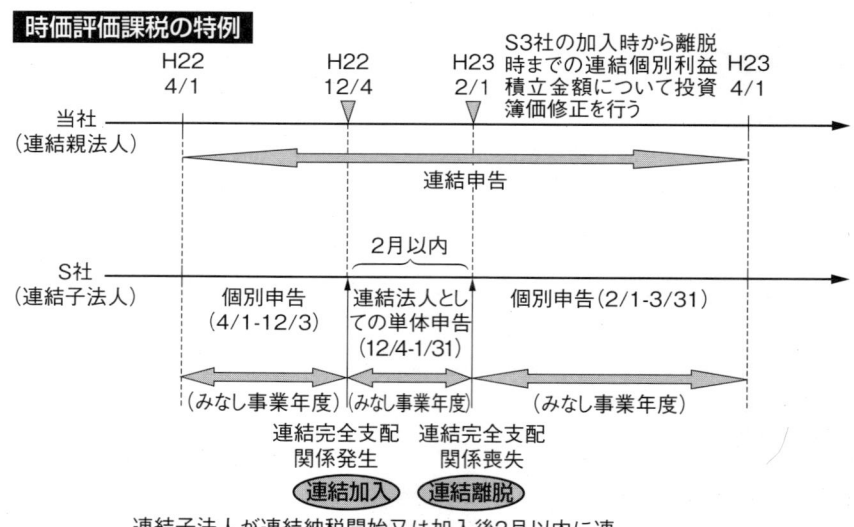

時価評価課税の特例

	H22 4/1	H22 12/4	H23 2/1	H23 4/1
当社（連結親法人）				
S社（連結子法人）	個別申告（4/1-12/3）	連結法人としての単体申告（12/4-1/31）	個別申告（2/1-3/31）	

連結申告（12/4-1/31の間は2月以内）

（みなし事業年度）（みなし事業年度）（みなし事業年度）

連結完全支配関係発生　連結完全支配関係喪失
　連結加入　　　連結離脱

S3社の加入時から離脱時までの連結個別利益積立金額について投資簿価修正を行う

連結子法人が連結納税開始又は加入後2月以内に連結納税から離脱する場合は時価評価課税不要

Q5 連結納税の開始又は加入に伴う繰越欠損金の取扱い—概論

連結納税の開始又は加入に伴う連結子法人の欠損金について平成22年度税制改正の概要を教えてください。

POINT

連結納税の開始又は加入に伴う資産の時価評価制度の対象外となる連結子法人について、単体申告事業年度に生じた欠損金額を、「特定連結欠損金」として、連結納税制度下で、その個別所得を限度として繰越控除が可能となりました。

Answer

　改正前の連結納税制度においては、連結納税の開始又は加入に伴い、連結子法人となる法人の連結納税の開始又は加入前の単体申告年度で生じた青色欠損金は、一定の場合を除いて連結申告年度への持込みが認められていませんでした。これは、連結納税に移行することに伴い、単体申告年度での課税関係を清算するという考えに基づいており、連結納税開始又は加入に伴う時価評価制度と併せて導入されたものです。しかし、平成22年度税制改正により制度の見直しが行われ、連結納税開始又は加入前の連結子法人の単体申告年度の青色欠損金について、一定の要件の下、連結納税制度に移行後も繰越控除が認められることになりました。

　まず、改正後の制度の概要について説明します。一定の要件を満たす連結子法人の連結納税開始前又は加入前の単体申告年度における欠損金は、みなし連結欠損金として、以下の2つのタイプに分類されます（法法81の9②一、③一）が、それぞれ、繰越控除の対象となる所得の範囲が異なります。

① みなし連結欠損金のうち、②の特定連結欠損金以外のもの（非特定連結欠損金）

連結欠損金（連結納税を開始した後に、連結所得計算を通じて発生する欠損金）と同等とみなす欠損金です（改正前の旧法におけるみなし連結欠損金に相当）。すなわち、連結所得計算上、控除が可能な欠損金です。

② 特定連結欠損金

①とは異なり、連結所得計算において控除はできませんが、その連結子法人の個別所得金額を限度として、控除が可能な欠損金です。

①は、改正前の連結納税制度においても存在していたもので、最初連結親法人事業年度開始前の連結親法人、又は一定の株式移転に係る連結子法人（連結親法人同等法人）の単体申告事業年度の欠損金を、連結納税下で利用できる制度です。ご質問の連結子法人の連結納税開始前又は加入前の欠損金は、②の特定連結欠損金に該当しますが、改正後における連結子法人の欠損金の持込みのパターンは下表のとおりになります。

	判定1	判定2	判定3	判定4		欠損金区分
連結子法人	特定連結子法人（時価評価対象外子法人）	株式移転完全子法人	支配株主なし（連結親法人同等法人）	適格株式移転		非特定連結欠損金
				非適格株式移転	株式移転事業年度以後	
					株式移転事業年度前	特定連結欠損金
			支配株主あり			
		上記以外				
	上記以外（時価評価対象子法人）					切り捨て

判定1

当該法人が、「特定連結子法人」であるかどうか、判定します。「特定連結子法人」とは、連結納税の開始前又は加入時に、時価評価の対象外となる連結子法人をいいます（法法81の9②）。時価評価対象外法人の範囲については、改正前の制度と同様です。すなわち、連結親法人を設立した一定の株式移転に係る完全子法人、一定の適格株式交換に係る完全子法人、連結親法人による5年超の長期保有法人、連結グループ内で設立された法人、単元未満株式の買取りにより完全子法人となった法人です（法法61の11①、61の12①）。

判定2

当該法人が、「株式移転完全子法人」であるかどうか、判定します。「株式移転完全子法人」とは、連結納税開始前5年以内の株式移転に係る完全子法人をいいます（法81の9③一）。

判定3

当該法人に、「支配株主」がいたかどうか、判定します。「支配株主」とは、株式移転の直前に、当該法人の株式の50％超を、他の法人によって直接又は間接に支配されている場合の、当該他の法人をいいます（法法81の9③一かっこ書、法令155の19⑪）。

判定4

株式移転が、適格株式移転か、非適格株式移転かの判定を行います。適格株式移転に該当する場合には、単体申告年度の欠損金は、全額非特定連結欠損金として引き継ぐことができますが、非適格株式移転の場合には株式移転の日の属する事業年度前の各事業年度において発生した欠損金は、特定連結欠損金となります（法法81の9③一）。

なお、税制改正前後での、連結納税に関する欠損金区分は以下のようにまとめられます（網がけは改正内容です）。

改正前の区分	改正後の区分	
連結欠損金 （連結所得から控除可能）	連結欠損金 （連結所得から控除可能）	連結納税開始後の連結所得計算で生じた欠損金
みなし連結欠損金 （連結所得から控除可能）	非特定連結欠損金 （連結所得から控除可能）	連結親法人の単体申告年度の欠損金、一定の株式移転に係る完全子法人の単体申告年度の欠損金
子会社の欠損金 （切り捨て）	特定連結欠損金 （個別所得からのみ控除可能）	時価評価対象外となる連結子法人の単体申告年度の欠損金
	切り捨てとなる欠損金	時価評価対象となる連結子法人の単体申告年度の欠損金

上記の他、連結法人が非連結法人と直接適格合併をすることにより引き継ぐ欠損金、及び、連結親法人の100％子会社の残余財産の確定により引き継ぐ欠損金についても、特定連結欠損金として整備がされました（法法81の9②二、③二）。

第2章　連結納税制度

Q6 連結納税の開始又は加入に伴う繰越欠損金の取扱い

平成22年度税制改正による連結子法人の欠損金の持込み制限の緩和について、連結納税を開始した場合、どのように連結所得計算が行われるか、説明してください。

POINT

時価評価対象外法人が単体申告年度の欠損金を特定連結欠損金として連結納税下に持ち込んだ場合、連結所得計算においては、まず特定連結欠損金の控除を行い、次に、特定連結欠損金控除後の所得があればさらに非特定連結欠損金の控除を行います。

Answer

以下、2つの設例を用いて説明します。説例1では、個別所得に対して単純に特定連結欠損金の控除を行うことができますが、説例2では、各連結子法人が個別所得に対して単純に特定連結欠損金を控除すると、連結所得（欠損金控除前）を超えてしまうため、各連結子法人において控除する特定連結欠損金の按分計算が必要になります。

設例1：個別所得に対して単純に特定連結欠損金の控除が可能な場合

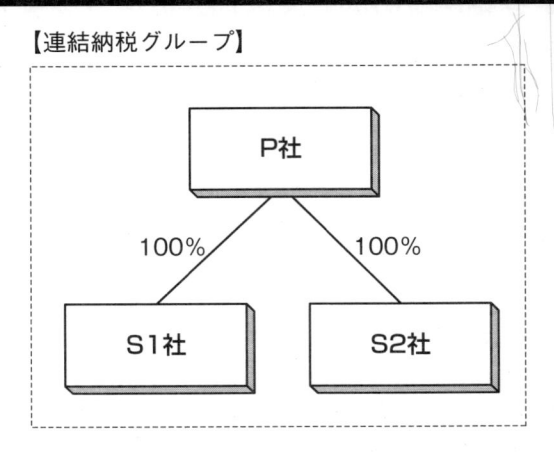

【連結納税グループ】

P社 ─100%─ S1社
P社 ─100%─ S2社

P社、S1社、S2社は、連結納税開始前の単体申告年度に、それぞれ以下の欠損金を計上しています。S1社、S2社は、時価評価対象外法人であり、単体申告年度の欠損金を「特定連結欠損金」として持ち込むことができるものとします。P社の欠損金は、連結親法人の単体申告年度の欠損金であり、「非特定連結欠損金」として連結所得計算上、控除可能な欠損金となります。

	P社	S1社	S2社	合計
非特定連結欠損金	2,000	—	—	2,000
特定連結欠損金	—	300	700	1,000

欠損金の繰越控除の順序については、まず特定連結欠損金を優先的に個別所得に充てて控除を行い、次に、特定連結欠損金控除後の所得に対して、非特定連結欠損金が控除されます。それぞれの控除額が決まった後、それぞれ発生年度の古いものから順番に充当されることになります（法法81の9①）。

第2章　連結納税制度

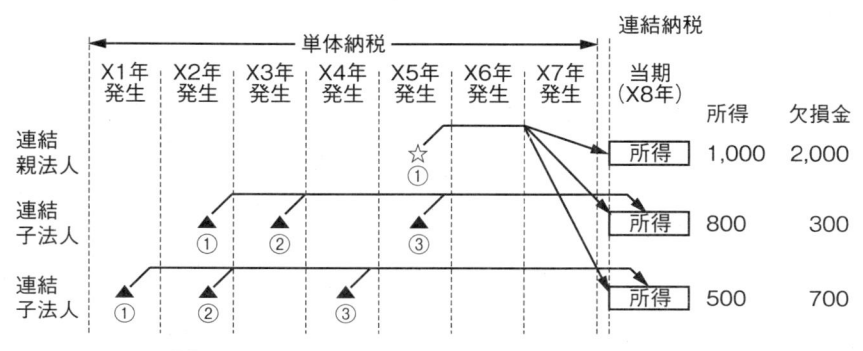

	単体納税							連結納税		
	X1年発生	X2年発生	X3年発生	X4年発生	X5年発生	X6年発生	X7年発生	当期(X8年)	所得	欠損金
連結親法人					☆①			所得	1,000	2,000
連結子法人		▲①	▲②		▲③			所得	800	300
連結子法人	▲①	▲②		▲③				所得	500	700

☆　非特定連結欠損金
▲　特定連結欠損金

上の番号は、各法人において控除されるみなし連結欠損金の各年度ごとの充当順序（古いもの順）を示す。

P社、S1社、S2社では、それぞれ個別で1,000（P社）、800（S1社）、500（S2社）の所得が生じているものとします。この前提の下での連結所得計算は、以下のようになります。

	P社	S1社	S2社	合計	
欠損金控除前個別所得金額	1,000	800	500	2,300	
特定連結欠損金の当期控除額	0	▲300	▲500	▲800	
特定連結欠損金控除後の個別所得金額	1,000	500	0	1,500	
非特定連結欠損金の当期控除額	▲1,500	0	0	▲1,500	
非特定連結欠損金控除後の個別所得金額	▲500	500	0	0	連結所得

欠損金の繰越控除は、「特定連結欠損金→非特定連結欠損金」という順序になりますので、まず、特定連結欠損金を有するS1社、S2社の個別所得から、それぞれの特定連結欠損金を控除することになります。S1社では、「個別所得800＞特定連結欠損金300」ですから、300が控除されます。一方で、S2社

では、「個別所得500＜特定連結欠損金700」ですから、500が控除されることになります。

次に、特定連結欠損金控除後の所得金額について、非特定連結欠損金の控除が行われます。今回のケースでは、「特定連結欠損金控除後の個別所得金額の合計額1,500＜Ｐ社の非特定連結欠損金2,000」ですから、1,500が控除され、結果、連結所得金額は０となります。

設例２：個別所得から控除する特定連結欠損金の按分計算を行う場合

設例１と同様に、連結納税開始前の単体納税時代の以下の欠損金について、Ｐ社は「非特定連結欠損金」、Ｓ１社、Ｓ２社は「特定連結欠損金」として、その欠損金を有した状態で連結納税を開始するものとします。

	Ｐ社	Ｓ１社	Ｓ２社	合計
非特定連結欠損金	1,000	―	―	1,000
特定連結欠損金	―	200	300	500

Ｐ社では個別で▲300の欠損が生じており、一方、Ｓ１社では100、Ｓ２社では400の所得が生じているものとします。この前提の下での連結所得計算は、以下のようになります。

	Ｐ社	Ｓ１社	Ｓ２社	合計
欠損金控除前個別所得金額	▲300	100	400	200
特定連結欠損金の当期控除額	0	▲50	▲150	▲200
特定連結欠損金控除後の個別所得金額	▲300	50	250	0
非特定連結欠損金の当期控除額	―	―	―	―

| 非特定連結欠損金控除後の個別所得金額 | ▲300 | 50 | 250 | 0 | 連結所得 |

　設例1と同じように、連結欠損金の繰越控除は、「特定連結欠損金→非特定連結欠損金」という順序になりますので、まず、S1社、S2社の特定連結欠損金の控除を行うことになります。しかし、ケース1と異なるのは、S1社及びS2社の個別所得に対してフルに特定連結欠損金の控除を行うと、欠損金控除前の連結所得金額（欠損金繰越控除限度額）を超えてしまうという点です。すなわち、S1社では、「個別所得100＜特定連結欠損金200」となり、100を控除し、S2社では、「個別所得金額400＞特定連結欠損金300」となり、300を控除すると、合計で400を控除することとなり、欠損金繰越控除限度額200を超えてしまいます。この場合には、以下の算式で、S1社、S2社それぞれの控除額を計算します（法令155の21③）。

$$S1社\quad 200 \times \frac{100}{(100+300)} = 50$$

$$S2社\quad 200 \times \frac{300}{(100+300)} = 150$$

　このように、欠損金繰越控除限度額（200）を、特定連結欠損金と個別所得とのうち、いずれか小さい金額（欠損金繰越控除限度額を考慮しないところの、特定連結欠損金の控除額）の各社の合計額（100＋300）に、それぞれの会社が占める割合で、各社に帰属する特定連結欠損金の控除額を計算します。結果、S1社では50、S2社では150が控除されることになり、結果、欠損金控除後の連結所得金額はゼロになります。ケース2では、非特定連結欠損金の控除はありません。

Q7 連結納税の承認取消と繰延譲渡損益の処理

　平成22年度の税制改正により連結納税の適用の有無に係らず100％内国法人間においても譲渡損益の繰延べの適用があると聞きました。当社（3月決算法人）は当社を連結親法人として連結納税を行っていますが、平成23年4月1日に当社とA社は共同株式移転により新設持株会社を設立する予定です。それに伴い、当社連結納税グループは連結納税の承認を取消されることとなりますが、連結納税の適用期間中に繰り延べていた譲渡損益は実現するのでしょうか。連結子法人S1社は平成22年1月末に土地（帳簿価額100百万円、時価300百万円）を連結子法人S2社に300百万円で譲渡しており、平成22年3月期の連結事業年度の確定申告において譲渡益200百万円を繰り延べています。

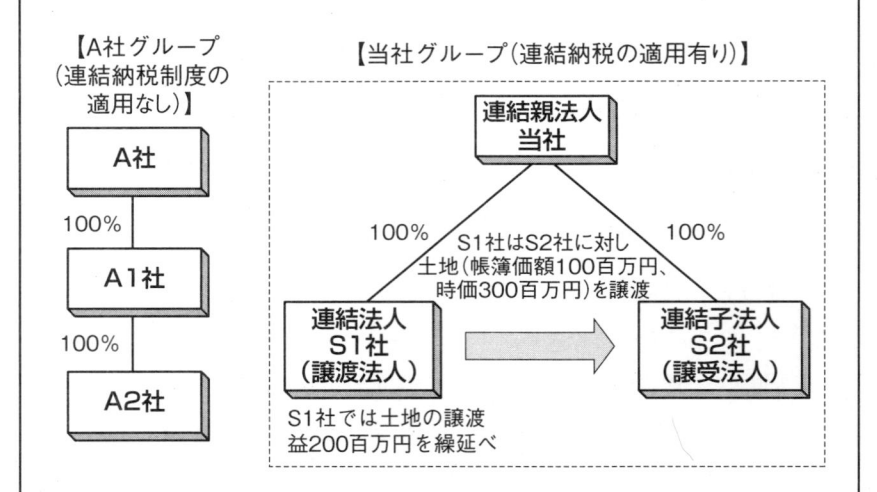

【A社グループ（連結納税制度の適用なし）】

A社
↓100%
A1社
↓100%
A2社

【当社グループ（連結納税の適用有り）】

連結親法人 当社
├100%── 連結法人 S1社（譲渡法人）
└100%── 連結子法人 S2社（譲受法人）

S1社はS2社に対し土地（帳簿価額100百万円、時価300百万円）を譲渡

S1社では土地の譲渡益200百万円を繰延べ

第2章 連結納税制度

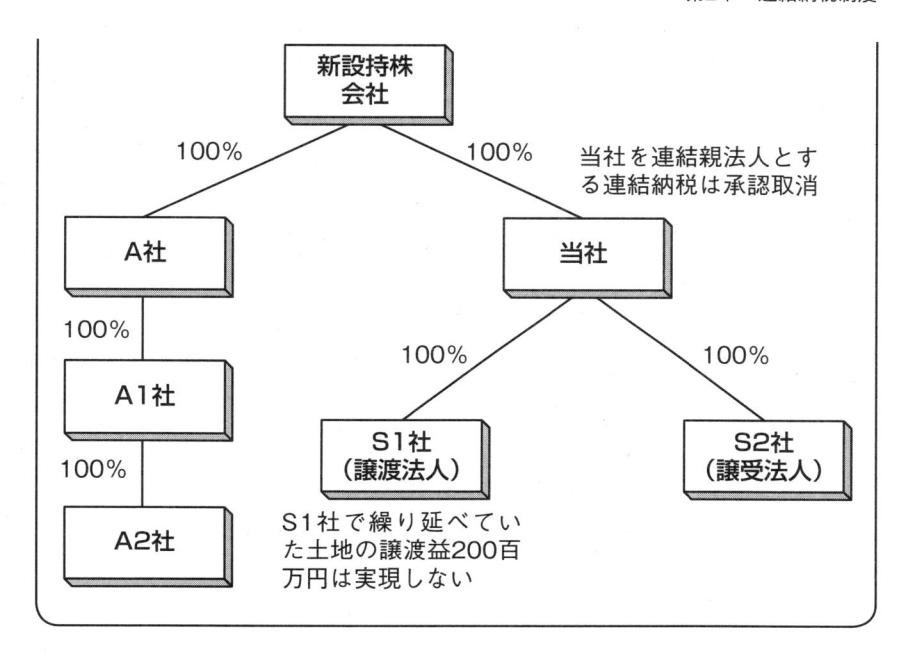

```
                    ┌─────────┐
                    │ 新設持株 │
                    │  会社   │
                    └────┬────┘
            100% ┌───────┴───────┐ 100%
                 │               │     当社を連結親法人とす
            ┌────┴─┐        ┌────┴─┐   る連結納税は承認取消
            │ A社  │        │ 当社 │
            └───┬──┘        └──┬───┘
           100% │          100%│    100%
            ┌───┴──┐   ┌───────┴───┐  ┌────────┐
            │ A1社 │   │   S1社    │  │  S2社  │
            └───┬──┘   │ (譲渡法人)│  │(譲受法人)│
           100% │      └───────────┘  └────────┘
            ┌───┴──┐    S1社で繰り延べてい
            │ A2社 │    た土地の譲渡益200百
            └──────┘    万円は実現しない
```

POINT

　平成22年10月1日以後は繰延譲渡損益の規定の適用対象が完全支配関係のある法人間での譲渡に拡大されたので、連結納税の承認が取消されても、完全支配関係が継続し、繰延損益の戻入れ事由が発生しない限り、当該譲渡損益は、依然、実現しません。

　繰延べた譲渡損益は、当該完全支配関係がなくなった場合あるいは譲渡法人又は譲受法人において譲渡損益の戻入事由が生じた場合に実現します。

Answer

　平成22年度の税制改正前においては、連結法人が各連結事業年度において同一連結納税グループ内の他の連結法人に以下に掲げる一定の資産（以下「譲渡

損益調整資産」という）を譲渡した場合は、連結所得の計算上、譲渡した連結法人において当該一定の資産から生じる譲渡損益を繰り延べる調整を行っていました。平成22年度の税制改正において、当該制度は平成22年10月1日以降に行われる取引から、同一連結納税グループ内の他の連結法人のみならず、完全支配関係が存在する内国法人間の取引について適用されることとなりました。そのため、連結納税の承認が取り消された場合であっても、譲渡法人あるいは譲受法人において譲渡損益調整資産の譲渡、評価換え等の繰り延べた損益の戻入事由が生じなければ、譲渡法人において繰り延べた譲渡損益は実現しないことになります（法法61の13①、②、④、法附則22）。

なお、一定の資産とは譲渡直前の各資産の一単位あたりの税務上の帳簿価額が1,000万円以上の資産で以下に掲げるものをいいます。

(イ) 固定資産
(ロ) 土地（土地の上に存する権利を含み、固定資産に該当するものを除きます）
(ハ) 有価証券（譲渡法人において売買目的有価証券であったもの及び譲受法人で売買目的有価証券とされるものを除きます）
(ニ) 金銭債権
(ホ) 繰延資産

本件の場合、A社との共同株式移転により当社グループでの連結納税は承認を取り消されることになりますが、連結納税の承認取消後も当社グループの完全支配関係は継続しており、S2社がS1社から譲り受けた土地を他の法人に譲渡しない限り、S1社で繰り延べていた譲渡益200百万円は実現しないことになります。

Q8 連結法人間の寄附金

当社（3月決算法人）を連結親法人、S1社及びS2社を連結子法人として連結納税を行っています。この度S1社は自己が所有する土地（帳簿価額500百万円、時価2,000百万円）をS2社に対して無償で譲渡する予定です。当該取引について平成22年度の税制改正の内容を踏まえて留意点があれば教えてください。

POINT

平成22年度税制改正により、完全支配関係のある法人（同一連結納税グループの法人間も含む）間での税務上の寄附取引は、寄附をした法人ではその全額が損金不算入、譲受側では受贈益が全額益金不算入となったので、二重課税が生じない取扱いとされました。

なお、連結法人の場合、投資簿価修正があるため、寄附修正は行う必要がありません。

Answer

法人税法上、無償による資産の譲渡や、無償による資産の譲受けは、法人の所得の金額の計算上、益金の額に算入することとされています。したがって、資産の無償譲渡は時価により取引されたものとして所得を計算することとなります。本件の場合、S1社においては、帳簿価額500百万円の土地を2,000百万円で譲渡し1,500百万円の譲渡益、2,000百万円の寄附金が発生したものとされ、一方、S2社においては時価2,000百万円の土地の贈与を受けたものとされます（法法22②）。

平成22年度の税制改正前においては、連結法人が他の連結法人に対して寄附を行った場合、寄附した法人側では、その全額が損金不算入、譲受側では受贈益が全額益金算入となり、寄附側、譲受側の双方で課税を受けていました。平

成22年度の税制改正により、平成22年10月1日以後に完全支配関係のある内国法人間で行われる寄附については、寄附側では、その全額が損金不算入、譲受側では受贈益が全額益金不算入となり、二重課税が生じない取扱いとなりました。なお、連結完全支配関係は完全支配関係に包含される概念であることから、この改正に伴い、連結法人間で寄附を行った場合においても同様の取扱いが適用されることになります（法法25の2、37②、81の6②、法附則16、18、25）。

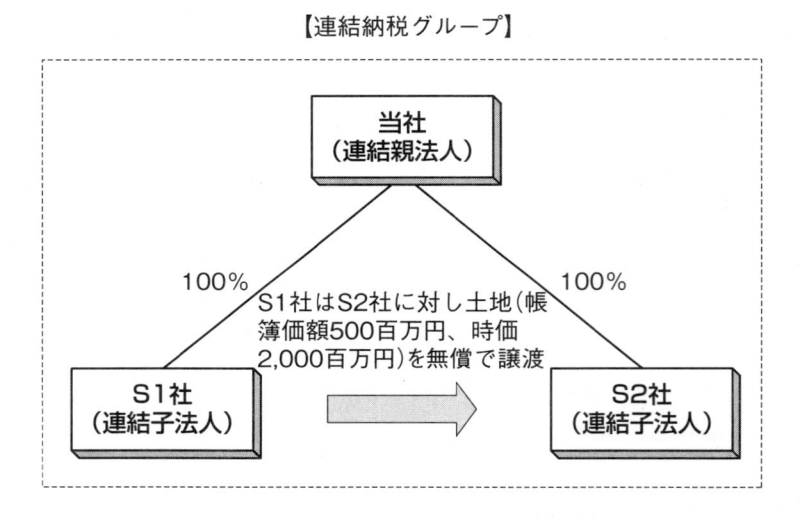

【連結納税グループ】

当社（連結親法人）
100% — 100%
S1社（連結子法人）→ S2社（連結子法人）
S1社はS2社に対し土地（帳簿価額500百万円、時価2,000百万円）を無償で譲渡

（1） 平成22年9月30日以前に実施されたもの〈税制改正前〉

【S1社（譲渡法人）の税務仕訳】

（単位：百万円）

（借）現金預金	2,000	（貸）土地	500
		譲渡益（益金算入）	1,500

（借）寄附金（損金不算入）	2,000	（貸）現金預金	2,000

— 162 —

【S2社（譲受法人）の税務仕訳】

(単位：百万円)

(借)	土　　地	2,000	(貸)	受　贈　益 （益金算入）	2,000

(2) 平成22年10月1日以後に実施されたもの〈税制改正後〉

【S1社（譲渡法人）の税務仕訳】

(単位：百万円)

(借)	現　金　預　金	2,000	(貸)	土　　地 譲　渡　益 （益金算入）	500 1,500

(借)	寄　附　金 （損金不算入）	2,000	(貸)	現　金　預　金	2,000

【S2社（譲受法人）の税務仕訳】

(単位：百万円)

(借)	土　　地	2,000	(貸)	受　贈　益 （益金不算入）	2,000

＊　本説例では問題を簡略化するため、法法61の13に規定する譲渡損益の繰延べは考慮外としています。

　また、平成22年度の税制改正において、完全支配関係を有する法人間での寄附については、寄附金又は受贈益を認識する法人の株主において寄附修正が要求されていますが、連結法人間の寄附については、寄附修正を行うことは不要とされています。これは連結法人については従前より投資簿価修正が要求されており、当該投資簿価修正額の中に寄附金又は受贈益に伴う連結利益積立金あるいは利益積立金の増減額が含まれているからであると考えられます（法令9

— 163 —

①七、9の2①五)。

第2章 連結納税制度

Q9 連結納税での現物分配の取扱い

当社（3月決算法人）を連結親法人、S1社、S2社を連結子法人として連結納税を行っています。S1社は平成22年10月中に当社に対しS2株式を現物分配する予定です。

なお、現物分配するS2株式の時価は1,000百万円、S1社におけるS2株式の税務上の帳簿価額は500百万円です。当該取引の留意点について教えてください。

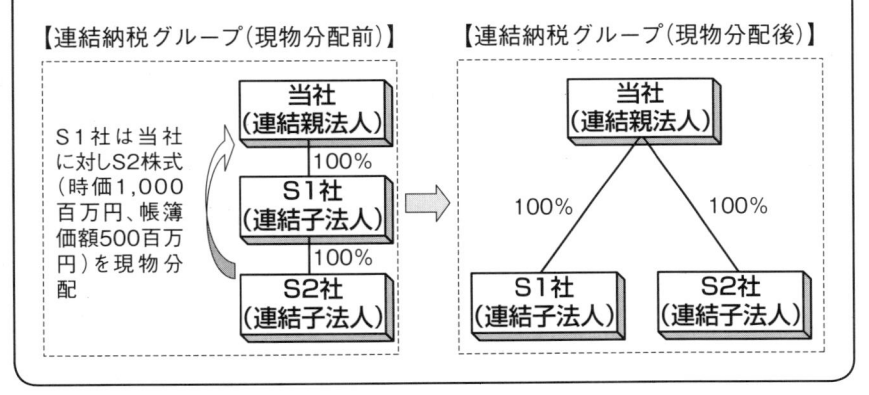

【連結納税グループ（現物分配前）】

S1社は当社に対しS2株式（時価1,000百万円、帳簿価額500百万円）を現物分配

当社（連結親法人）
100%
S1社（連結子法人）
100%
S2社（連結子法人）

【連結納税グループ（現物分配後）】

当社（連結親法人）
100%　　100%
S1社（連結子法人）　S2社（連結子法人）

POINT

完全支配関係を有する法人間で行われる現物分配は適格現物分配として取り扱われ、分配される現物資産はその適格現物分配直前の簿価簿価額で譲渡されたものとして処理します。

適格現物分配に該当する場合、現物分配法人における所得税の源泉徴収は必要ありません。

Answer

平成22年度の税制改正により、平成22年10月1日以後完全支配関係を有する内国法人間で行われる資産の現物分配（当該分配の直前に完全支配関係があること

を前提とします）については、適格現物分配として取り扱い、分配する現物資産を当該適格現物分配の直前の帳簿価額で譲渡したものとし、資産を分配した内国法人においては当該資産に係る譲渡損益を認識せず、また、資産の分配を受けた内国法人においては、その受けたことにより生じる収益について益金不算入とすることになりました（法法２十二の十五、62の５③④、法附則10）。

　本件の場合、連結法人間（すなわち完全支配関係法人間）における現物分配であるため、ご質問のＳ２株式の分配は、適格現物分配に該当します。したがって、Ｓ１社はＳ２社株式を当該分配の直前の帳簿価額で連結親法人である当社に分配し、また、被現物分配法人である当社は、当該Ｓ２社株式により生じた収益を全額益金不算入として処理することとなります。適格現物分配に該当する場合、当該分配について現物分配法人における所得税の源泉徴収は不要となりました（所法24①）。

　なお、平成22年度の税制改正前においては、剰余金の配当として金銭以外の資産を交付した場合には、当該資産の時価相当額を剰余金から減額することとされており、現物配当を行った事業年度において分配資産の含み損益について課税されることになります。仮に平成22年度の税制改正前の取扱いについて本件に当てはめてみると、Ｓ１社においてＳ２社株式の現物分配直前の時価と帳簿価額との差額について損益を認識し、かつ、当社においては時価でＳ２株式の受入価額と受取配当金の収益の金額を認識することとなります。なお、Ｓ２社株式は連結子法人からの配当であるため、全額を益金不算入として処理することになります。

　税制改正前後の株式の現物分配時の仕訳を比較すると以下のようになります。

(1) 平成22年9月30日以前の現物分配〈税制改正前〉

【当社（被現物分配法人）の税務仕訳】

(単位：百万円)

(借)	S2社株式	1,000	(貸)	受取配当金 （益金不算入）	1,000

【S1社（現物分配法人）の税務仕訳】

(単位：百万円)

(借)	S2社株式	500	(貸)	有価証券評価益	500
	利益積立金額	1,000		S2社株式	1,000
	未収金	200		預かり源泉税	200

(2) 平成22年10月1日以後に実施されたもの〈税制改正後〉

【当社（被現物分配法人）の税務仕訳】

(単位：百万円)

(借)	S2社株式	500	(貸)	現物分配利益 （益金不算入）	500

【S1社（現物分配法人）の税務仕訳】

(単位：百万円)

(借)	利益積立金額	500	(貸)	S2社株式	500

Q10 連結子法人の解散

当社（3月決算法人）は当社を連結親法人とする連結納税を行っていますが、連結子法人であるS2社が平成22年11月末をもって解散（合併による解散ではありません）を予定しています。平成22年度の税制改正により解散・清算関連の規定が大きく変わったと聞いておりますが、解散、清算に際し、留意すべき点について教えてください。

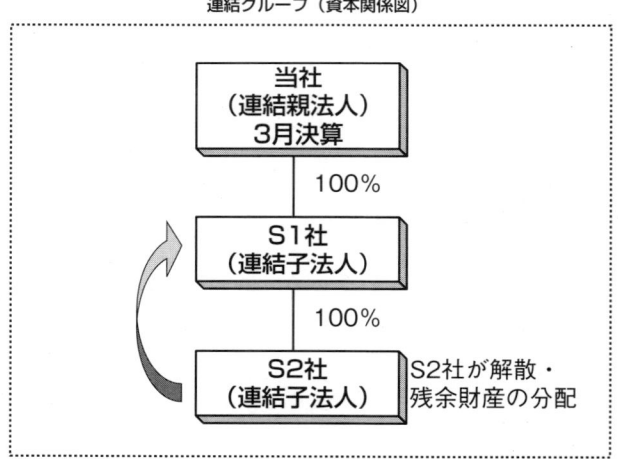

連結グループ（資本関係図）

```
当社
（連結親法人）
3月決算
    │ 100%
    ▼
S1社
（連結子法人）
    │ 100%
    ▼
S2社          S2社が解散・
（連結子法人） 残余財産の分配
```

POINT

連結子法人が解散しても、その残余財産が確定する日までは連結法人として連結納税グループに留まります。当該確定の日が連結親法人事業年度の中途であれば、連結親法人事業年度開始の日から残余財産確定の日までが最後の事業年度として連結法人としての単体申告が必要です。

当該連結子法人の株主である連結法人が受け取る残余財産の分配額

— 168 —

> のうち、みなし配当となる金額は、全額益金不算入として取り扱われ、また、みなし配当金額を除く残余の額と解散連結子法人株式の帳簿価額（投資簿価修正後のもの）との差額は資本金等の額の増減額として処理されます。
>
> 　解散連結子法人が残余財産確定の日を含む事業年度に連結欠損金個別帰属額を有していたとすれば、一定の要件の下、当該欠損金を解散した法人の株主である連結法人が引継ぐことができます。

Answer

　連結子法人が解散、清算に係る手続を実施することとなった場合には連結子法人の連結納税の承認の取消のタイミング、みなし事業年度、連結子法人の株主側での処理（投資簿価修正、みなし配当課税、欠損金の引継ぎ）が主なポイントとなります。

1．連結納税の承認の取消・みなし事業年度

　平成22年度の税制改正による清算所得課税制度の廃止に伴い、連結子法人の解散については連結納税の承認の取消事由から除外されることとなりました。そのため、残余財産が確定した日（残余財産がないことが確定した場合を含む。以下同じ）の翌日において連結納税の承認が取り消されることとなりました。すなわち、連結子法人に解散の決議があった場合においても残余財産の確定の日までは連結法人としての単体申告（連結申告あるいは連結法人としての単体申告）を行うこととなりました。

　平成22年度の税制改正後においては、連結親法人事業年度の中途において連結子法人が解散しても、当該連結子法人はその連結納税グループから離脱せず、連結親法人事業年度開始の日から解散の日までを一つのみなし事業年度とする連結法人としての単体申告手続は不要となりました。しかしながら、平成22年度の税制改正後においては残余財産が確定した日の翌日において連結納税の承

認が取り消されることから、残余財産確定の日が連結親法人事業年度の中途であれば、連結親法人事業年度開始の日から当該確定の日までの期間をみなし事業年度として連結法人としての単体申告を行うことになりました（法法4の5②四、14①十）。

　当該改正は平成22年10月1日以後に解散する連結子法人から適用されます（法附則21、令附則13②）。

　改正前後におけるＳ２社の解散後の一連の流れは以下のようになります。

連結子法人が解散・清算した場合のみなし事業年度

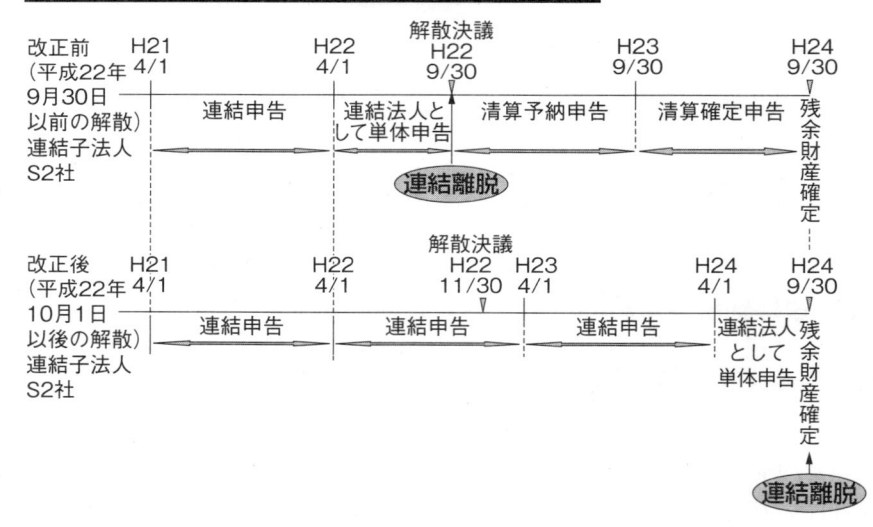

	H21 4/1	H22 4/1	解散決議 H22 9/30	H23 9/30	H24 9/30	
改正前（平成22年9月30日以前の解散）連結子法人Ｓ２社	連結申告	連結法人として単体申告	連結離脱	清算予納申告	清算確定申告	残余財産確定

	H21 4/1	H22 4/1	解散決議 H22 11/30	H23 4/1	H24 4/1	H24 9/30
改正後（平成22年10月1日以後の解散）連結子法人Ｓ２社	連結申告	連結申告	連結申告		連結法人として単体申告	残余財産確定 連結離脱

　また、残余財産の分配を受けないことが確定した場合で債務免除益等によって繰越欠損金控除後に所得が発生する場合、解散連結法人には期限切れ欠損金の損金算入が認められており、課税所得が発生しないように措置が講じられています（法法59③、法令118（最終申告期間が単体事業年度である場合）又は法令155の2③（最終申告期間が連結事業年度の場合））。

2. 連結子法人の株主側での処理

(1) 投資簿価修正

　連結子法人の残余財産が確定した場合、その確定の日の翌日において連結納税の承認が取り消され、当該連結子法人は連結納税グループから離脱します。そこで、その子法人の株主である連結法人は、当該子法人株式について消却処理を行う前に、投資簿価修正の処理を行う必要が生じます。投資簿価修正額は、原則として、当該連結子法人が連結法人となった時から残余財産確定日までの連結個別利益積立金額あるいは利益積立金の額の増減額となります（法令9の2①四、②又は9①六、②、③）。

【前提条件】
- S2社の残余財産確定時（平成24年9月30日）の貸借対照表

S2社貸借対照表

（単位：百万円）

残余財産（現金）	1,250	資本金	1,000
		（連結個別）利益積立金	250
		（うち、連結欠損金個別帰属額△50）	
	1,250		1,250

- S2社の連結納税加入時の利益積立金額：500
- S1社におけるS2株式の税務上の帳簿価額（投資簿価修正前）：1,500
- S1社における投資簿価修正額の計算：0（零）

　残余財産の分配は投資簿価修正事由に該当しますが、みなし配当が生じる場合には、投資簿価修正の対象額は0（清算する法人の利益積立金に既修正額がない場合に限ります）となります（法令9②四、9③一かっこ書）。

- 投資簿価修正額後のS1社におけるS2株式の税務上の帳簿価額の計算
  1,500－0＝1,500

(2) 清算分配に係る税務処理（みなし配当課税）

　連結子法人の残余財産が確定し、残余財産の分配が行われる場合、その残余財産として交付される金銭等の額のうち対応資本金等の額を超える部分の金額は、連結子法人の株主におけるみなし配当の額となり、当該みなし配当は連結子法人の株主において全額益金不算入となりました（法法24①三又は法法62の5④）。

　また、分配された残余財産の価額から上述のみなし配当の金額を控除した額と、上述の投資簿価修正後の子法人株式の帳簿価額との差額、すなわち、従前の譲渡損益（株式清算損益）として処理していた金額は、平成22年度の税制改正後においては、資本金等の額として処理することとなりました（法法61の2⑯）。

　S2社が残余財産の分配を行った場合の平成22年度の税制改正後のS1社での税務上の仕訳は以下のようになります。

(借)	現　　　　　金	1,200	(貸)	S　2　株　式	1,500*1
	仮払税金（源泉所得税）	50*3		み　な　し　配　当	250*2
	資本金等の額	500			

* 1　投資簿価修正後のS2株式の帳簿価額：1,500－0＝1,500（上記①参照）
* 2　みなし配当：1,250（現物分配額）－1,000（S2社の対応資本金等）＝250
* 3　みなし配当に係る源泉所得税：250×20％＝50

【参考】平成22年10月1日前の解散に係る残余財産の分配の場合

(借)	現　　　　　金	1,200	(貸)	S　2　株　式	1,500*1
	仮払税金（源泉所得税）	50		み　な　し　配　当	250
	株　式　譲　渡　損	500			

* 1　平成22年度の税制改正前においては、みなし配当の規定の適用がある残余財産の分配についてはすでに解散によって連結の承認を取り消されているため投資簿価修正を考慮する必要はありません（旧法法4の5②五、法令9①六、9の2①、9②一ホ、9の2②）。

（3） 連結欠損金個別帰属額の引継ぎ

　残余財産が確定する日の属する解散連結子法人の連結事業年度又は事業年度終了時（残余財産確定時）において、当該連結子法人に最終単体事業年度前に発生した未使用の連結欠損金個別帰属額が残っていた場合、一定の要件を満たすことを前提に、当該欠損金額は解散した法人の株主である連結法人に引き継がれることになります。本件の場合、S2社は残余財産確定時に50の連結欠損金個別帰属額が残っていることから、当該欠損金はS1社に引き継がれ、その連結欠損金個別帰属額となります（法法81の9②二）。

　また、仮に最終の単体事業年度で欠損金が生じた場合には、株主である連結法人の、残余財産確定の日の翌日の属する連結事業年度において損金として取り扱われることとなります（法法81の9④）。

残余財産が確定時に当該法人が有する欠損金の取扱い

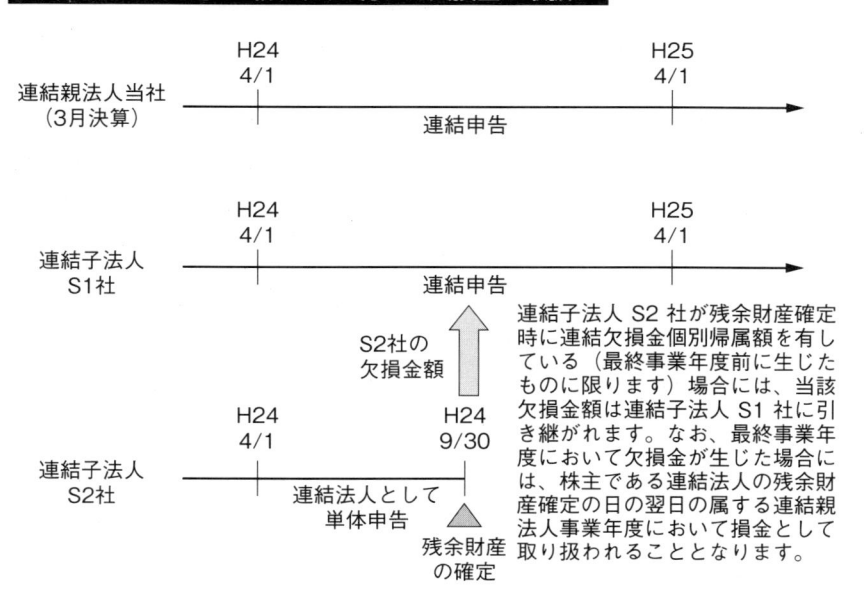

	H24 4/1		H25 4/1
連結親法人当社（3月決算）	├────	連結申告	────┤──→
連結子法人 S1社	├────	連結申告	────┤──→
	H24 4/1	H24 9/30	
連結子法人 S2社	├── 連結法人として単体申告 ──┤ 残余財産の確定		

S2社の欠損金額 ↑

連結子法人S2社が残余財産確定時に連結欠損金個別帰属額を有している（最終事業年度前に生じたものに限ります）場合には、当該欠損金額は連結子法人S1社に引き継がれます。なお、最終事業年度において欠損金が生じた場合には、株主である連結法人の残余財産確定の日の翌日の属する連結親法人事業年度において損金として取り扱われることとなります。

Q11 分割型分割とみなし事業年度

　当社（3月決算法人）は当社を連結親法人として平成23年3月期（平成22年4月1日から同23年3月31日までの期間）から連結納税を開始する予定です。なお、S2社は平成23年3月期中にS1社に対し、分割型分割によってその一部の事業を移転させる予定（分割日は未定）です。平成22年度の税制改正により、分割型分割に伴うみなし事業年度が廃止されたと聞きました。この税制改正に係る留意点について教えてください。なお、連結納税の承認の申請書は提出済みであり、当該分割は税制適格要件を満たす分割となる予定です。

資本関係図

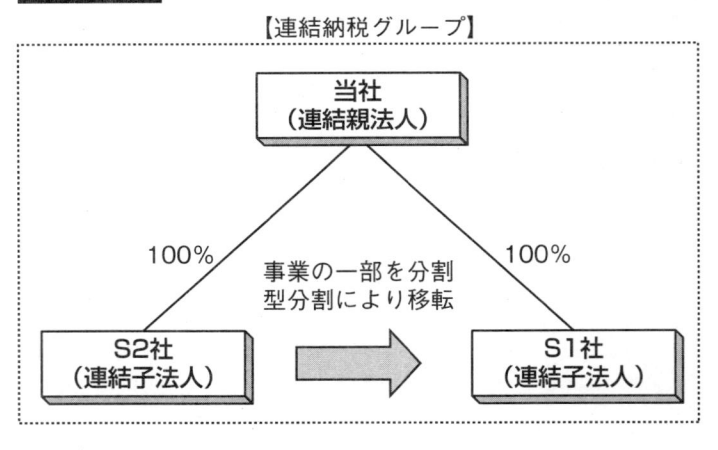

【連結納税グループ】

```
        当社
     （連結親法人）
      /        \
   100%        100%
    /            \
  S2社  事業の一部を分割  S1社
（連結子法人）型分割により移転（連結子法人）
```

POINT

　分割型分割の分割法人におけるみなし事業年度廃止の取扱いは、連結法人が分割法人となる場合でも同じです。

第2章　連結納税制度

Answer

　平成22年度の税制改正により、平成22年10月1日以後の日を分割の日とする分割型分割から、分割法人が当該分割の日の前日を末日とするみなし事業年度を設けて申告納税を行うことは不要となりました（旧法法14①十二、法附則10）。

　本件の場合、平成23年3月期から連結納税を行う予定ですが、分割型分割のタイミング及び連結納税の承認のタイミングによって分割法人での処理が大きく異なってきます。改正日となる平成22年10月1日以後において、又は前において分割型分割を行った場合の取扱いをまとめると以下のようになります。

1. 平成22年10月1日前に分割型分割を実施した場合

　①　連結納税承認日前に分割の日がある場合
　平成22年4月1日から分割型分割の日の前日までの期間について分割法人が個別申告（非連結法人としての単体申告を行うこと。以下同じ）を行います。
　②　連結納税承認日後に分割の日がある場合
　平成22年4月1日から分割の日の前日までの期間において分割法人が連結法人としての単体申告を行います。

①　連結納税承認日前に分割型分割を行った場合

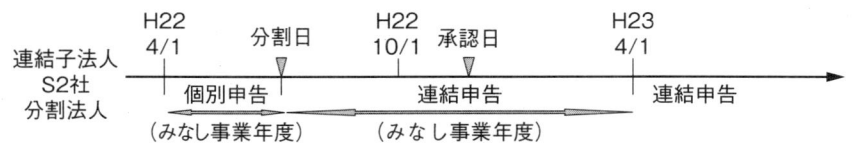

```
                H22          H22            H23
連結子法人      4/1   分割日  10/1  承認日   4/1
S2社          ─┬───┬───┬───┬───→
分割法人        │個別申告│    連結申告   │  連結申告
               （みなし事業年度）（みなし事業年度）
```

②　連結納税承認日後に分割型分割を行った場合

```
                H22               H22          H23
連結子法人      4/1  承認日 分割日 10/1         4/1
S2社          ─┬───┬───┬───┬───→
分割法人        │連結法人と │    連結申告   │  連結申告
               │して単体申告│
               （みなし事業年度）（みなし事業年度）
```

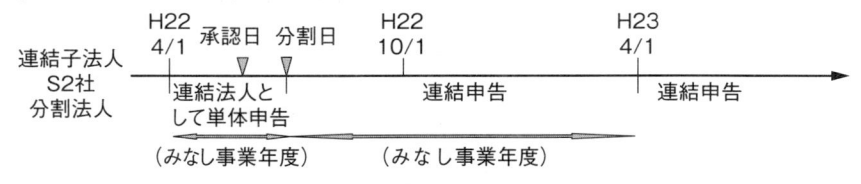

2. 平成22年10月1日以後に分割型分割を実施した場合

① 連結納税承認日前に分割の日がある場合

みなし事業年度は発生しない（分割法人の解散（合併による解散を含む）など例外的な場合を除き、最初から連結納税に参加する場合）。

② 連結納税承認日後に分割の日がある場合

みなし事業年度は発生しない（2.①に同じ）。

① 連結納税承認日前に分割型分割を行った場合

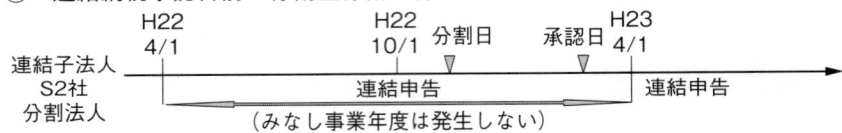

```
            H22              H22              H23
            4/1             10/1  分割日  承認日  4/1
連結子法人  ├─────────────────────────────────┼──────→
 S2社             連結申告              連結申告
分割法人       （みなし事業年度は発生しない）
```

② 連結納税承認日後に分割型分割を行った場合

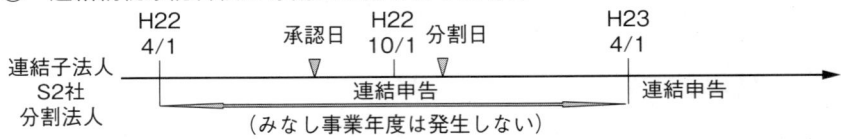

```
            H22        承認日  H22   分割日        H23
            4/1              10/1                 4/1
連結子法人  ├─────────────────────────────────┼──────→
 S2社             連結申告              連結申告
分割法人       （みなし事業年度は発生しない）
```

　分割型分割についてみなし事業年度が廃止されたことに伴い、これまで適格分社型分割や適格現物出資について認められていた減価償却費や引当金等の期中繰入が認められるようになりました。そのため、分割型分割を行った分割法人は、移転資産等に係る「**適格分社型分割等による期中損金経理額等の損金算入に関する届出**」等の届出書の提出の有無を検討する必要があります。なお、適用を受けるためには分割後2カ月以内に所轄税務署に適用申請書を提出する必要があるため留意が必要です。

第2章　連結納税制度

Q12　連結法人からの自己株式の取得

当社（12月決算法人）は当社を連結親法人、S1社（12月決算法人）を連結子法人として連結納税を行っております。平成23年1月1日において当社は第三者よりS2社（12月決算法人）の全株式を取得しました。当社はS2社株式を取得するために多額の資金を投入したため、資金不足に陥りました。その打開策としてS2社による自己株式の買取を検討しています。当該取引に係る留意点について教えてください。

連結法人からの自己株式の取得

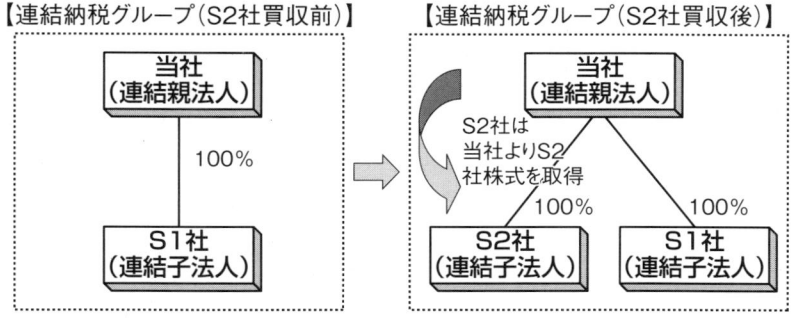

【連結納税グループ（S2社買収前）】

- 当社（連結親法人）
  - 100%
  - S1社（連結子法人）

【連結納税グループ（S2社買収後）】

- 当社（連結親法人）
  - 100% — S2社（連結子法人）（S2社は当社よりS2社株式を取得）
  - 100% — S1社（連結子法人）

POINT

平成22年度税制改正により、完全支配関係のある法人間で、一方の株式を発行法人に対して譲渡した場合、その株式の譲渡損益は資本金等の額として処理され、株式譲渡損益は認識されないこととなりました。

なお、こうした場合であっても、譲渡法人が認識するみなし配当の額は、全額が益金不算入として処理されます。

Answer

　平成22年度の税制改正以前においては、株式の発行法人が自己株式の取得を行う場合、当該自己株式を譲渡した株主においては、原則として、交付を受けた金銭等の額が、発行法人の資本金等の額のうち譲渡した株式に対応する部分の金額を超えるときは、当該超える部分の金額がみなし配当として課税される一方で、交付を受けた金銭の額からみなし配当の額を控除した金額を譲渡対価として、株式の譲渡損益の額が計算されることとされていました（旧法法61の2①一）。

　内国法人はみなし配当について受取配当等の益金不算入の適用を受けることが可能です。買収会社の資本金等の額よりもはるかに高い価額で株式を購入し、その後買収した会社から自己株式の取得により払戻しを受ける場合には、多額の株式譲渡損が計上されることになります。その結果として株主においてみなし配当と株式譲渡損が認識され、自己株式取得によるタックスメリットを得ることが可能となっていました。また、上記のタックスメリットを目的として、会社を買収し、買収後に当該買収会社に当該買収会社株式を買い取らせるといった取引が行われる場合もあり、制度の濫用が指摘されていました。

　このため、平成22年度の税制改正により、100％グループ内の内国法人の株式を発行法人に対して法人税法24条（みなし配当）1項各号に掲げる事由により譲渡し、金銭その他の資産の交付を受けた場合には、株主において株式の譲渡損益を計上できないこととされ、譲渡損益として処理していた金額は、平成22年度の税制改正後は、資本金等の額として処理されることになりました（法法61の2⑯、法令8十九）。

【前提条件】

① S2社の発行済株式数は2百万株、S2社の1株あたり資本金等の額は1,000円とします。

② 当社によるS2社株式の取得価額は4,000百万円（1株あたり2,000円）で、

第2章　連結納税制度

当社はS2社に対してその保有するS2社株式の50％（1百万株）を2,000百万円（譲渡単価1株2,000円）で自己株取得させます。
③　当該取引は法人税法23条3項に規定される自己株式予定取引に該当しないものとします。

【当社（株式譲渡法人）の税務仕訳】

(単位：百万円)

（借）	現金預金	1,800	（貸）	S2社株式	2,000
	仮払源泉税	200		みなし配当	1,000
	資本金等の額	1,000		（益金不算入）	

【当社の課税所得計算】

別表四の二　　　　　　　　　　　　　　　　　　　　(単位：百万円)

区分	総額	処分	
		留保	流出
	①	②	③
当期利益又は当期欠損の額	—		配当
			その他
加算　みなし配当*1	1,000	1,000	
減算　S2社株式譲渡損	0	0	
受取配当等の益金不算入額	1,000		1,000
所得金額又は欠損金額	—		

*1　（S2社株式取得価額−S2社株式の1株あたり資本金等の額）×譲渡株数＝（2,000円−1,000円）×1百万株＝1,000百万円

【S2社（買取法人）の税務仕訳】

(単位：百万円)

（借）	資本金等の額	1,000	（貸）	現　金　預　金	1,800
	利益積立金額	1,000		預かり源泉税	200

【参考】平成22年度の税制改正前の取扱い

【当社（株式譲渡法人）の税務仕訳】

(単位：百万円)

（借）	現　金　預　金	1,800	（貸）	Ｓ２社株式	2,000
	仮払源泉税	200		みなし配当	1,000
	株式譲渡損	1,000		（益金不算入）	
	（損金算入）				

【当社の課税所得計算】

別表四の二

(単位：百万円)

区分	総額	処分	
		留保	流出
	①	②	③
当期利益又は当期欠損の額	―		配当
			その他
加算　みなし配当*1	1,000	1,000	
減算　Ｓ社株式譲渡損	1,000	1,000	
受取配当等の益金不算入額	1,000		1,000
所得金額又は欠損金額	▲1,000		

＊１　（Ｓ２社株式取得価額－Ｓ２社１株あたり資本金等の額）×譲渡株数＝(2,000円－1,000円)×１百万株＝1,000百万円

　平成22年度の税制改正前では、Ｓ２社株式の譲渡法人である当社は取得した

S2社株式を取得価格と同額でS2社に譲渡していることから会計上の損益は全く発生しないにもかかわらず、税務上はみなし配当については同額の受取配当等の益金不算入の適用によって相殺され、かつ、譲渡損の発生により、欠損として1,000百万円発生する結果となっていました。平成22年税制改正後において、譲渡損益として処理していた金額は資本金等の額として処理されることとなったため、課税所得に与える影響が0となり、会計上の損益との整合性が図られることとなりました。

第3章
資本取引

Q1 公開買付けによる自己株式の取得

　上場会社B社が資本政策の一環として自己株式の公開買付け（TOB）を公表しています。

　従来は、法人株主がこのような自己株式の公開買付けに応じた場合には、みなし配当と株式譲渡損益が両建てで計上され、みなし配当については受取配当等の益金不算入が適用されるという取扱いであったと理解しています。

　仮に、当社（A社）が、B社のTOB公表後直ちにB社株式を市場取得し、その後TOBに応じてB社株式をB社に譲渡した場合、どのような税務処理となるのか、平成22年度税制改正を踏まえ具体的に教えてください。

スキームの概要

①市場を通じて取得
②TOBに応じB社株式を譲渡

【前提】

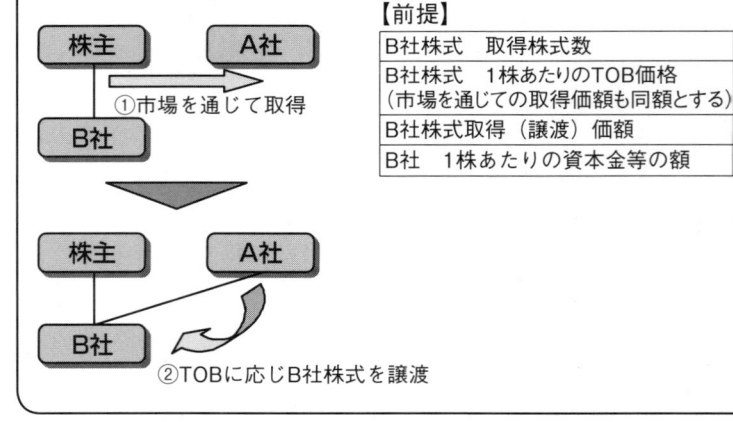

B社株式　取得株式数	10,000株
B社株式　1株あたりのTOB価格 （市場を通じての取得価額も同額とする）	5,000円
B社株式取得（譲渡）価額	50百万円
B社　1株あたりの資本金等の額	2,000円

POINT

- 平成22年度税制改正により、公開買付期間中の株式の取得のように、発行法人が公開買付により自己株式として取得することを予定している株式を取得し、当該公開買付により発行法人から買付が行われた場合には、これにより生ずるみなし配当について受取配当等の益金不算

第3章　資本取引

入制度を適用しないこととされました（法法23③、23の2②）。
- A社がTOBに応じることを予定してB社株式を取得し、その後TOBに応じてB社株式をB社に譲渡する場合は、この改正の適用対象となるものと考えられます。

Answer

1．改正前の制度の概要

　法人の株主に対して、その法人の自己株式の取得に伴い、金銭又は金銭以外の資産の交付が行われた場合に、その交付資産のうちその法人の資本金等の額を超える部分の金額は配当とみなされ（法法24①四、法令23①四）、その株主は受取配当等の益金不算入制度の適用を受けることとされていました（法法23①、23の2①）。

　また、自己株式の取得に伴い、法人の株主において株式譲渡損益が生じることとなりますが、この場合の譲渡対価の額は、みなし配当の額を控除した金額とされていました（法法61の2①一）。

　このように、自己株式の取得の場合は、譲渡対価の額の一部がみなし配当として取り扱われるため、譲渡益の額が減少（譲渡損の額が増加）することになります。また、みなし配当については、受取配当等の益金不算入制度の適用を受けることにより、その全部又は一部が益金の額に算入されないこととされていました。

　このため、市場取得したB社株式を、その取得価額と同額でTOBに応じた場合には、会計上損益は発生しないにもかかわらず、税務上は受取配当等の益金不算入額に相当する所得の金額が減少する結果となっていました。

　本件では、以下の具体的な税務処理にあるとおり、会計上損益が発生しないにもかかわらず、税務上は、受取配当等の益金不算入の適用により15百万円の欠損が生じる結果となっています。

改正前の自己株式の取得に係る具体的な税務処理

＜A社の会計処理＞

①市場を通じたB社株式の取得
単位：百万円

B社株式	50	現金	50

②TOBに応じB社株式を譲渡

現金	50	B社株式	50

＜A社の税務処理＞

①市場を通じたB社株式の取得

会計処理と同じ

②TOBに応じB社株式を譲渡

現金	50	B株式	50
譲渡損 （損金算入）	30	みなし配当*1 （益金不算入）	30

*1　(5,000円－2,000円)×10,000株＝30

＜A社の所得計算＞

税引前利益	0
所得調整額	
譲渡損益調整	△30
みなし配当	30
受配の益金不算入*2	△15
所得金額	△15

*2　30×50％＝15

(注1) B社株式はその他株式等に該当し、配当額の50％相当額を受取配当等の益金不算入額としている。また、受取配当等の益金不算入額の計算上、控除負債利子については考慮外としている。

(注2) 源泉所得税は考慮外としている。

2. 改正後の制度の概要

　平成22年度税制改正により、法人が受ける配当等の額（自己株式の取得に基因するみなし配当の額に限る）の元本である株式で自己株式として取得が行われることが予定されているものを取得した場合において、その取得した株式に係るみなし配当の額については、受取配当等の益金不算入制度を適用しない（益金算入となる）こととされました（法法23③）。

　「自己株式として取得が行われることが予定されている」という事実認定に関する判断基準については、法人税基本通達3－1－8（自己株式等の取得が予定されている株式等）において、「法人が取得する株式又は出資（以下「株式等」）

について、その株式等の取得時において法人税法24条1項4号《自己株式等の取得》に掲げる事由が生ずることが予定されているものをいう」とされ、例えば、上場会社等が自己の株式の公開買付けを行う場合における公開買付期間中に、法人が当該株式を取得したときの当該株式が該当するとされています（なお、注書きでは法人が、公開買付けを行っている会社の株式をその公開買付期間中に取得した場合において、当該株式についてその公開買付けによる買付けが行われなかったときには、その後当該株式に法人税法24条1項4号に掲げる事由が生じたことにより同項に規定する配当等の額を受けたとしても、当該配当等の額については、法人税法23条3項の規定の適用がないことが留意的に示されています）。

本件のようにB社がTOB公表後直ちにB社株式を市場取得し、その後TOBに応じてB社株式をB社に譲渡した場合は、本改正の適用対象となると考えられます。

したがって、本件では、受取配当等の益金不算入の適用を受けることができず、以下の具体的な税務処理にあるとおり、会計上の損益と同様に課税所得に与える影響は0となります。

なお、外国子会社株式で自己株式として取得が行われることが予定されているものを取得した場合において、その取得した株式に係るみなし配当の額についても、受取配当等の益金不算入制度の適用はありません（法法23の2②、法基通3-3-4）。

改正後の自己株式の取得に係る具体的な税務処理

＜A社の会計処理＞

①市場を通じたB社株式の取得
単位：百万円

B社株式	50	現金	50

②TOBに応じB社株式を譲渡

現金	50	B社株式	50

＜A社の税務処理＞

①市場を通じたB社株式の取得

　会計処理と同じ

②TOBに応じB社株式を譲渡

現金	50	B株式	50
譲渡損 （損金算入）	30	みなし配当*1 （益金算入）	30

*1　（5,000円－2,000円）×10,000株＝30

（注1）源泉所得税は考慮外としている。

＜A社の所得計算＞

税引前利益	0
所得調整額	
譲渡損益調整	△30
みなし配当	30
所得金額	0

3．適用時期

　本改正は、平成22年10月1日以後に取得する株式について適用されます（改正法附則14、15）。よって、平成22年10月1日より前に取得した株式について平成22年10月1日以後に自己株式の取得が行われた場合には、本改正の適用は受けないことになります。

改正法の適用あり

```
            平成22年10月1日
A社 ─────────────┼──────────●─────────┐──────────
                              B社株式取得     │
                                              ▼
B社 ─────────────┼──────────────────┌──────────┐──────
                                    │自己株式取得│
                                    └──────────┘
                                         ▲
                                    改正法の適用あり
```

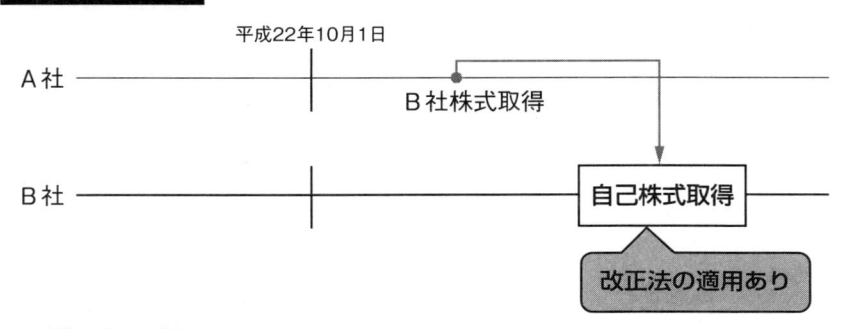

改正法の適用なし

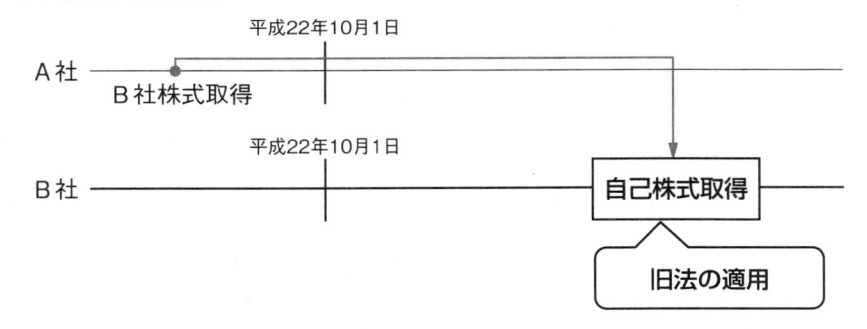

```
        平成22年10月1日
A社 ──●─┼──────────────────────────┐──────────
      B社株式取得                    │
                                     ▼
        平成22年10月1日
B社 ────┼────────────────────┌──────────┐──────
                             │自己株式取得│
                             └──────────┘
                                  ▲
                              旧法の適用
```

Q2 100%グループ内の法人間での自己株式の取得

　当社（A社）は、100％子会社であるB社に対し、当社が保有するB社株式を以下の条件で譲渡しました。この場合のA社の税務処理を教えてください。

A社及びB社の状況

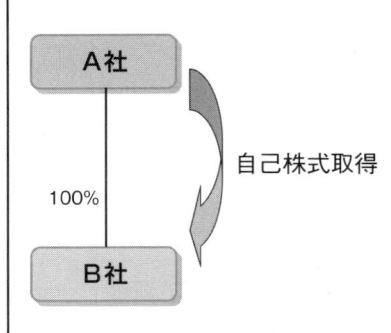

【A社の状況】

保有株式数	200株
帳簿価額	30,000
譲渡株式数	20株
1株あたりの譲渡価額（時価）	200

【B社の状況】

資本金等の額	20,000
発行済株式総数	200株
1株あたりの資本金等の額	100

A社 →（自己株式取得）→ B社（100％）

POINT

- 平成22年度税制改正により、100％グループ内の法人間での株式の発行法人への譲渡（発行法人における自己株式の取得（以下「自己株式の取得」））については、その自己株式の譲渡に係る譲渡損益を計上しないこととされました（法法61の2⑯）。
- この株式譲渡損益相当額は、資本金等の額の増減として取り扱われることになるため（法令8①十九）、課税の繰延べとは異なり、今後、株式譲渡損益が実現することはありません。
- なお、100％グループ内の法人間での自己株式の取得に係るみなし配当については、自己株式として取得が行われていることが予定されている株式であった場合でも、受取配当等の益金不算入の適用が

あります。

Answer

1. 改正前の制度の概要

　法人の株主に対して、その法人の自己株式の取得に伴い、金銭又は金銭以外の資産の交付が行われた場合に、その交付資産のうちその法人の資本金等の額を超える部分の金額は配当とみなされ（旧法法24①四、旧法令23①四）、その株主は受取配当等の益金不算入制度の適用を受けることとされていました（旧法法23①、法法23の2①）。

　また、自己株式の取得に伴い、法人の株主において株式譲渡損益が生じることとなりますが、この場合の譲渡対価の額は、みなし配当の額を控除した金額とされていました（旧法法61の2①一）。

　このように、自己株式の取得の場合は、譲渡対価の額の一部がみなし配当として取り扱われるため、譲渡益の額が減少（譲渡損の額が増加）することになります。また、みなし配当については、受取配当等の益金不算入制度の適用を受けることにより、その全部又は一部が益金の額に算入されないことから、例えば、プレミアムで株式を取得し、その後自己株式の取得により払戻しを受ける場合には、多額の譲渡損が計上されるという場合がありました。

2. 改正後の制度の概要

　上述したとおり、自己株式の取得により法人株主において生ずるみなし配当に係る受取配当等の益金不算入制度の適用を受ける一方で、株式譲渡損失を計上するという法人税法上の制度の潜脱的利用を防止する観点から、平成22年度税制改正により、内国法人が、所有株式を発行した100％グループ内の法人に譲渡し、金銭その他の資産の交付を受けた場合には、譲渡対価の額を、譲渡原価の額に相当する額として、株式譲渡損益を計算する、すなわち、株式譲渡損

益を計上しないこととされました（法法61の2⑯）。

　この株式譲渡損益相当額は、資本金等の額の増減として取り扱われることになるため（法令8①十九）、課税の繰延べとは異なり、将来においても、株式譲渡損益が実現することはありません。

　また、自己株式取得予定株式の譲渡に係るみなし配当については、受取配当等の益金不算入の規定の適用がされないこととなりましたが（法法23③）、この受取配当等の益金不算入の不適用措置は、100％グループ内の法人間での自己株式の取得に係るみなし配当については適用されません（法法23③かっこ書）。このため、100％グループ内の法人間での自己株式の取得に係るみなし配当は、自己株式として取得が行われていることが予定されているものであった場合でも、受取配当等の益金不算入の適用があることになります。

　ご質問のケースにおいて、A社が、100％子会社であるB社に対し、貴社が保有するB社株式を譲渡した場合の、改正前と改正後における具体的な税務処理は次頁のとおりとなります。改正前は受取配当等の益金不算入△2,000円の適用により、会計上の利益が1,000にもかかわらず、税務上の所得金額は△1,000となっていました。改正後は、税務上、100％グループ内の法人間での自己株式の取得について損益を発生させないということになりますので、所得金額は0となります。

完全支配関係グループ内法人間での自己株式の取得に係る具体的な税務処理

改正前

＜A社の会計処理＞

現金	4,000	B株式	3,000
		譲渡益	1,000

＜A社の税務処理＞

現金	4,000	B株式	3,000
譲渡損 （損金算入）	1,000	みなし配当 （益金不算入）	2,000*1

＊1 （200－100）×20株＝2,000

＜A社の所得計算＞

税引前利益	1,000
所得調整額	
譲渡損益調整	△2,000
みなし配当	2,000
受配の益金不算入	△2,000
所得金額	△1,000

改正後

＜A社の会計処理＞

現金	4,000	B株式	3,000
		譲渡益	1,000

＜A社の税務処理＞

現金	4,000	B株式	3,000
資本金等	1,000	みなし配当 （益金不算入）	2,000*1

＊1 （200－100）×20株＝2,000

＜A社の所得計算＞

税引前利益	1,000
所得調整額	
譲渡損益調整	△1,000
みなし配当	2,000
受配の益金不算入	△2,000
所得金額	0

（注1）源泉所得税は考慮外としている。

3．適用時期

　本改正は、平成22年10月1日以後に行われる自己株式の取得について適用されます（改正法附則21）。

Q3 完全親会社株式の処分

　当社（A社）は、B社との共同株式移転の手法により、共同持株会社（P社）の設立を検討しています。この共同株式移転により、A社及びB社株主に対し完全親会社であるP社株式が交付されることとなりますが、当社（A社）は、B社株式を保有しているため、P社株式の交付を受けることとなります。

　当社は、会社法上の規定に基づき、株式移転により交付を受けた親会社株式であるP社株式について処分を行う予定です。この処分をP社による自己株式の取得によった場合（株式移転後にP社に十分な配当可能利益が生じたことを前提としています）の税務処理について教えてください。

スキームの概要

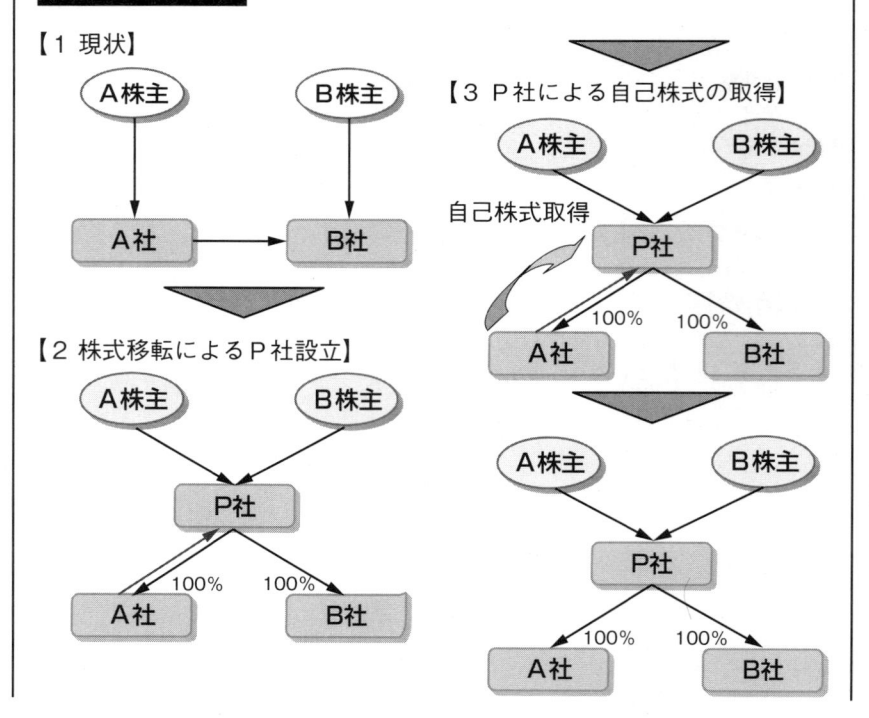

【1 現状】

【2 株式移転によるP社設立】

【3 P社による自己株式の取得】

第3章　資本取引

【A社の状況】

B社株式　取得価額	50百万円
P社株式　取得株式数	10,000株
P社株式　取得価額	50百万円

【自己株式の取得の状況】

P社株式　譲渡株式数	10,000株
P社株式　1株あたりの譲渡価額	5,000円
P社株式　譲渡価額	50百万円
P社　1株あたりの資本金等の額	2,000円

POINT

- 平成22年度税制改正により、完全支配関係グループ内の法人間での自己株式の取得については、その自己株式の譲渡に係る譲渡損益を計上しないこととされました（法法61の2⑯）。
- 本件の完全親法人であるP社へのP株の譲渡は、この完全支配関係グループ内の法人間での自己株式の取得に該当するため、株式譲渡損益は計上されず、株式譲渡損益相当額は、資本金等の額の増減として取り扱われることになります（法令8①十九）。
- なお、完全支配関係グループ内の法人間での自己株式の取得に係るみなし配当は、自己株式として取得が行われていることが予定されているものであった場合でも、受取配当等の益金不算入の適用があります。

Answer

　平成22年度税制改正により、完全支配関係グループ内の法人間での自己株式の取得については、その自己株式の譲渡に係る譲渡損益を計上しないこととされました（法法61の2⑯）。この株式譲渡損益相当額は、資本金等の額において

調整されることになるため（法令8①十九）、課税の繰延べとは異なり、今後、株式譲渡損益が実現することはありません。

　また、自己株式取得予定株式の譲渡に係るみなし配当については、受取配当等の益金不算入の規定の適用がされないこととなりましたが（法法23③）、この受取配当等の益金不算入の不適用措置は、完全支配関係グループ内の法人間での自己株式の取得に係るみなし配当については適用されません。このため、完全支配関係グループ内の法人間での自己株式の取得に係るみなし配当は、自己株式として取得が行われていることが予定されているものであった場合でも、受取配当等の益金不算入の適用があることになります。

　本件においては、自己株式の取得直前において、Ａ社とＰ社は完全支配関係にあるため、自己株式の譲渡に係る譲渡損益は計上されず、みなし配当については、受取配当等の益金不算入の適用があることになります。なお、みなし配当の場合の完全子法人株式等の判定は、その支払効力発生日の前日において、完全支配関係があるかどうかにより判定をすることになります（法令22の2①かっこ書）。本件においては、Ａ社とＰ社との間で支払効力発生日の前日において完全支配関係があるといえますので、Ｐ社株式は完全子法人株式等として、負債利子を控除しない全額を益金不算入とすることになります。

　この場合のＡ社の具体的な税務処理は次頁のとおりとなり、完全支配関係グループ内の法人間での自己株式の取得について損益を発生させないということになりますので、所得金額は0となります。

　なお、自己株式の取得は会社法の財源規制の対象とされていることから、株式移転後には、Ａ社からＰ社へのＰ社株式を配当財産とする現物配当ないしＰ社株式を対象とする会社分割の方法によりＰ社株式の移転が行われることが少なくないと考えられます。

自己株式の取得に係る具体的な税務処理

＜A社の会計処理＞

①株式移転によるP社株式の取得

単位：百万円

P社株式	50	B社株式	50

②P社による自己株式の取得

現金	50	P社株式	50

＜A社の税務処理＞

①株式移転によるP社株式の取得

P社株式	50	B社株式	50

②P社による自己株式の取得

現金	50	P株式	50
資本金等	30	みなし配当*1 （益金不算入）	30

*1 （5,000円－2,000円）×10,000株＝30

＜A社の所得計算＞

税引前利益		0
所得調整額		
みなし配当		30
受配の益金不算入		△30
所得金額		0

Q4 MBO後に実施する自己株式の取得

　当社（A社、3月決算）は、平成11年以来、株式を上場しておりましたが、当面はエクイティファイナンスによる資金調達は見込まれない上、近年の資本市場に対する規制の強化による株式上場維持コストの増大が見込まれるため、平成22年12月を目途にマネジメントバイアウト（MBO）による非上場化を検討しております。

　このMBOの手法として、当社の代表取締役甲氏が100％出資するSPCを公開買付者として株式公開買付（TOB）を行い、SPCによる100％子会社化を行う予定です。SPCは、公開買付資金の一部として金融機関から借入を行う予定ですが、この借入金の返済原資は、A社株式の一部についてA社に自己株式取得させることにより調達することを検討しています。この場合の、SPCの具体的な税務処理について教えてください。

　また、借入金の返済原資として、自己株式の取得ではなく、A社から配当を受けた場合のSPCの具体的な税務処理についても教えてください。

　なお、この自己株式の取得又は配当の実施時期は、平成23年5月を予定しています。

第3章　資本取引

スキームの概要

甲氏 100% → SPC ①SPC設立
銀行 →② 借入 SPC
株主（A社）→ ③TOB → SPC

↓

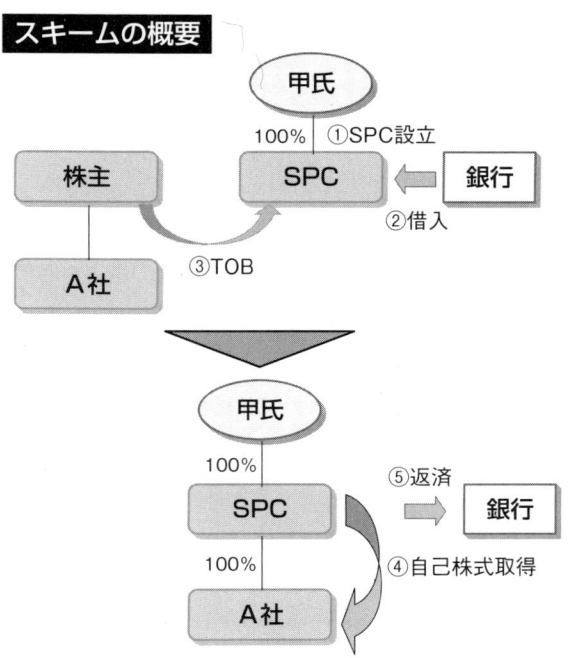

甲氏 100% → SPC
SPC ⑤返済 → 銀行
SPC 100% → A社
④自己株式取得

【SPCの状況】

A社株式 取得株式数	1,000,000株
A社株式 1株あたりの取得価額	5,000円
A社株式 取得価額	5,000百万円
銀行からの借入額	2,000百万円
負債利子額	100百万円

【自己株式の取得の状況】

A社株式 譲渡株式数	420,000株
A社株式 1株あたりの譲渡価額	5,000円
A社株式 譲渡価額	2,100百万円
A社 1株あたりの資本金等の額	2,000円

【配当を行う場合】

配当額	2,100百万円

> **POINT**
> - 平成22年度税制改正により、完全支配関係グループ内の法人間での自己株式の取得については、その自己株式の譲渡に係る譲渡損益を計上しないこととされました（法法61の2⑯）。
> - また、完全支配関係グループ内の法人間での自己株式の取得に係るみなし配当については、受取配当等の益金不算入の適用があります。みなし配当の場合、その支払効力発生日の前日において、完全支配関係がある場合は完全子法人株式等に該当することとなりますので（法令22の2①かっこ書）、本件におけるA社株式は完全子法人株式等として、負債利子を控除しない全額を益金不算入とすることができます。
> - 一方、通常の配当の場合は、完全子法人株式等に該当するためには、計算期間を通じて完全支配関係があることが必要となりますので、配当実施時期により税負担額が異なる場合があります。

Answer

1．自己株式の取得の場合

　平成22年度税制改正により、完全支配関係グループ内の法人間での自己株式の取得については、その自己株式の譲渡に係る譲渡損益を計上しないこととされました（法法61の2⑯）。この株式譲渡損益相当額は、資本金等の額の増減として取り扱われることになるため（法令8①十九）、課税の繰延べとは異なり、将来においても、株式譲渡損益が実現することはありません。

　また、自己株式取得予定株式の譲渡に係るみなし配当については、受取配当等の益金不算入の規定の適用がされないこととなりましたが（法法23③）、この受取配当等の益金不算入の不適用措置は、完全支配関係グループ内の法人間での自己株式の取得に係るみなし配当については適用されません。このため、完

全支配関係グループ内の法人間での自己株式の取得に係るみなし配当は、自己株式として取得が行われていることが予定されているものであった場合でも、受取配当等の益金不算入の適用があることになります。

本件においては、自己株式の取得直前において、SPCとA社は完全支配関係にあるため、自己株式の譲渡に係る譲渡損益は計上されず、みなし配当については、受取配当等の益金不算入の適用があることになります。なお、みなし配当の場合の完全子法人株式等は、その支払効力発生日の前日において、完全支配関係があるかどうかにより判定をすることになります（法令22の2①かっこ書）。本件においては、SPCはA社との間で支払効力発生日の前日において完全支配関係があるといえますので、A社株式は完全子法人株式等として、負債利子を控除しない全額を益金不算入額とすることとなります。

この場合のSPCの具体的な税務処理は以下のとおりとなり、完全支配関係グループ内の法人間での自己株式の取得について損益を発生させないというこ

自己株式の取得に係る具体的な税務処理

＜SPCの会計処理＞　単位：百万円

①自己株式の取得

現金	2,100	A株式	2,100

②借入利息の支払

支払利息	100	現金	100

＜SPCの税務処理＞

①自己株式の取得

現金	2,100	A株式	2,100
資本金等	1,260	みなし配当 1,260*1 (益金不算入)	

＊1　(5,000円－2,000円)×420,000株＝1,260

②借入利息の支払　会計処理と同じ

＜SPCの所得計算＞

支払利息	△100
税引前利益	△100
所得調整額	
みなし配当	1,260
受配の益金不算入	△1,260
所得金額	△100

＜SPCの税額計算＞

0×40％＝0

＜SPCの手取額＞

受取配当2,100－支払利息100－法人税等0＝2,000

とになりますので、自己株式の取得に係る所得金額は0（支払利子100は損金算入となるため、所得金額合計は△100）となります。

2．A社から配当を受けた場合

SPCがA社から配当を受けた場合には、SPCにおいて受取配当等の益金不算入の適用があります。受取配当等の益金不算入額は、A社株式が以下のいずれかの区分に該当するかにより異なることとなります。

改正後の受取配当等の益金不算入額

区分	負債利子	益金不算入割合	保有要件
①完全子法人株式等に係る配当等	控除しない	100%	計算期間を通じて100%保有
②関係法人株式等に係る配当等	控除する	100%	配当効力発生日以前6カ月間25%以上保有
③その他株式等に係る配当等	控除する	50%	―

完全子法人株式等とは、配当等の額の計算期間を通じて完全支配関係にあった他の内国法人の株式等をいうとされています（法法23⑤）。A社の100%子会社化が平成22年12月に行われる予定であるため、平成23年5月に行われる配当の計算期間が平成22年4月1日から平成23年3月31日までである場合には、SPCとA社との間で計算期間を通じて完全支配関係があったとはいえず、A社株式は完全子法人株式等に該当しないこととなります。

関係法人株式等とは、配当等の額の支払に係る効力が生ずる日以前6カ月以上継続して、発行済株式等の25%以上の株式等を保有している場合の株式等をいうとされています（法法23⑥、法令22の3①）。A社の100%子会社化が平成22年12月に行われる予定であるため、配当が平成23年5月に行われた場合には、SPCはA社株式を配当等の額の支払に係る効力が生ずる日である平成23年5月において6カ月以上継続保有していたとはいえず、A社株式は関係法人株

式等に該当しないこととなります。

　以上より、平成23年5月に配当が行われた場合には、A社株式はその他株式等に該当することとなり、配当等の額のうち負債利子控除後の50％相当額が益金不算入となります。

　仮に、配当が平成24年5月に行われ、その計算期間が平成23年4月1日から平成24年3月31日である場合には、SPCとA社との間で計算期間を通じて完全支配関係があることとなり、A社株式は完全子法人株式等に該当することになります。この場合は、負債利子を控除しない全額を益金不算入とすることができます。

　このように、配当実施時期により税負担額が異なることが考えられますので、実務的には、借入金に係る利息負担額と、配当に係る税負担額などを考慮し、配当の実施時期や実施回数を検討するものと考えられます。また、A社株式が完全子法人株式等に該当する場合は、自己株式の取得の場合と税負担額は同じになると考えられますが、完全子法人株式等に該当しない場合は、自己株式の取得の場合と比較して税負担額が大きくなる場合がありますので、留意が必要です。

配当に係る具体的な税務処理

【平成23年5月に配当が行われた場合】

<SPCの会計処理>　単位：百万円

①配当

現金	2,100	受取配当	2,100

②借入利息の支払

支払利息	100	現金	100

<SPCの税務処理>

①配当

現金	2,100	受取配当 （一部益金不算入）	2,100

②借入利息の支払　会計処理と同じ

<SPCの所得計算>

受取配当	2,100
支払利息	△100
税引前利益	2,000
所得調整額	
受配の益金不算入[*1]	△1,000
所得金額	1,000

*1　$(2,100-100) \times 50\% = 1,000$

<SPCの税額計算>

$1,000 \times 40\% = 400$

<SPCの手取額>

受取配当額2,100－支払利息100－法人税等400＝<u>1,600</u>

(注1) A社株式はその他株式等に該当し、負債利子額50百万円控除後の50％相当額を受取配当等の益金不算入額としている。
(注2) 源泉所得税は考慮外としている。
(注3) A社の実効税率は40％としている。

【平成24年5月に配当が行われた場合】

<SPCの会計処理>　単位：百万円

①配当

現金	2,100	受取配当	2,100

②借入利息の支払

支払利息	100	現金	100

<SPCの税務処理>

①配当

現金	2,100	受取配当 （益金不算入）	2,100

②借入利息の支払　会計処理と同じ

(注1) 源泉所得税は考慮外としている。

<SPCの所得計算>

受取配当	2,100
支払利息	△100
税引前利益	2,000
所得調整額	
受配の益金不算入	△2,100
所得金額	△100

<SPCの税額計算>

$0 \times 40\% = 0$

<SPCの手取額>

受取配当2,100－支払利息100－法人税等0＝<u>2,000</u>

Q5 TOB後の少数株主のスクイーズアウト
―金銭交付の吸収合併のケース

　上場会社C社の大口株主であるB社は、C社の100％子会社化のため、C社株式の公開買付け（TOB）を行い、その後、B社を存続会社、C社を消滅会社とし、金銭交付の吸収合併を行うことを公表しています。

【前提】

C社株式　取得株式数	10,000株
C社株式1株あたりのTOB価格 （市場を通じての取得価額および合併による金銭交付の額、株式買取請求の対価の額も同額とする）	5,000円
C社株式取得価額	50百万円
C社　1株あたりの資本金等の額	2,000円

スキームの概要

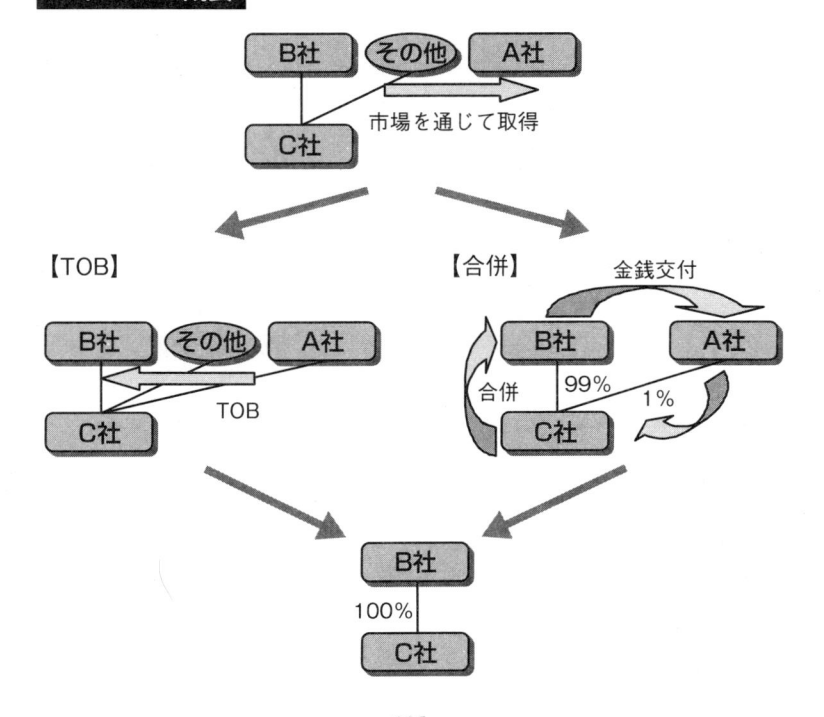

― 205 ―

仮に当社（A社）がC社のTOB及び吸収合併の公表後直ちにC社株式を市場取得し、その後（1）TOBに応じた場合、（2）TOBには応じず、吸収合併に際して反対株主の株式買取請求を行った場合、（3）TOBに応じず、吸収合併により金銭交付を受けた場合には、それぞれどのような税務処理となるのか平成22年度税制改正を踏まえ具体的に教えてください。

POINT

- 平成22年度税制改正により、自己株式取得予定株式に係るみなし配当について受取配当等の益金不算入制度を適用しないこととされました（Q1参照）。本件のようにTOBの公表後に株式を市場で取得し、その後TOBに応じる場合は、本規定の適用となります。この規定は、自己株式の取得に係るみなし配当について適用されますが、非適格合併に係るみなし配当については適用されません。このことから、本件における、A社の課税関係は、平成22年度税制改正前後で特に異なることはないと考えられます。
- 本件では、（1）TOBに応じるケース、（2）反対株主の株式買取請求を行うケースにおいては、株式譲渡損益及びみなし配当は生じないものと考えられます。一方、（3）吸収合併により金銭交付を受けるケースの場合は、株式譲渡損益及びみなし配当が生じることとなりますが、このみなし配当については、受取配当等の益金不算入の適用を受けることができると考えられます。

Answer

（1）のTOBに応じるケースは受取配当等の益金不算入制度の適用となりますが、C社株式の市場での取得価額とTOB価額とが同額の場合は、みなし配当及び株式譲渡損益は生じません。

また、(2)の反対株主の株式買取請求を行った場合は、みなし配当は生じないこととされているため（法令23③八）、(1)のTOBに応じるケースと同様、C社株式の市場での取得価額とTOB価格が同額の場合は、株式譲渡損益及びみなし配当は生じないこととなります。

(3) 吸収合併の対価として金銭交付を受けた場合は、当該合併は非適格合併となり、交付金銭の額が資本金等の額のうち株式等に対応する部分の金額を超える場合は、その超える部分の金額がみなし配当となります（法法24①一、法令23①一）。

平成22年度税制改正により、公開買付期間中の株式の取得のように発行法人が公開買付により自己株式として取得することを予定している株式を取得し、当該公開買付により買付が行われた場合には、これにより生ずるみなし配当について益金不算入制度を適用しないこととされました（法法23③、23の2②）。この規定は、自己株式の取得について適用となりますが、非適格合併に係るみなし配当については適用されないと考えられます。したがって、本件の(3)吸収合併により金銭交付を受けた場合におけるみなし配当については、受取配当等の益金不算入の適用を受けることができると考えられます（法法24①一）。

各ケースにおける具体的な税務処理は以下のとおりとなり、(1) TOBに応じるケース、(2) 反対株主の株式買取請求を行うケースにおいては、税務上、所得金額は0となります。(3) 吸収合併により金銭交付を受けるケースは、受取配当等の益金不算入の適用により15百万円の欠損が生じる結果となっています。

A社における具体的な税務処理

(1) TOBに応じるケース

＜A社の会計処理＞

①市場を通じたB社株式の取得

単位：百万円

| B社株式 | 50 | 現金 | 50 |

② TOBに応じB社株式を譲渡

| 現金 | 50 | B社株式 | 50 |

＜A社の税務処理＞

会計処理と同じ

＜A社の所得計算＞

税引前利益	0
所得調整額	0
所得金額	0

(2) 反対株主の株式買取請求を行うケース

＜A社の会計処理＞

①市場を通じたB社株式の取得

単位：百万円

| B社株式 | 50 | 現金 | 50 |

② TOBに応じB社株式を譲渡

| 現金 | 50 | B社株式 | 50 |

＜A社の税務処理＞

会計処理と同じ

＜A社の所得計算＞

| 税引前利益 | 0 |
| 所得調整額 | 0 |

所得金額	0

(3) 吸収合併により金銭交付を受けるケース

＜A社の会計処理＞

①市場を通じたB社株式の取得

単位：百万円

B社株式	50	現金	50

②吸収合併により金銭交付を受ける

現金	50	B社株式	50

＜A社の税務処理＞

①市場を通じたB社株式の取得

会計処理と同じ

②吸収合併により金銭交付を受ける

現金	50	B株式	50
譲渡損 （損金算入）	30	みなし配当*1 （益金不算入）	30

*1　（5,000円－2,000円）×10,000株＝30

＜A社の所得計算＞

税引前利益	0
所得調整額	
譲渡損益調整	△30
みなし配当	30
受配の益金不算入*2	△15
所得金額	△15

*2　30×50％＝15

(注1) C社株式はその他株式等に該当し、配当額の50％相当額を受取配当等の益金不算入額としている。また、受取配当等の益金不算入額の計算上、控除負債利子については考慮外としている。

(注2) 源泉所得税は考慮外としている。

Q6 TOB後の少数株主のスクイーズアウト
―全部取得条項付種類株式のケース

　当社（A社）は、上場会社B社の100％子会社化のため、B社株式の公開買付け（TOB）を行い、その後、全部取得条項付種類株式を用いた少数株主のスクイーズアウトを行うことを予定しています。
　平成22年度税制改正により、自己株式取得予定株式に係るみなし配当については受取配当等の益金不算入を適用しないこととなったとのことですが（法法23③、23の2②）、本件において当社及びB社にどのような影響があるか教えてください。

スキームの概要

① A社は公開買付けによりB社株式を少なくとも3分の2以上取得する。
② その後、B社は定款変更を行い、既存の普通株式を全部取得条項付種類株式に内容変更し、全部取得条項付種類株式の全部取得を行う。
③ 全部取得条項付種類株式の取得対価として別の種類の株式（甲種株式）を発行する。甲種株式の発行の際、A社以外の株主に対して交付されるべき株式が1株未満の端数となるように交換比率を設定し、端数分については処分代金をその他の株主に交付する。

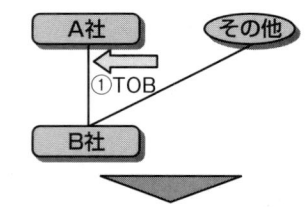

【前提】

B社株式取得株式数	10,000株
B社株式1株あたりのTOB価格（対価として交付される甲種株式の価額も同額とする）	5,000円
C社株式取得価額	50百万円
C社1株あたりの資本金等の額	2,000円

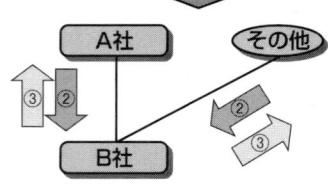

②全部取得条項付種類株式の取得
③甲種株式の交付（端数分は処分代金を交付）

POINT

- 全部取得条項付種類株式を用いた少数株主のスクイーズアウトを行った場合、以下の要件（課税繰延要件）を満たす場合は、株式譲渡損益及びみなし配当は生じないこととされています（法法24①四、法令23③十、法法61の2⑭三）。
  ① 交付される株式（甲種株式）と譲渡株式（全部取得条項付種類株式）の価額がおおむね同額であること
  ② 全部取得条項付種類株式の取得対価として発行法人株式（B社株式）以外の資産が交付されないこと
- 仮に課税繰延要件を満たさない場合は、株式譲渡損益及びみなし配当が生じることとなります。
- 平成22年度税制改正により、自己株式取得予定株式に係るみなし配当については受取配当等の益金不算入を適用しないこととなりました。
  上記改正により、本件事例の取扱いが変わることは考えられませんが、課税繰延要件を満たさないことについての認定課税リスクについて、これまで以上に慎重に検討することが求められると考えられます。

Answer

1. 全部取得条項付種類株式を用いたスクイーズアウトに係る課税関係の概要

　全部取得条項付種類株式の全部取得を行い、その取得対価として別の種類の株式（甲種株式）を発行する場合は、税務上は、全部取得条項付種類株式の発行法人への譲渡とその対価としての甲種株式の発行の2段階の取引があったものとして取り扱われます。

　この全部取得条項付種類株式の発行法人への譲渡については、自己株式の取

得に該当するものとして、原則として、株式譲渡損益及びみなし配当が生じることとなります（法法24①四、61の2①）。しかし、以下の要件（課税繰延要件）を満たす場合は、株式譲渡損益及びみなし配当は生じないこととされています（法法24①四、法令23③十、法法61の2⑭三）。

　① 本件においては、交付される株式（甲種株式）と譲渡株式（全部取得条項付種類株式）の価額がおおむね同額であること
　② 全部取得条項付種類株式の取得対価として発行法人株式（B社株式）以外の資産が交付されないこと

A社以外の株主に対して交付されるべき株式が1株未満の端数となるように交換比率を設定し、端数分については処分代金を交付するため、上記②の「全部取得条項付種類株式の取得対価として発行法人株式（B社株式）以外の資産が交付されないこと」の要件を満たすか否かが問題となると考えられます。

　この点、処分代金の交付が、その取得の対価として交付すべき株式に1株未満の端数が生じたためにその1株未満の株式の合計数に相当する数の株式を譲渡し、または買い取った代金として交付されたものである場合には、株主に対し1株未満の株式に相当する株式を交付したこととするとされております（法基通2-3-1）。このことから、処分代金の交付を受けた株主は、原則として1株未満のB社株式の交付を受けたこととされるため、上記②の「全部取得条項付種類株式の取得対価として発行法人株式（B社株式）以外の資産が交付されないこと」という要件を満たすことになります。

　しかしながら、同通達のただし書きにおいて、「ただし、その交付された金銭が、その取得の状況その他の事由を総合的に勘案して実質的に株主に対して支払う対価であると認められるときは、その取得の対価として金銭が交付されたものとして取り扱う。」とされており、取得の状況等により、取得の対価として金銭が交付されたものとして取り扱われ、この場合は、上記②の要件を満たさないこととなります。

　将来の税務調査において、通達のただし書きに該当する場合や、交付される株式（A種株式）と譲渡株式（全部取得条項付種類株式）の価額がおおむね同額で

A社の具体的な税務処理（改正前）

【課税繰延要件を満たす場合】

＜A社の会計処理＞

①TOBによるB社株式の取得

単位：百万円

| B社株式 | 50 | 現金 | 50 |

②全部取得条項付種類株式を用いたスクイーズアウト

| 甲種株式 | 50 | B社株式 | 50 |

＜A社の税務処理＞

会計処理と同じ

＜A社の所得計算＞

税引前利益	0
所得調整額	0
所得金額	0

【課税繰延要件を満たさない場合】

＜A社の会計処理＞

①TOBによるB社株式の取得

単位：百万円

| B社株式 | 50 | 現金 | 50 |

②全部取得条項付種類株式を用いたスクイーズアウト

| 甲種株式 | 50 | B社株式 | 50 |

＜A社の税務処理＞

①TOBによるB社株式の取得

会計処理と同じ

②全部取得条項付種類株式を用いたスクイーズアウト

| 甲種株式 | 50 | B株式 | 50 |
| 譲渡損
（損金算入） | 30 | みなし配当[*1]
（益金不算入） | 30 |

＊1　（5,000円 − 2,000円）× 10,000株 = 30

＜A社の所得計算＞

税引前利益	0
所得調整額	
譲渡損益調整	△30
みなし配当	30
受配の益金不算入[*2]	△15
所得金額	△15

＊2　30 × 50% = 15

(注1) B社株式はその他株式等に該当し、配当額の50％相当額を受取配当等の益金不算入額としている。また、受取配当等の益金不算入額の計算上、控除負債利子については考慮外としている。

(注2) 源泉所得税は考慮外としている。

ない場合には、課税繰延要件を満たさず、B社の株主（A社及びその他株主）において、株式譲渡損益及びみなし配当に係る課税が生じることとなります。

この場合、みなし配当については所得税の源泉徴収が必要となるため、B社においてその源泉徴収もれが指摘されることになります。

2．平成22年度税制改正の影響

平成22年度税制改正後も、全部取得条項付種類株式を用いたスクイーズアウトを行った場合に、課税繰延要件を満たす場合は、株式譲渡損益及びみなし配当が生じないという取扱いは改正前と同じとなります。

しかし、課税繰延要件を満たさなかった場合に生ずるみなし配当の取扱いについては、平成22年度税制改正の「自己株式取得予定株式に係るみなし配当の受取配当等の益金不算入の不適用措置」により、改正前は益金不算入とされたみなし配当が、改正後は益金算入される可能性があると考えられます。

この「自己株式取得予定株式に係るみなし配当の受取配当等の益金不算入の不適用措置」とは、法人が受ける配当等の額（自己株式の取得に基因するみなし配当の額に限る）の元本である株式で自己株式として取得が行われることが予定されているものを取得した場合において、その取得した株式に係るみなし配当の額については、受取配当等の益金不算入制度及び外国子会社から受ける配当等の益金不算入制度を適用しないという制度です（法法23③、23の2②）。

なお、「自己株式として取得が行われることが予定されている」という事実認定に関する判断基準については、法人税基本通達3－1－8（自己株式等の取得が予定されている株式等）において、「法人が取得する株式又は出資（以下「株式等」）について、その株式等の取得時において法人税法24条1項4号《自己株式等の取得》に掲げる事由が生ずることが予定されているものをいう」とされ、例えば、上場会社等が自己の株式の公開買付けを行う場合における公開買付期間中に、法人が当該株式を取得したときの当該株式が該当するとされています（なお、注書きでは法人が、公開買付けを行っている会社の株式をその公開買付期間中に取得した場合において、当該株式についてその公開買付けによる買付けが行われなか

A社の具体的な税務処理（改正後）

【課税繰延要件を満たす場合】

＜A社の会計処理＞

①TOBによるB社株式の取得

単位：百万円

B社株式	50	現金	50

②全部取得条項付種類株式を用いたスクイーズアウト

甲種株式	50	B社株式	50

＜A社の税務処理＞

会計処理と同じ

＜A社の所得計算＞

税引前利益	0
所得調整額	0
所得金額	0

（注2）源泉所得税は考慮外としている。

【課税繰延要件を満たさない場合】

＜A社の会計処理＞

①TOBによるB社株式の取得

単位：百万円

B社株式	50	現金	50

②全部取得条項付種類株式を用いたスクイーズアウト

甲種株式	50	B社株式	50

＜A社の税務処理＞

①TOBによるB社株式の取得

会計処理と同じ

②全部取得条項付種類株式を用いたスクイーズアウト

甲種株式	50	B株式	50
譲渡損 （損金算入）	30	みなし配当[*1] （益金算入）	30

*1　（5,000円－2,000円）×10,000株＝30

＜A社の所得計算＞

税引前利益	0
所得調整額	
譲渡損益調整	△30
みなし配当	30
受配の益金不算入	0
所得金額	0

ったときには、その後当該株式に法人税法24条1項4号に掲げる事由が生じたことにより同項に規定する配当等の額を受けたとしても、当該配当等の額については法人税法23条3項の規定の適用がないことが留意的に示されています)。

　本件では、A社は、全部取得条項付種類株式を用いたスクイーズアウト(全部取得条項付種類株式の全部取得、すなわち自己株式の取得)が実施されることが予定されている中でTOBによりB社株式の取得を行っていることから、B社株式は、自己株式取得予定株式に該当すると考えられます。この場合は、A社においては、みなし配当について受取配当等の益金不算入の適用を受けることができないため、前頁の具体的な税務処理にあるとおり、課税繰延要件を満たす場合と満たさない場合で課税所得への影響は同じになります。一方、みなし配当については所得税の源泉徴収が必要となるため、B社においてみなし配当に係る源泉徴収もれ指摘リスクがあることになり、今後はより慎重に課税繰延要件を検討する必要があるものと思われます。

第3章　資本取引

Q7 非適格合併に係る抱合株式の取扱いについて

当社（P社）は、株式公開買付け（TOB）により買収ターゲットT社の株式を95％取得した後、少数株主を排除するため、当社を合併法人、T社を被合併法人とする合併を行い、合併対価として少数株主に対して金銭を交付しました。合併時における当社の税務処理について教えてください。

【前提】
　　　T社の簿価純資産額　100（資本金等60、利益積立金40）
　　　T社の時価純資産　200
　　　P社による買収価額　190
　　　少数株主への現金交付額　10

スキームの概要

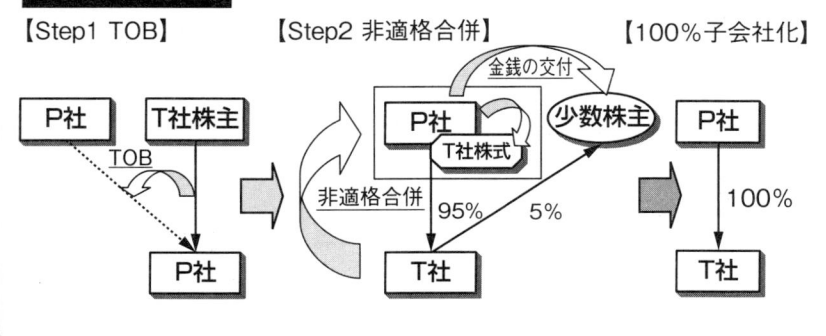

【Step1 TOB】　　　【Step2 非適格合併】　　　【100％子会社化】

（図：P社がTOBによりT社株主からT社株式を取得し、その後P社を合併法人、T社を被合併法人とする非適格合併を行い、少数株主に金銭を交付してT社を100％子会社化するスキーム図）

POINT

- 平成22年度税制改正により、非適格合併の場合の抱合株式（合併法人が合併直前に有していた被合併法人の株式）に関する税制改正が行われました。

- 改正前は、非適格合併が行われた場合の抱合株式については、合併法人において、みなし配当及び株式譲渡損益を認識していましたが、改

— 217 —

正後は、株式譲渡損益を計上せず、譲渡損益相当額は資本金等の額に加減算することとされました（法法61の2③、法令8①五）。
- この改正は、平成22年10月1日以後に行われる合併に関して適用されます（改正法附則10②、改正法令附則2②）。

Answer

　平成22年度税制改正により、非適格合併の場合の抱合株式（合併法人が合併直前に有していた被合併法人の株式）に関する税制改正が行われ、非適格合併の場合の抱合株式の譲渡損益については計上しないこととされました（法法61の2③）。

1．抱合株式の概要

　抱合株式とは、合併法人が合併直前に有していた被合併法人の株式をいいます（法法24②）。会社法上、合併法人が被合併法人の株主に対して金銭等を割り当てる場合には、抱合株式については、金銭等の割当ができないこととされて

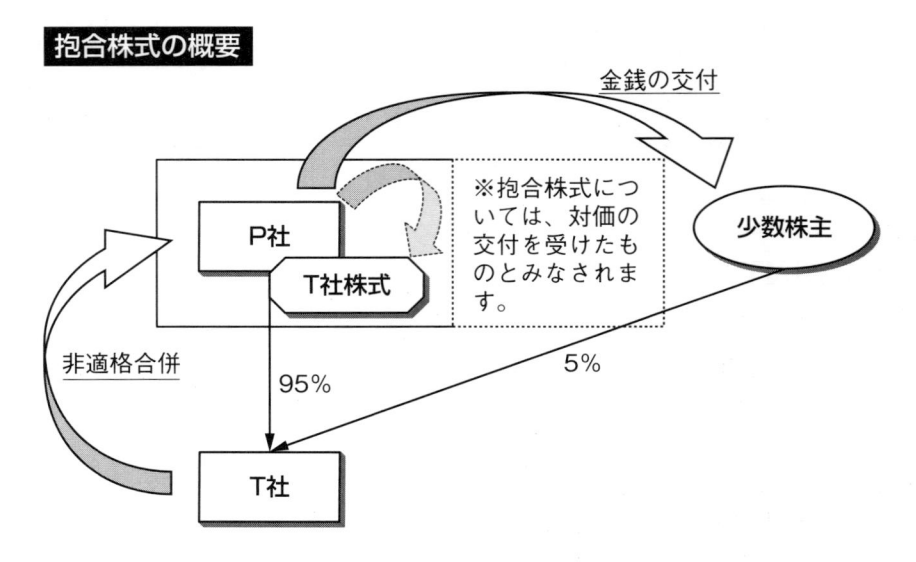

抱合株式の概要

※抱合株式については、対価の交付を受けたものとみなされます。

― 218 ―

います（会749①三）。一方、税務上は、抱合株式に対して、株式の割当て又は株式以外の資産の交付をしなかった場合においても、合併法人が株式割当等を受けたものとみなすこととされています（法法24②）。また、抱合株式に対する株式割当等は、合併に係る被合併法人の他の株主等がその有していた被合併法人の株式に対して合併法人の株式その他の資産の交付を受けた基準と同一の基準により受けたものとみなすこととされています（法令23⑤）。

2．改正前の税務処理

　非適格合併の場合には、合併法人は、被合併法人の資産及び負債を時価で引き継ぎ、合併により移転を受けた資産及び負債の時価純資産価額から株主等に交付した金銭等の額を減算した金額を資本金等の額として計上します（旧法法8①五）。

　また、平成22年度税制改正前は、非適格合併に該当する場合、抱合株式に対し、株式割当を受けたものとみなして、みなし配当及び株式譲渡損益を計上していました（旧法法61の2①③）。

　P社が保有するT社株式に対し、P社株式の割当を受けたものとみなした場合のみなし配当の計算は以下のとおりとなります。

①　P社が保有する抱合株式（T社株式）に対し、割り当てられたとみなされる株式（みなし交付株式）の額は、少数株主が受けた現金交付額をP社持分相当に換算して計算します。

　　（10（現金交付額）÷5％（少数株主持分））×95％（P社持分）

　　＝190（みなし交付株式の額）

②　みなし交付株式の額うち、T社株式の持分に対応する資本金額等を超える部分の金額をみなし配当の金額として認識します（法法24①②）。

　　190－60（T社資本金等の額）×95％＝133（みなし配当の金額）

　P社が保有するT社株式に対し、P社株式の割当を受けたものとみなした場合の株式譲渡損益の計算は以下のとおりとなります。

(1)譲渡対価の額　みなし交付株式の額190－みなし配当の金額133＝57

(2)譲渡原価の額　190

(3)株式譲渡損益の額　(1)－(2)　57－190＝△133

　Ｐ社が保有するＴ社株式に対し、Ｐ社株式の割当を受けたものとみなした場合のみなし配当の金額は133、株式譲渡損の額は133となります。このみなし配当の金額は、受取配当等の益金不算入の規定により、控除負債利子を除いた全額（6カ月以上継続保有の場合）が益金不算入となります（法法23）。また、株式譲渡損は損金の額に算入されることになります（旧法法61の2①）。

　具体的な税務仕訳は、以下のとおりです（みなし配当に係る源泉所得税は考慮していません）。

【引継時の税務仕訳】

（借）純資産	200	（貸）資本金等の額	190
		現金	10

【みなし交付時の税務仕訳】

（借）自己株式	190	（貸）Ｔ社株式	190
株式譲渡損	133	みなし配当	133
資本金等の額	190	自己株式	190

3．改正後の税務処理

　平成22年度の税制改正により、非適格合併の場合の抱合株式の譲渡損益の計算について、譲渡対価の額は、当該抱合株式の合併の直前の帳簿価額に相当する金額とされ、譲渡損益については計上しないこととされました（法法61の2①③）。また、抱合株式の帳簿価額及び抱合株式に係るみなし配当の金額を資本金等の額として計上することとされました（法令8①五）。

　なお、この抱合株式の改正に関しては、その適用範囲は完全支配関係のある法人間に限られていません。

第3章　資本取引

非適格合併の場合の抱合株式の譲渡損益の計算に関する改正点

	改正前	改正後
譲渡対価	（みなし交付株式の額）－（みなし配当の金額）	抱合株式簿価
譲渡原価	抱合株式簿価	抱合株式簿価
譲渡損益	計上	計上しない

　具体的な税務仕訳は、以下のとおりです（みなし配当に係る源泉所得税は考慮していません）。

【引継時の税務仕訳】

（借）	純　資　産	200	（貸）	資本金等の額	190
				現　　　　金	10

【みなし交付時の税務仕訳】

（借）	資本金等の額	190	（貸）	Ｔ　社　株　式	190
	資本金等の額	133		み な し 配 当	133

　改正前は、本件のように買収ターゲット法人をプレミアムで取得した後に非適格合併を行った場合には、多額の株式譲渡損が計上される場合がありましたが、この改正により、株式譲渡損は計上されなくなりました。

　この改正は、平成22年10月１日以後に行われる合併に関して適用されます（改正法附則10②、改正法令附則２②）。

Q8 受取配当等の益金不算入制度の改正の概要

平成22年度税制改正により受取配当等の益金不算入制度が改正になったそうですが、その概要を教えてください。

POINT

- 改正前は、連結法人株式等に係る配当等の額について負債利子を控除しない全額を益金不算入額とするとされていました。改正後は、完全子法人株式等（100％グループ内の法人株式等であり、連結法人株式等を含む）に係る配当等の額について、負債利子を控除しない全額を益金不算入額とすることとなりました。

Answer

(1) 改正前の制度の概要

平成22年度税制改正前は、受取配当等の益金不算入額の計算上、株式等を、①連結法人株式等、②関係法人株式等及び③そのいずれにも該当しない株式等（以下、「その他株式等」という）に区分し、①連結法人株式等については、負債利子を控除しない全額、②関係法人株式等については、負債利子控除後の全額、③その他株式等については、負債利子控除後の50％相当額を益金不算入額としていました。

改正前の受取配当の益金不算入額の計算

区分	負債利子	益金不算入割合
① 連結法人株式等に係る配当等	控除しない	100％
② 関係法人株式等に係る配当等	控除する	100％
③ その他株式等に係る配当等	控除する	50％

(2) 改正の内容

　平成22年度税制改正によるグループ法人税制の導入により、「完全子法人株式等」という区分が新設され、「完全子法人株式等」に係る配当等の額については、負債利子を控除しない全額を益金不算入額とすることとなりました（法法23①）。

　この「完全子法人株式等」とは、配当等の額の計算期間を通じて完全支配関係にあった他の内国法人の株式等をいい、改正前の「連結法人株式等」を含む概念となります。したがって、平成22年度税制改正により負債利子を控除しない配当等の範囲が拡大したといえます。

改正前後の株式等の区分と益金不算入額の計算

資本関係*1	改正前		改正後
100%	連結納税承認あり	連結法人株式等	完全子法人株式等
	連結納税承認なし	関係法人株式等	
25%以上100%未満	関係法人株式等		関係法人株式等
25%未満	その他株式等		その他株式等

*1　資本関係は、配当等の額の支払に係る効力が生ずる日以前6カ月以上継続しているものとする。

　　　　…負債利子控除なし

改正後の受取配当等の益金不算入額

区分	負債利子	益金不算入割合
①　完全子法人株式等に係る配当等	控除しない	100%
②　関係法人株式等に係る配当等	控除する	100%
③　その他株式等に係る配当等	控除する	50%

　この改正は、平成22年4月1日以後に開始する事業年度の所得に対する法人税について適用し、同日前に開始した事業年度の所得に対する法人税について

は改正前の規定が適用されます。

　なお、平成22年4月1日以後に開始する事業年度において支払を受けた配当等の額について、その計算期間が同日前に開始していた場合であっても、計算期間を通じて完全支配関係があれば、完全子法人株式等に係る配当等の額として改正後の制度が適用されます（改正法附則10①、24①）。

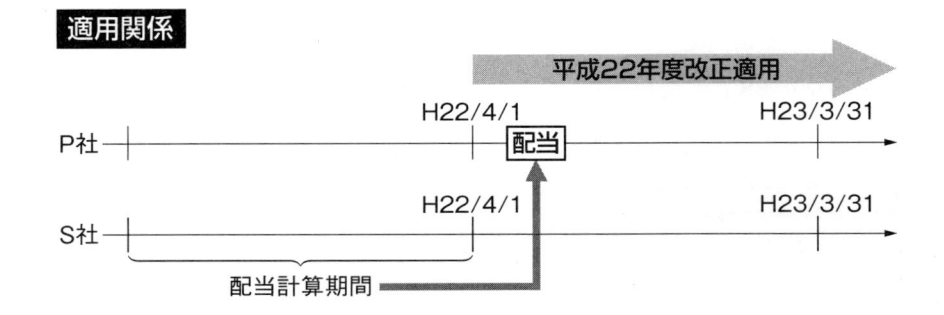

適用関係

```
                          平成22年度改正適用 →
                    H22/4/1           H23/3/31
P社 ├──────────────┼──配当──────────┤
                    H22/4/1           H23/3/31
S社 ├──────────────┼─────────────────┤
     └──配当計算期間──┘
```

Q9 完全子法人株式等の判定

「完全子法人株式等」の判定はどのようにして行うのですか？

POINT

- 平成22年度税制改正のグループ法人税制の導入により、「完全子法人株式等」という区分が新設され、「完全子法人株式等」に係る配当等の額については、負債利子を控除しない全額を益金不算入額とすることとなりました（法法23①）。
- この「完全子法人株式等」とは、単に完全支配関係グループ内法人の株式等を指すのではなく、配当等の額の計算期間を通じて完全支配関係にあった他の内国法人の株式等をいうとされています（法法23⑤）。

Answer

1．完全子法人株式等とは

　「完全子法人株式等」とは、単に完全支配関係グループ内の法人の株式等を指すのではなく、配当等の額の計算期間を通じて完全支配関係にあった他の内国法人の株式等をいうとされています（法法23⑤）。配当受領時に完全支配関係グループ内の法人であっても、この要件に合致しない場合には、関係法人株式等又はその他株式等として取り扱われることになります。

　なお、配当等の額の計算期間中に、完全支配関係グループ内で配当支払法人の株式等の移転があった場合でも、配当等の額の計算期間中に継続して完全支配関係グループ内の法人であった場合には、完全子法人株式等として取り扱うこととされています（法令22の2①かっこ書）。

　例えば、P社はA社及びB社の株式を100％保有していますが、B社の配当

等の額の計算期間の中途において、P社が保有しているB社株式をA社へ売却することとします。この場合、A社は配当等の額の計算期間の中途においてB社との間に完全支配関係を有することになるため、計算期間を通じて完全支配関係がないことになります。しかし、このような場合であっても、計算期間の開始の日から、中途の日まで継続してB社とP社との間にP社による完全支配関係があり、かつ、中途の日から計算期間の末日まで継続してA社とP社との間及びB社とP社との間にP社による完全支配関係がある場合は、計算期間を通じて完全支配関係があったものとして、B社株式は完全子法人株式等として取り扱われることになります。

完全支配関係グループ内での株式等の移転

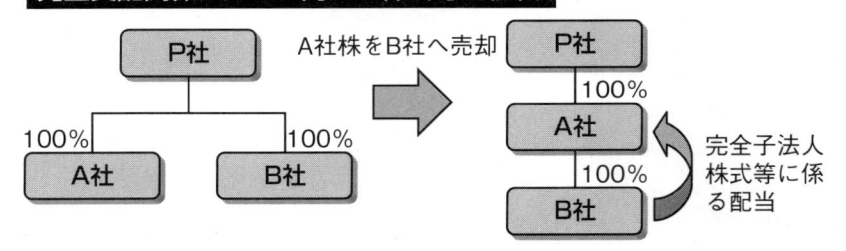

A社株をB社へ売却

完全子法人株式等に係る配当

【法令22の2①かっこ書】
当該内国法人が当該計算期間の中途において当該他の内国法人との間に完全支配関係を有することとなった場合において、当該他の者による完全支配関係があり、かつ、同日から当該計算期間の末日まで継続して当該内国法人と当該他の者との間及び当該他の内国法人と当該他の者との間に当該他の者による完全支配関係があったときを含む。

【法人税基本通達3-1-9（完全子法人株式等に係る配当等の額）】
法人が、株式又は出資の全部を直接又は間接に保有していない他の法人（内国法人に限る。）から配当等の額（法第23条第1項（（受取配当等の益金不算入））に規定する配当等の額をいう。）を受けた場合において、当該

法人が保有する当該他の法人の株式又は出資が令第22条の2（（完全子会社株式等の範囲））に規定する要件を満たすときには、当該配当等の額は法第23条第5項に規定する完全子法人株式等に係る配当等の額に該当することに留意する。

2. 配当等の額の計算期間

配当等の額の計算期間とは、その配当等の額の支払を受ける直前に当該配当等の額を支払う他の内国法人により支払われた配当等の額の支払に係る基準日（すなわち、前回の配当等の額の基準日）の翌日からその支払を受ける配当等の額の支払に係る基準日（すなわち、今回の配当等の額の基準日）までの期間をいいます（法令22の2②）。なお、次に掲げる場合の計算期間は、それぞれ下記表に記載のとおりとなります（法令22の2②一～三）。

配当等の額の計算期間

	ケース	配当等の額の計算期間
①	前回の配当等の額の基準日の翌日が今回の配当等の額の基準日の1年前の日以前の日である場合又は今回の配当等の額が1年前の日以前に設立された他の内国法人からその設立の日以後最初に支払われる配当等の額である場合	今回の配当等の額の基準日から1年前の日の翌日から今回の配当等の額の基準日まで
②	その支払を受ける配当等の額が今回の配当等の額の基準日前1年以内に設立された他の内国法人からその設立の日以後最初に支払われる配当等の額である場合	配当支払法人の設立日から今回の配当等の額の基準日まで
③	その支払を受ける配当等の額がその配当等の額の元本である株式又は出資を発行した他の内国法人から今回の配当等の額の基準日前1年以内に取得した株式又は出資につきその取得の日以後最初に支払われる配当等の額である場合	取得日から今回の配当等の額の基準日まで

上記①は、前回配当基準日が1年以上前又は1年以上前に設立された法人からの初回配当の場合は、今回の配当基準日の1年前の日の翌日から今回の配当基準日までが計算期間となるというものです。

前回配当基準日が1年以上前の場合

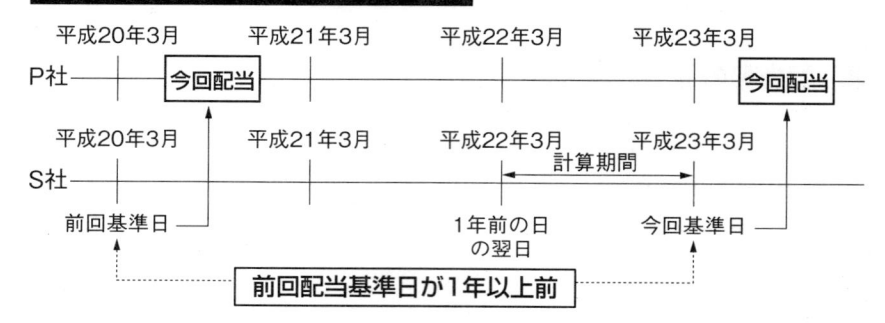

```
        平成20年3月   平成21年3月   平成22年3月   平成23年3月
P社─────┬──────┬──────┬──────┬─────
       [今回配当]                              [今回配当]

        平成20年3月   平成21年3月   平成22年3月   平成23年3月
S社─────┬──────┬──────┬──────┬─────
                              ←─計算期間─→
       前回基準日              1年前の日   今回基準日
                              の翌日

              前回配当基準日が1年以上前
```

1年以上前に設立された法人からの初回配当の場

```
                    平成21年3月   平成22年3月   平成23年3月
P社─────────┬──────┬──────┬─────
                                           [初回配当]

        平成20年10月 平成21年3月  平成22年3月   平成23年3月
S社──────┬────┬──────┬──────┬─────
                                ←─計算期間─→
        設立                    1年前の日   今回基準日
                                の翌日

                    1年以上前に設立
```

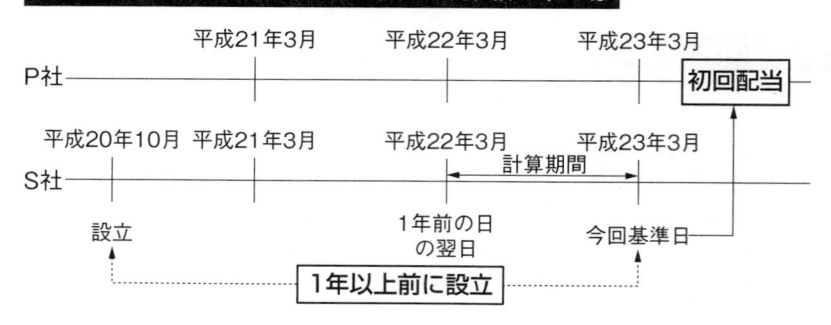

上記②は、1年以内に設立された法人からの初回配当は設立の日から今回の配当基準日までが計算期間となるというものです。

第3章　資本取引

1年以内に設立された法人からの初回配当の場合

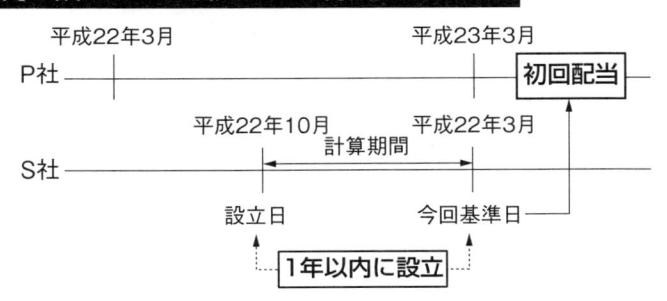

```
          平成22年3月              平成23年3月
P社 ―――――|―――――――――――――|――――  初回配当
                                           ↑
                  平成22年10月   平成22年3月
                      ←―― 計算期間 ――→
S社 ――――――――――|―――――――――|―――――
                    設立日       今回基準日
                      └―― 1年以内に設立 ――┘
```

　上記③は、1年以内に取得した新規発行株式についての初回配当の場合は、新規発行株式の取得日から今回の配当基準日までが計算期間となるというものです。

1年以内に取得した新規発行株式に係る初回配当の場合

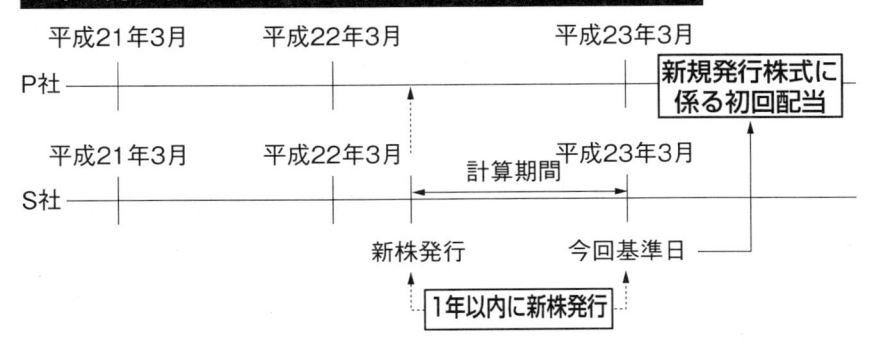

```
   平成21年3月    平成22年3月    平成23年3月
P社 ―|―――――――|―――――――|―――  新規発行株式に
                                        係る初回配当
                                           ↑
   平成21年3月    平成22年3月    平成23年3月
S社 ―|―――――――|―――――――|―――
                   新株発行      今回基準日
                   ←―― 計算期間 ――→
                    └― 1年以内に新株発行 ―┘
```

　また、内国法人が適格合併（完全支配関係がある法人を被合併法人とするものを除きます）により被合併法人が有していた完全子法人株式等の移転を受けた場合において、適格合併が配当等の額の計算期間の末日の翌日から配当等の額の支払に係る効力が生ずる日までの間に行われたものであるときは、被合併法人の完全支配関係があった期間を、内国法人の完全支配関係があった期間とみなすこととされています（法令22の2③）。

　例えば、平成23年5月にA社がB社を被合併法人とする適格合併を行い、B社が有していた完全子法人株式等（C社株式）の移転を受け、その後C社か

ら平成22年4月1日から平成23年3月31日を計算期間とする配当を受け取ったものとします。この場合、A社はC社と配当等の額の計算期間を通じて完全支配関係があったことにはなりません。しかしながら、この規定により、B社とC社の完全支配関係があった期間をA社とC社の完全支配関係があった期間とみなすこととされますので、A社にとってC社株式は完全子法人株式等に該当することになります。

適格合併により完全子法人株式等の移転を受けた場合

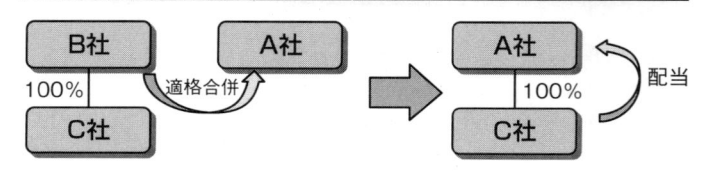

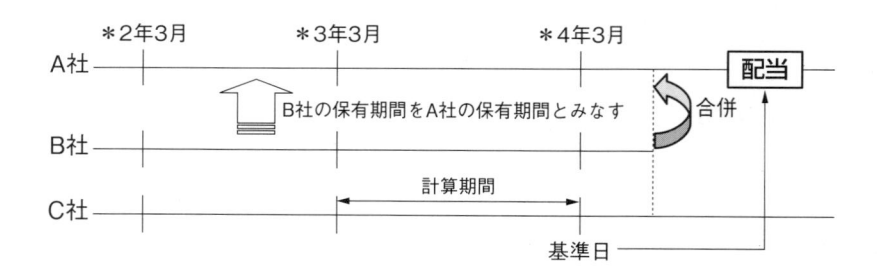

Q10 完全子法人株式等の判定 ―期中取得株式の取扱い

　P社は、当事業年度（平成22年4月1日から平成23年3月31日まで）において配当を下記の100％子会社から受け取っています。当該配当の額の計算期間は、ともに平成22年1月1日から平成22年12月31日までであり、平成23年3月28日に株主総会が開催され支払義務が確定したことにより受け取ったものです。
　平成22年度税制改正によりグループ法人税制が導入されましたが、これらの受取配当等の益金不算入はどのような取扱いになるか教えてください。なお、当事業年度における関係法人株式等に対応する控除負債利子の額は200となっています。
① 100％子会社A社（平成22年10月1日に100％子会社化した法人）1,000
② 100％子会社B社（配当等の額の計算期間を通じて100％子会社である法人）500

POINT

- A社株式は、配当等の額の計算期間を通じて完全支配関係がないため、完全子法人株式等に該当しませんが、配当等の額の支払に係る効力が生ずる日（平成23年3月28日）以前6カ月以上継続して、25％以上の保有関係があるため、関係法人株式等に該当することになります。この場合、関係法人株式等に対応する負債利子を控除した残額を益金不算入とすることになります。
- B社株式は、配当等の額の計算期間を通じて完全支配関係があるため、完全子法人株式等に該当し、負債利子を控除しないその全額を益金不算入とすることになります。

Answer

　「完全子法人株式等」とは、配当等の額の計算期間を通じて完全支配関係にあった他の内国法人の株式等と定義されています（法法23⑤）。「完全子法人株式等」に係る配当等の額については、負債利子を控除しない配当等の全額が益金不算入となります。

　「関係法人株式等」とは、配当等の額の支払に係る効力が生ずる日以前6カ月以上継続して、発行済株式等の25％以上の株式等を保有している場合の株式等をいうとされています（法法23⑥）。「関係法人株式等」に係る配当等の額については、関係法人株式等に対応する負債利子を控除した配当等の額が益金不算入となります。

　A社株式は、配当等の額の計算期間を通じて完全支配関係がないため、完全子法人株式等に該当しませんが、配当等の額の支払に係る効力が生ずる日（平成23年3月28日）以前6カ月以上継続して、25％以上の保有関係があるため、関係法人株式等に該当することになります。この場合、関係法人株式等に対応する負債利子を控除した残額を益金不算入とすることになります。

　B社株式は、配当等の額の計算期間を通じて完全支配関係があるため、完全子法人株式等に該当し、負債利子を控除しないその全額を益金不算入とすることになります。

受取配当等の基因となった株式等の区分

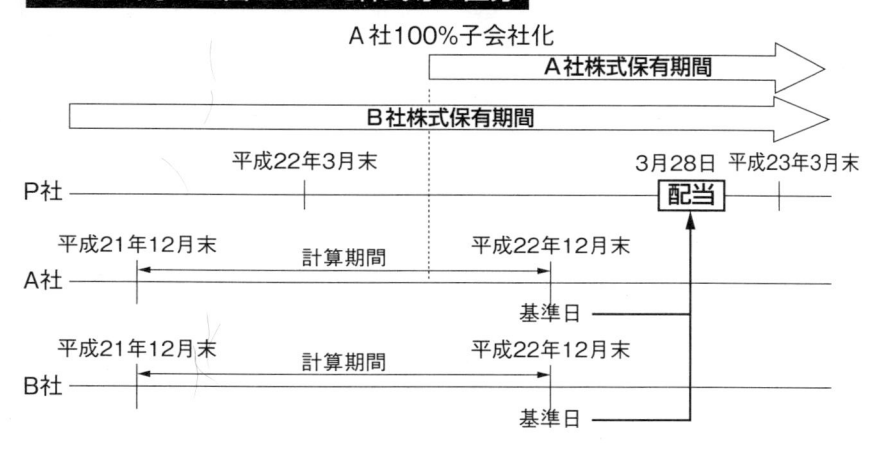

```
                    A社100%子会社化
                         ┌──────A社株式保有期間──────▶
        ┌────────────────B社株式保有期間──────────────▶
              平成22年3月末            3月28日 平成23年3月末
P社 ──────────┼──────────────────────┤ 配当 ├─────┤
    平成21年12月末           平成22年12月末
A社 ──┼──────── 計算期間 ──────┼─────────────────────
                                  基準日 ─┘
    平成21年12月末           平成22年12月末
B社 ──┼──────── 計算期間 ──────┼─────────────────────
                                  基準日 ─┘
```

P社における受取配当等の益金不算入額は以下のとおりとなります。

(1) 完全子法人株式等に係る配当等の額の益金不算入額　500
(2) 関係法人株式等に係る配当等の額の益金不算入額　1,000 − 200 = 800
(3) 受取配当等の益金不算入額　(1) + (2) = 1,300

Q11 受取配当等の益金不算入額計算における控除負債利子の計算

受取配当等の益金不算入額計算における控除負債利子の計算はどのように行われるのでしょうか？

POINT

- 完全子法人株式等以外の株式等について受取配当等の益金不算入額を計算する場合は、対応する負債利子を控除する必要があります（法法23④二、三）。
- この控除負債利子の計算は、原則法と簡便法があり、原則法では、負債利子を総資産に占める株式等帳簿価額の割合により按分して行います。この際、株式等の帳簿価額を期末完全子法人株式等、期末関係法人株式等、その他株式等に区分する必要があります（法令22①②）。この区分方法は、受取配当等の基因となった株式等の区分方法とはやや異なりますので、留意が必要となります。

Answer

1. 控除負債利子の原則法による計算について

原則法による控除負債利子は、以下の算式により計算されます。

関係法人株式等に係る控除負債利子

控除負債利子額＝

$$支払負債利子額 \times \frac{当期末及び前期末の期末関係法人株式等の帳簿価額の合計額}{当期末及び前期末の総資産の帳簿価額の合計額に所要の調整を加えた額}$$

その他株式等に係る控除負債利子

$$控除負債利子額＝支払負債利子額 \times \frac{当期末及び前期末のその他株式等の帳簿価額の合計額}{当期末及び前期末の総資産の帳簿価額の合計額に所要の調整を加えた額}$$

　関係法人株式等に係る控除負債利子の算定式にある「期末関係法人株式等」とは、内国法人の事業年度終了の日以前6カ月以上継続して、発行済株式等の25％以上の株式等を保有している場合の株式等をいい、期末完全子法人株式等およびその他株式等に該当するものを除いたものをいいます（法令22③）。受取配当等の基因となった株式等の区分方法では、関係法人株式等は、配当等の額の支払に係る効力が生ずる日以前6カ月以上継続して、発行済株式等の25％以上の株式等を保有している場合の株式等をいうとされており、控除負債利子額の計算に用いる「期末関係法人株式等」とはやや範囲が異なることになります。

期末関係法人株式等

関係法人株式等の判定
（配当等の額の支払に係る効力が生ずる日以前6カ月以上、25％以上継続保有）

期末関係法人株式等の判定
（事業年度終了の日以前6カ月以上、25％以上継続保有）

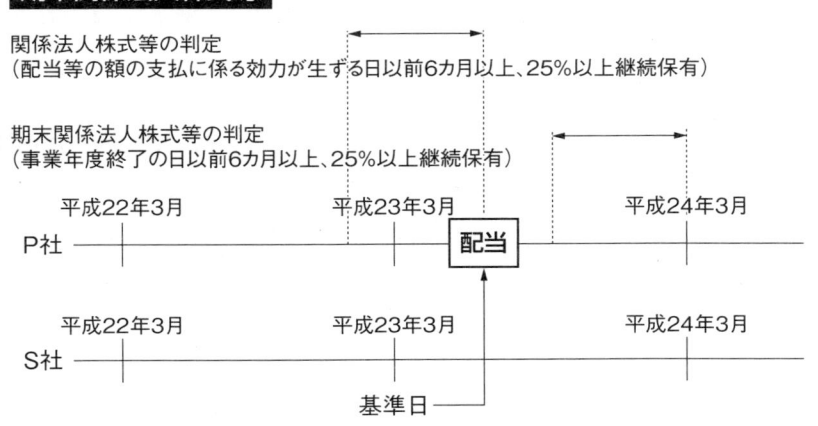

P社　平成22年3月　　平成23年3月　　　　平成24年3月

S社　平成22年3月　　平成23年3月　　　　平成24年3月

基準日　→　配当

　また、期末関係法人株式等の範囲から除かれる、「期末完全子法人株式等」とは、内国法人の事業年度開始の日から終了の日まで継続して完全支配関係がある場合の株式等をいいます（法令22④）。受取配当等の基因となった株式等の

区分方法では、完全子法人株式等は、配当等の額の計算期間を通じて完全支配関係にあった他の内国法人の株式等をいうとされており、こちらについても、控除負債利子額の計算に用いる「期末完全子法人株式等」とはやや範囲が異なることになります。

期末完全子法人株式等

完全子法人株式等の判定
（配当等の額の計算期間を通じて完全支配関係が継続）

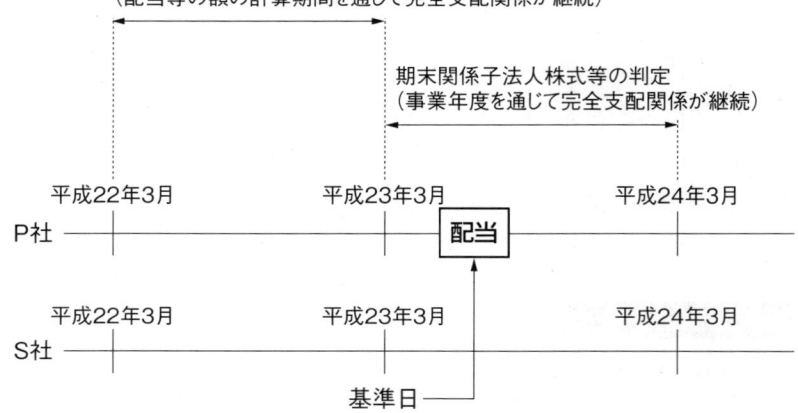

期末関係子法人株式等の判定
（事業年度を通じて完全支配関係が継続）

P社　平成22年3月　平成23年3月　配当　平成24年3月

S社　平成22年3月　平成23年3月　　　　平成24年3月

基準日

　その他株式等とは、期末関係法人株式等及び期末完全子法人株式等のいずれにも該当しない株式等（外国法人、公益法人等、人格のない社団等、特定目的会社、投資法人などに係るものを除く）、証券投資信託（公社債投資信託、外国投資信託、特定株式投資信託、特定外貨建等証券投資信託を除く）の受益権（帳簿価額の2分の1）、特定外貨建等証券投資信託以外の外貨建等証券投資信託の受益権（帳簿価額の4分の1）をいいます（法令22②二）。

2. 控除負債利子の簡便法による計算について

　受取配当等の益金不算入額の計算上、関係法人株式等又はその他株式等に係る配当等の額から控除する負債利子の額は、簡便法として、次の計算式によることができます（法令22⑤）。

簡便法の計算式

控除負債利子額＝支払負債利子額

$$\times \frac{\text{基準年度の関係法人株式等に係る負債利子額又は}}{\text{基準年度の負債利子額}}$$

　この簡便法による基準年度は、改正前は、平成10年４月１日から平成12年３月31日に開始する事業年度とされていましたが、改正後は、平成22年４月１日から平成24年３月31日に開始する事業年度とされました。

　この改正は、平成22年４月１日以後に開始する事業年度の所得に対する法人税について適用し、同日前に開始した事業年度の所得に対する法人税については改正前の規定が適用されます（改正法令附則２①）。なお、平成22年４月１日以後最初に開始する事業年度における簡便法の基準年度はその事業年度となり、原則的な方法により計算される控除負債利子額と同額となります。

Q12 受取配当等の益金不算入額における原則法による控除負債利子の計算

　P社は、当事業年度（平成22年4月1日から平成23年3月31日まで）において配当を下記の100％子会社から受け取っています。当該配当の額の計算期間は、ともに平成22年1月1日から平成22年12月31日までであり、平成23年3月28日に株主総会が開催され支払義務が確定したことにより受け取ったものです。
　(1)　100％子会社A社（平成22年10月1日に100％子会社化した法人）1,000
　(2)　100％子会社B社（配当等の額の計算期間を通じて100％子会社である法人）500
　A社株式及びB社株式の帳簿価額は受取配当等の益金不算入制度における控除負債利子の原則法計算においては、どのように取り扱うこととなるか教えてください。配当等、負債利子、A社株式およびB社株式の帳簿価額等は下記のようになっています。
【配当等の額】
　・完全子法人株式等に係る配当等の額　500
　・関係法人株式等に係る配当等の額　1,000
　・その他株式等に係る配当等の額　800
【控除負債利子の計算】
　・負債利子　500
　・当事業年度末におけるA社株式の帳簿価額　200
　・前事業年度末及び当事業年度末のB社株式の帳簿価額の合計額　500
　・前事業年度末及び当事業年度末のA社株式及びB社株式以外の関係法人株式等の帳簿価額の合計額　200
　・前事業年度末及び当事業年度末のA社株式及びB社株式以外のその他株式等の帳簿価額の合計額　200
　・前事業年度末及び当事業年度末の総資産の帳簿価額の合計額　2,000

第3章　資本取引

> **POINT**
> - A社株式は、受取配当等の起因となった株式等の区分では関係法人株式等に該当しますが、控除負債利子の計算上は、期末関係法人株式等に該当せず、その他株式等として取り扱われます。
> - B社株式は、受取配当等の起因となった株式等の区分では完全子法人株式等に該当し、控除負債利子の計算上も、期末完全子法人株式等として取り扱われます。

Answer

1．A社株式の取扱い

（1）　受取配当等の起因となった株式等の区分

　A社株式は、配当等の額の計算期間を通じて完全支配関係がないため、完全子法人株式等に該当しませんが、配当等の額の支払に係る効力が生ずる日（平成23年3月28日）以前6カ月以上継続して、25％以上の保有関係があるため、関係法人株式等に該当することになります。この場合、関係法人株式等に対応する負債利子を控除した残額を益金不算入とすることになります。

（2）　控除負債利子の計算上の株式等の区分

　A社は、平成22年10月1日において、買収によりP社の100％子会社となっています。このため、P社の事業年度開始の日（平成22年4月1日）から終了の日（平成23年3月31日）まで継続して完全支配関係があるといえず、期末完全子法人株式等には該当しません。また、P社の事業年度終了の日（平成23年3月31日）以前6カ月以上継続して、発行済株式等の25％以上の株式等を保有している場合の株式等にも該当しないため、A社株式は関係法人株式等にも該当せず、その他株式等に該当することになります。

2．B社株式の取扱い

(1) 受取配当等の起因となった株式等の区分

B社株式は、配当等の額の計算期間を通じて完全支配関係があるため、完全子法人株式等に該当し、負債利子を控除しないその全額を益金不算入とすることになります。

(2) 控除負債利子の計算上の株式等の区分

B社株式は、P社の事業年度開始の日（平成22年4月1日）から終了の日（平成23年3月31日）まで継続して完全支配関係があるので、期末完全子法人株式等に該当することになります。

3．P社における受取配当等の益金不算入額の計算

以上より、P社における受取配当等の益金不算入額は以下のとおりとなります。

(1) 完全子法人株式等に係る配当等の額の益金不算入額　500

(2) 関係法人株式等に係る配当等の額の益金不算入額

　① 関係法人株式等に係る配当等の額　1,000

　② 控除負債利子額　500×200/2,000＝50

　③ 関係法人株式等に係る配当等の額の益金不算入額　①－②＝950

(3) その他株式等に係る配当等の額の益金不算入額

　① その他株式等に係る配当等の額　800

　② 控除負債利子額　500×(200＋200)/2,000＝100

　③ その他株式等に係る配当等の額の益金不算入額　①－②＝700

(4) 受取配当等の益金不算入額　(1)＋(2)＋(3)＝2,150

第4章
清算

Q1 法人の解散に係る平成22年度税制改正の概要

内国法人の解散に関する平成22年度税制改正の内容について教えてください。

POINT
- 内国法人の解散に関する平成22年度税制改正の内容としては、①清算所得課税の廃止に伴う通常所得課税への移行、②グループ法人税制の創設に伴う規定の整備が挙げられます。
- 清算所得課税の廃止に併せて、期限切れ欠損金の損金算入並びに最後事業年度に係る事業税の損金算入規定が設けられています。
- グループ法人税制の創設に伴い、親会社における子会社からの欠損金の引継ぎ並びに子会社株式の譲渡損益について所要の整備が講じられています。

Answer

1. 法人が解散した場合における平成22年度税制改正の概要

平成22年度税制改正における法人が解散した場合の取扱いに係る改正としては、①清算所得課税の廃止に伴う通常所得課税への移行、②グループ法人税制の創設に伴う規定の整備が挙げられます。なお、①の清算所得課税の廃止（通常所得課税への移行）は、資本等取引に関する改正の一項目として位置付けられており、グループ法人税制と直接関係するものではありませんので、完全支配関係がない法人が解散した場合においても適用されることになります。

2. 平成22年度税制改正の内容

(1) 通常所得課税への移行

① 清算所得課税の廃止

内国法人が解散した場合、改正前においては清算所得に対する法人税が課されており（旧法法5）、普通法人又は協同組合等が解散した場合の清算所得に対する法人税の課税標準は、解散による清算所得の金額とされていました（旧法法92）。この解散による清算所得の金額は、その残余財産の価額からその解散の時の資本金等の額と利益積立金額等との合計額を控除した額とされていました（清算所得課税　旧法法93）。

このように、法人を清算する場合は財産課税方式が採用されており、継続企業を前提とした法人税の課税方式（所得課税方式）とは異なる課税方式が採られていました。一方で、解散前後での課税方式が相違する結果として税負担額に差が生じるケースも散見されており、課税の公平性・中立性の観点における問題点として指摘されていたため、平成22年度税制改正において清算所得課税は廃止されることになりました（法法5、旧法法92～120削除）。

② 期限切れ欠損金の損金算入

清算所得課税の廃止に伴い、内国法人が解散した場合において、残余財産がないと見込まれるときは、その清算中に終了する事業年度前の各事業年度において生じた欠損金額で一定のものについては、その事業年度の所得の金額の計算上、損金の額に算入されることとされました（期限切れ欠損金の損金算入　法法59③）。

改正後の取扱いでは、例えば、債務超過に陥った会社が多額の債務免除を受けて清算する場合における債務免除益は課税の対象とされますが[1]、改正前後において解散した会社の税負担が大きく変わることがないよう、平成22年度税

---

[1] 清算所得課税においては、解散後に債務超過の額の範囲内で債務免除を受ける限り残余財産は生じないことから、結果として債務免除益に対する課税は通常は生じませんでした。

制改正により清算事業年度における期限切れ欠損金の損金算入を認めることとしたものです。

　③　最後事業年度における事業税の損金算入

　内国法人の残余財産の確定の日の属する事業年度に係る地方税法の規定による事業税の額は、その事業年度の所得の金額の計算上、損金の額に算入されることとされました（法法62の5⑤）。

(2)　グループ法人税制の創設に伴う規定の整備

　①　完全支配関係のある子会社が解散した場合の取扱い

　内国法人との間に完全支配関係がある他の内国法人の残余財産が確定した場合における、その残余財産が確定した他の内国法人の未処理欠損金額については、一定の要件に該当しない限り、その内国法人において生じた未処理欠損金額とみなすこととされました（法法57②③、法令112①～⑤）。すなわち、適格合併の場合と同様に、清算子法人の欠損金が一定の要件のもとで親法人に引き継がれることになります。

　また、内国法人と他の内国法人との間に完全支配関係がある場合において、内国法人が他の内国法人から残余財産の分配により金銭その他の資産の交付を受けた場合又は当該他の内国法人の株式を有しないこととなった場合（残余財産の分配を受けないことが確定した場合を含みます）の内国法人（親法人）における有価証券の譲渡については譲渡対価の額が譲渡原価の額とみなされることから（法法61の2①一、二、61の2⑯）、親法人における子会社株式の譲渡損益（残余財産の分配を受けない場合は消滅損）はないものとして取り扱うこととされました。

　②　残余財産が適格現物分配により分配された場合の取扱い

　平成22年度税制改正により、完全支配関係のある内国法人間の現物配当は「適格現物分配」として取り扱うこととされましたが、現物分配法人たる内国法人が適格現物分配によりその有する資産の移転をしたときは、その移転をした資産の適格現物分配の直前の帳簿価額（その適格現物分配が残余財産の全部の分配である場合には、その残余財産の確定の時の帳簿価額）による譲渡をしたものと

して、その事業年度の所得の金額を計算することとされました（法法62の5③）。

　また、適格現物分配により資産の移転を受けた法人は、その受けたことにより生ずる収益の額について益金の額に算入しないこととされました（法法62の5④）。

　なお、適格現物分配に該当する収益の分配は、配当所得とされる収益の分配から除外されていることから（所法24①）、残余財産の分配が適格現物分配に該当する場合すなわち、完全支配関係のある内国法人の清算に伴う現物分配における、みなし配当に対する源泉徴収は不要となっています（所法174、212③参照）。

③　連結子法人が解散した場合の取扱い

　連結子法人が解散した場合（合併による解散又は破産手続開始の決定による解散を除きます）であっても、連結納税の承認の取消事由から除外することとし、連結子法人の残余財産の確定をもって連結納税の取消事由とすることとされました（法法4の5②四）。これに併せて連結子法人が解散した場合におけるみなし事業年度も、その連結事業年度開始の日から残余財産確定の日までの期間とされています（法法14①十）。

　また、連結子法人の残余財産が確定した場合（当該残余財産の確定の日が連結親法人事業年度終了の日である場合を除きます）において、当該連結子法人において生じた欠損金があるときは、連結親法人の当該残余財産の確定の日の翌日の属する連結事業年度の連結所得の金額の計算上、損金の額に算入することとされました（法法81の9④）。すなわち、改正後は連結子法人の欠損金は連結親法人に引き継がれることになります。

Q2 清算所得課税から通常所得課税への移行に伴う実務上の影響

内国法人の解散に関する平成22年度税制改正の内容について教えてください。

POINT

- 清算中の法人について、期限切れ欠損金の損金算入規定及び最後事業年度に係る事業税の損金算入規定のほかに、みなし事業年度、申告期限、所得計算・税額計算について特有の規定が設けられています。
- 内国法人が解散した場合において、残余財産がないと見込まれるときは、青色欠損金の損金算入後の所得金額について、期限切れ欠損金額の損金算入が認められています。
- 内国法人が解散した場合には、みなし事業年度が設けられており、申告期限は事業年度末から2カ月以内とされ申告期限の延長は認められておりませんが、最後事業年度以外の事業年度については、申告期限の延長制度の適用が可能となっています。
- 清算中の法人は、継続企業の前提がないことから、通常所得課税であっても、圧縮記帳の特例規定、収用等の場合の課税の特例規定の適用はありません。
- 清算中の事業年度に係る法人税については、試験研究を行った場合の法人税の税額控除、特定同族会社に係る留保金課税の規定の適用はありません。

Answer

1. 期限切れ欠損金の損金算入

(1) 期限切れ欠損金の定義

　内国法人が解散した場合において、残余財産がないと見込まれるときは、その清算中に終了する事業年度（以下、「適用年度」といいます）前の各事業年度において生じた欠損金額で一定のものに相当する金額は、当該適用年度の所得の金額の計算上、損金の額に算入されます（法法59③）。

　上記の「適用年度前の各事業年度において生じた欠損金額で一定のものに相当する金額」が、一般的に期限切れ欠損金と呼ばれるものであり、具体的には、下記の①の金額から②の金額を控除した金額とされています（法令118）。

① 適用年度終了の時における前事業年度以前の事業年度から繰り越された欠損金額の合計額

② 青色欠損金額及び災害欠損金額で適用年度の所得の金額の計算上、損金の額に算入される欠損金額

　上記①の「前事業年度以前の事業年度から繰り越された欠損金額の合計額」は、企業再生手続における期限切れ欠損金の損金算入規定である法人税法59条1項及び2項においては、法人税申告書別表五(一)の期首利益積立金額合計額のマイナス数値を用いることとされており、内国法人が解散した場合においても、同様の取扱いとされています[2]（法基通12-3-2）。

(2) 損金算入限度額

　内国法人が解散した場合における期限切れ欠損金の損金算入限度額は、法人

---

[2] 厳密には、期首利益積立金額の合計額のマイナス数値は前事業年度以前の事業年度から繰り越された欠損金額の合計額と合致するものではありませんが、実務面を考慮して期首利益積立金額の合計額のマイナス数値を前事業年度以前の事業年度から繰り越された欠損金額の合計額とみなすこととされています。

税法59条３項かっこ書において、期限切れ欠損金額の損金算入規定及び最後事業年度に係る事業税の損金算入規定（法法62の５⑤）を適用しないで計算した当該適用年度の所得金額を上限とすることとされています。

　よって、適用年度における所得の金額の計算は、青色欠損金を損金算入してもなお所得金額がある場合について期限切れ欠損金の損金算入が認められることになるため、期限切れ欠損金は青色欠損金に劣後して控除される取扱いとなっています。

　なお、会社更生や民事再生などの企業再生手続における期限切れ欠損金の損金算入における損金算入限度額は、債務免除益、私財提供益、資産評価益の合計額とされていますが（法法59①②参照）、内国法人が解散した場合においては、このような限度額に関する規定は設けられていないため、清算手続において資産譲渡益が生じた場合の当該所得に対しても期限切れ欠損金の利用が認められることになります。

2. 最後事業年度に係る事業税の損金算入

　内国法人の残余財産の確定の日の属する事業年度に係る地方税法の規定による事業税の額は、その事業年度の所得の金額の計算上、損金の額に算入されます[3]（法法62の５⑤）。

　清算所得課税における法人税率は27.1％とされており、事業税の損金算入を考慮した税率となっておりましたが、清算所得課税の廃止に伴い、最後事業年度（残余財産の確定の日の属する事業年度。以下、本章において同じ）に係る事業税の損金算入が認められることになりました。

　すなわち、通常所得課税における事業税の損金算入時期は、納税申告書が提出された日の属する事業年度とされていますが（法基通９−５−１(1)）、解散した法人においては、最後事業年度をもって終了（清算結了）することから、例外的に最後事業年度の損金の額に算入することとされました。

---

[3] 事業税の計算においては、法人税法62条の５第５項の規定の例によらないこととされているため、事業税の額は損金の額に算入されません（地法72の23①）。

なお、平成20年度税制改正により創設された地方法人特別税についても事業税と同様に最後事業年度における損金算入が認められています[4]（暫定措置法[5] 22）。

3. みなし事業年度

(1) 内国法人が解散した場合

内国法人（連結子法人を除きます）が事業年度の途中において解散（合併による解散を除きます）した場合には、その事業年度開始の日から解散の日までの期間及び解散の日の翌日からその事業年度終了の日[6]までの期間が一の事業年度とみなされます（法法14①一）。

なお、平成22年度税制改正により、連結子法人の解散（合併又は破産手続開始の決定による解散を除きます）が、連結納税の承認の取消事由から除外されたことから、連結子法人が解散（合併による解散を除きます）した場合のみなし事業年度は、その連結事業年度開始の日から残余財産の確定の日までの期間とされており（法法14①十）、解散の日を基準としたみなし事業年度は設けられておりません。

(2) 残余財産の一部の分配が行われる場合

清算所得課税においては、清算中に残余財産の一部の分配が行われる場合に、その分配又は引渡しの額が解散時の資本金額と利益積立金額を超えるときは、その分配の日の前日までに残余財産分配予納申告書を提出することとされていましたが（旧法法103）、通常所得課税への移行に伴い、残余財産の一部について分配が行われた場合であっても申告書の提出は不要となりました。

---

[4] 地方法人特別税の課税標準である基準法人所得割額は、地方税法の規定によって計算することとされているため（暫定措置法3五）、地方法人特別税の計算上は、事業税の額及び地方法人特別税の額は損金の額に算入されません。
[5] 地方法人特別税等に関する暫定措置法
[6] 株式会社の場合、原則として定款で定めた事業年度終了の日ではなく、会社法494条に規定する清算事務年度終了の日となります（法基通1-2-7）。

(3) 残余財産が確定した場合

清算中の法人の残余財産が事業年度の中途において確定した場合には、その事業年度開始の日から残余財産の確定の日までの期間が一の事業年度とみなされます（法法14①二十一）。

4. 申告期限

(1) 確定申告

① 最後事業年度以外の各事業年度

清算中の内国法人は、解散した日の属する事業年度及び清算事務年度（解散した日の翌日から毎年1年後の応答日までの各期間）終了の日から2カ月以内に確定申告書を提出しなければなりません（法法74①）。

なお、会計監査人の監査を受けなければならないことその他これに類する理由により決算が確定しないため、各事業年度に係る法人税申告書を上記の提出期限まで提出することができない常況にあると認められるときは、申告書の提出期限の延長（原則として1カ月）が認められています[7]（法法75の2①）。

② 最後事業年度（残余財産の確定する日の属する事業年度）

清算中の内国法人につき残余財産が確定した場合には、当該内国法人の当該残余財産の確定の日の属する事業年度に係る法人税申告書の提出期限は、残余財産が確定した日の翌日から1カ月以内とされています（法法74②）。ただし、残余財産が確定した日の翌日から1カ月以内に残余財産の最後の分配又は引渡しが行われる場合には、その行われる日の前日までが申告書の提出期限とされています（法法74②かっこ書）。

---

[7] 清算中の株式会社は会計監査人を機関として置くことは予定されておらず（会477⑥）、また、監査役設置会社ではない株式会社においては、各清算事務年度に係る貸借対照表等について監査を受けることとはされていないため（会494①、495）、「会計監査人の監査」を提出期限の延長の理由としている株式会社（監査役設置会社である株式会社を除きます）が解散した場合においては、提出期限を延長する理由はないことになりますが、実務上は、承認の取消しを受けない限り当該特例規定の適用は可能となっています。

なお、最後事業年度に係る法人税申告書については、提出期限の延長は認められておりません（法法75の2かっこ書）。

(2) 中間申告

通常所得課税であっても、清算中の内国法人においては中間申告は不要とされています（法法71①参照）。

5. 税率

清算所得課税における法人税率は27.1%[8]とされていましたが、通常所得課税への移行に伴い法人税率は30%（中小企業者等にあっては所得金額のうち800万円以下の部分は18%）となります。清算所得課税における税率と比較して、税率自体は高率となりますが、平成22年度税制改正において、最後事業年度に係る事業税の損金算入が認められたことにより、税負担額に対する影響は中立的となっています。

6. その他（清算中の内国法人における固有の取扱い）

(1) 所得金額の計算

清算中の各事業年度の所得金額の計算においては、継続企業としての前提がないことから下記の規定の適用はありません。

(イ) 圧縮記帳の特例（法法42、措法64など）

(ロ) 収用等の場合の課税特例（措法65の2など）

なお、残余財産の分配が適格現物分配に該当しない場合には、残余財産の確定の日の属する事業年度における貸倒引当金の繰入れは認めないこととされています[9]（法法52①②）。

---

[8] 事業税（税率9.6%）の損金算入を考慮した税率（1−9.6%）×30.0%＝27.1%

(2) 税額計算

　清算中の事業年度に係る法人税については、試験研究を行った場合の法人税額の特別控除（措法42の4）の規定の適用はありません[10]。

　また、清算中の法人に対する特定同族会社の留保所得に対する特別税率の適用はなく（法法67）、仮装経理に基づく過大申告の場合の更正に伴う法人税額の控除の規定の適用については、平成22年度税制改正により、解散（合併による解散及び連結親法人の解散を除きます）が仮装経理法人税額の還付事由から除外されたことから、残余財産（連結法人の残余財産を除きます）の確定をもって還付されることになります[11]（法法135③一）。

　なお、改正前は清算中の各事業年度において、青色申告書である確定申告書の提出を要件とする欠損金の繰戻し還付（法法80①、④）の適用はありませんでしたが[12]、改正後は清算中の各事業年度における欠損金の繰戻し還付の不適用制度は適用しないこととされたため、中小企業者等以外の法人を含むすべての法人において欠損金の繰戻しによる還付の規定の適用を受けることができます（措法66の13①ただし書）。

7．適用関係

　上記1から6の改正は、内国法人が平成22年10月1日以後に解散（合併による解散及び破産手続開始の決定による解散を除きます）する場合について適用されます（平成22年改正法附則10②、措法附則93）。

---

[9] 適格現物分配により移転する個別評価金銭債権及び一括評価金銭債権については、期中繰入れが認められていますが、残余財産の全部の分配として行われる適格現物分配は適用対象から除かれています（法法52⑤⑥）。

[10] 合併による解散以外の解散の日を含む事業年度においても適用はありません。

[11] 改正前の清算中の事業年度に係る法人税の計算（清算中の所得に係る予納申告）は、特定同族会社の留保所得に対する特別税率（法法67）及び仮装経理に基づく過大申告の場合の更正に伴う法人税額の控除（法法70）の規定を適用しないで法人税額を計算することとされていました（旧法法102①二）。

[12] 清算中の各事業年度について、「確定申告書」を「清算事業年度予納申告書」と読み替える規定が設けられていなかったため（旧法法80④、102②）。

Q3 完全支配関係のある子会社で残余財産が確定した場合の取扱い

完全支配関係のある子会社において残余財産が確定した場合の取扱いについて教えてください。なお、債務の弁済に充てるための資産の処分は親会社以外に対して行われるものとします。

POINT

- 完全支配関係のある子会社において残余財産が確定した場合の取扱いは、残余財産がない場合、金銭分配される場合、現物分配される場合においてそれぞれ異なります。
- 残余財産が金銭分配若しくは現物分配される場合、親会社におけるみなし配当の額、子会社株式の譲渡損益、残余財産の受領に伴う収益の額のいずれにおいても相手勘定は、資本金等の額の増減として処理されることになります。
- 適格現物分配により残余財産の分配を受けた場合には、親会社はみなし配当とされる金額に相当する金額は、利益積立金額の増加項目として処理することとされています。

Answer

1．残余財産の分配がない場合の取扱い

(1) 子会社における取扱い

① 換価資産の譲渡損益

清算所得課税が廃止され、清算中においても通常の所得課税が行われることから、財産の換価に伴う資産の譲渡損益は時価により計上され、各事業年度の所得の金額を計算することになります（法法5、22）。

② 未処理欠損金額

　内国法人との間に完全支配関係がある他の内国法人（清算子法人）の残余財産が確定した場合において、その残余財産が確定した他の内国法人の未処理欠損金額は、その内国法人（株主たる親法人）において生じた未処理欠損金額とみなされます（法法57②）。よって、完全支配関係のある子会社の残余財産が確定した場合には、原則として当該子会社の有する未処理欠損金額は親会社に引き継がれることになりますが、支配関係が5年以内に生じている場合には、その引継ぎを制限することとされています（法法57③）。

　なお、支配関係が5年以内に生じている場合であっても、内国法人の設立の日又は他の内国法人の設立の日のいずれか遅い日から継続して支配関係がある場合には、引継制限の対象とはなりませんが（法令112④一、二）、欠損金を利用する目的で設立をしたと考えられるような場合には、引継制限の対象とされています（法令112④二イ～ハ）。

（2）　親会社における取扱い

① 子会社株式に係る消滅損

　内国法人と他の内国法人との間に完全支配関係がある場合において、内国法人が他の内国法人から残余財産の分配により金銭その他の資産の交付を受けた場合又は当該他の内国法人の株式を有しないこととなった場合（残余財産の分配を受けないことが確定した場合を含みます）の内国法人における有価証券の譲渡については譲渡対価の額が譲渡原価の額とみなされます（法法61の2①一、二、61の2⑯）。よって、親会社が有する子会社株式に係る株式譲渡損益（残余財産の分配を受けないときは株式消滅損）はないものとして扱われ、その譲渡損益に相当する金額は資本金等の額の減算項目として扱われます（法令8①十九）。

2. 残余財産が金銭分配された場合の取扱い

（1） 子会社における取扱い

① 換価資産の譲渡損益

1.(1)①のとおり、換価資産の譲渡損益は時価により計上することになります。

② 未処理欠損金額

1.(1)②のとおり、残余財産が確定した他の内国法人の未処理欠損金額は、その内国法人において生じた未処理欠損金額とみなされます。欠損金の引継制限についても同様の取扱いとされています。

③ みなし配当に係る源泉徴収

解散に伴い金銭による残余財産の分配が行われた場合において、交付された金銭の額が、解散した法人の資本金等の額のうち交付の基因となった当該法人の株式又は出資に対応する部分の金額を超えるときは、その超える部分の金額は配当等の額とみなされます（法法24①三）。

この場合において、内国法人に対し国内において配当の支払をする者は、その支払の際、その配当について源泉徴収を行うこととされています（所法212③）。

（2） 親会社における取扱い

① 子会社株式に係る譲渡損益

上記1.(2)①のとおり、完全支配関係がある内国法人が他の内国法人から残余財産の分配により金銭の交付を受けた場合の内国法人における有価証券の譲渡損益はないこととされます。

② みなし配当

上記2.(1)③のとおり、交付を受けた金銭の額及び金銭以外の資産の価額の合計額が、解散した法人の資本金等の額のうち交付の基因となった当該法人の株式又は出資に対応する部分の金額を超えるときは、その超える部分の金額は配当等の額とみなされ、受取配当等の益金不算入の規定の対象となります

（法法23、24①三）。

③　資本金等の額の増減額

完全支配関係のある子会社から残余財産の分配を受けた親会社は、下記㈲及び㈹の金額を資本金等の額から減算することとされています（法令8①十九）。

なお、下記の取扱いは親会社が解散した子会社の株式を有しなくなった場合（残余財産の分配を受けないことが確定した場合を含みます）及び適格現物分配により残余財産の分配を受けた場合についても適用されます。

㈲　みなし配当事由に係る法人税法24条1項（みなし配当）の規定により法人税法23条1項1号（剰余金の配当、利益の配当、剰余金の分配）に掲げる金額とみなされる金額

㈹　下記の(a)の金額から(b)の金額を減算した金額

　(a)　みなし配当事由に係る法人税法61条の2第16項（有価証券の譲渡損益）の規定により、法人税法61条の2第1項1号（有価証券の譲渡対価の額）とされる金額の合計額

　(b)　交付を受けた金銭の額及び資産の価額（適格現物分配に係る資産にあっては、法人税法施行令123条の6第1項（適格現物分配における被現物分配法人の資産の取得価額）の規定により当該資産の取得価額とされる金額）の合計額

上記の㈲の金額は、みなし配当事由（解散による残余財産の分配）により、親会社においてみなし配当とされる金額に相当する金額であり、改正後においては、みなし配当とされる金額に相当する金額を資本金等の額の減算項目として扱うことになります。また、㈹の金額は、(a)の金額から(b)の金額を減算した金額とされており、(a)の金額は、法人税法61条の2第16項により有価証券の譲渡対価の額とされる金額であり、これは株式の譲渡原価の額に相当する金額です。(b)の金額は、交付を受けた金銭その他の資産の価額に相当する金額です[13]。

---

[13] ㈹の金額が負数となる場合には、当該負数を資本金等の額から減算することになるため、結果として資本金等の額は増加することになります。

このことから、改正後においては、みなし配当の計上、子会社株式の譲渡損益、残余財産分配金の受領のいずれにおいても、その相手勘定は資本金等の額の増減として処理されることになります。

	税務仕訳	参照
みなし配当の計上	資本金等の額 ×× ／ みなし配当 ××	(イ)
子会社株式の譲渡損益	資本金等の額 ×× ／ 子会社株式 ××	(ロ)(a)
残余財産分配金の受領	現金 ×× ／ 資本金等の額 ××	(ロ)(b)

3. 残余財産が適格現物分配により分配された場合の取扱い

(1) 子会社における取扱い

① 移転資産の譲渡損益

内国法人が適格現物分配によりその有する資産の移転をしたときは、その移転をした資産の適格現物分配の直前の帳簿価額（その適格現物分配が残余財産の全部の分配である場合には、その残余財産の確定の時の帳簿価額）による譲渡をしたものとして、その事業年度の所得の金額が計算されます（法法62の5③）。よって、適格現物分配により残余財産を分配した子会社（現物分配法人）における移転資産の譲渡損益は計上されません。

② 未処理欠損金額

上記1.(1)②のとおり、残余財産が確定した他の内国法人の未処理欠損金額は、その内国法人において生じた未処理欠損金額とみなされます。欠損金の引継制限についても同様の取扱いとされています。

③ みなし配当に係る源泉徴収

適格現物分配に該当する収益の分配は、配当所得とされる収益の分配から除外されていることから（所法24①）、残余財産の分配が適格現物分配に該当する場合においては、みなし配当に対する源泉徴収は不要となります（所法174、212③参照）。

(2) 親会社における取扱い

① 子会社株式に係る譲渡損益

上記1.(2)①のとおり、完全支配関係がある内国法人が他の内国法人から残余財産の分配により金銭その他の資産の交付を受けた場合の内国法人における有価証券の譲渡損益はないこととされます。

なお、資本金等の額から減算させる金額の取扱いについては上記2.(2)③と同様です。

② 交付を受けた資産の取得価額

適格現物分配により資産の移転を受けた法人（被現物分配法人）における、移転を受けた資産の取得価額は、適格現物分配により資産の移転をした法人（現物分配法人）の適格現物分配の直前の帳簿価額（当該適格現物分配が残余財産の全部の分配である場合には、その残余財産の確定の時の帳簿価額）に相当する金額とされています（法法62の5⑥、法令123の6①）。

③ 交付を受けた資産に係る収益の額

適格現物分配により資産の移転を受けた法人は、その受けたことにより生ずる収益の額について益金の額に算入しないこととされています（法法62の5④）。

なお、移転を受けた資産の帳簿価額が子会社の資本金等の額を超える場合のその超える部分の金額についてはみなし配当とされますが（法法24①）、上記のとおり、交付を受けた資産に係る収益の額が益金不算入とされていることから、受取配当等の益金不算入の規定の適用はありません（法法23①）。

④ みなし配当とされる金額の取扱い（利益積立金額を構成する金額）

上記③のとおり、改正後においては、適格現物分配により資産の移転を受けた法人における、その受けたことにより生ずる収益の額は益金の額に算入されず、適格現物分配により現物分配法人から交付を受けた資産の当該適格現物分配の直前の帳簿価額に相当する金額は、利益積立金額を構成することとされているため、当該分配資産の簿価相当の利益積立金額が増額されることになります[14]（法令9①四）。

ただし、当該適格現物分配が法人税法2条12号の6ロに掲げる事由（合併、

分割型分割以外の事由により生じるみなし配当）に該当する場合には、当該適格現物分配に係る法人税法24条1項（配当等の額とみなす金額）に規定する株式又は出資に対応する部分の金額を除いた部分の金額が利益積立金額を構成することとされているため（法令9①四かっこ書）、みなし配当とされる金額に相当する金額は利益積立金額として処理され、残額（株式又は出資に対応する部分の金額）については、資本金等の額の減算項目として処理することになります[15]。

よって、親会社が適格現物分配により資産の移転を受けた場合においては、みなし配当に相当する金額は利益積立金額を構成することになり（相手勘定は資本金等の額）、交付を受けた資産の取得価額は、子会社における移転直前の帳簿価額相当額により受け入れる（相手勘定は資本金等の額）ことになります。

	税務仕訳			
みなし配当に相当する額	資本金等の額[*1]	×× /	利益積立金額	××
子会社株式の譲渡損益	資本金等の額	×× /	子会社株式	××
残余財産の受領	資産	×× /	資本金等の額[*2]	××

注）　株式又は出資に対応する部分の金額は、*1（みなし配当に相当する金額）と*2（適格現物分配により取得した資産の取得価額とされる金額）との差額により表されることになります。

⑤　第二次納税義務を履行した場合

法人が解散した場合において、その法人に課されるべき、またはその法人が納付すべき国税を納付しないで残余財産の分配が行われたときは、一定の場合に限り、残余財産の分配を受けた者に対して第二次納税義務が課されることがあります（徴収法34①）。

---

[14] 企業会計上、移転を受けた資産について収益の額として計上される場合であっても、税務上は益金不算入として取り扱われるため、法人税申告書別表四19欄「適格現物分配に係る益金不算入額」において、社外流出（※）として減算調整することになります。

[15] この株式又は出資に対応する部分の金額に係る取扱いは、①みなし配当に相当する金額及び②適格現物分配により取得した資産の取得価額とされる金額が、資本金等の額の加減算項目とされていることからも読み取れます（法令9①十九）。

適格現物分配が残余財産の分配である場合に、その残余財産の分配について被現物分配法人に第二次納税義務が課されたことにより被現物分配法人が納付又は納入する国税又は地方税の額は、法人税法62条の5第4項の規定により益金の額に算入されない金額の範囲内で、損金の額に算入しないこととされています（法法39②）。

4. 連結子法人の残余財産が確定した場合の取扱い

　連結子法人が解散した場合（合併による解散又は破産手続開始の決定による解散を除きます）であっても、原則として連結納税の承認の取消事由から除外されており、連結子法人の残余財産の確定をもって連結納税の取消事由とすることとされています（法法4の5②四）。これに併せて連結子法人が解散した場合におけるみなし事業年度も、その連結事業年度開始の日から残余財産確定の日までの期間とされています（法法14①十）。

　なお、連結子法人の残余財産が確定した場合（当該残余財産の確定の日が連結親法人事業年度終了の日である場合を除きます）において、当該連結子法人の残余財産の確定の日の属する事業年度において生じた欠損金があるときは、当該欠損金に相当する金額は、連結法人を合併法人とする合併と同様に、連結親法人の当該残余財産の確定の日の属する連結事業年度の連結所得の金額の計算上、損金の額に算入することとされています（法法81の9④）。

5. 適用関係

　上記1から4の改正は、内国法人が平成22年10月1日以後に解散（合併による解散及び破産手続開始の決定による解散を除く）する場合について適用されます（平成22年改正法附則10②）。

Q4 完全支配関係のある子会社の清算
―残余財産の分配なし

【前提】
1. 当社（P社）は10年前に子会社（S社）を設立し、S社の発行済株式のすべてを保有しており、S社株式の帳簿価額は300です。
2. S社の業績は設立以来低迷しており、当期において当社はS社を解散し、解散から1年以内に残余財産が確定しました。
3. S社の解散時点及び残余財産確定時のB/Sは以下のとおりです。なお、資産の帳簿価額は1,500であり時価は1,800です。
4. S社の解散時欠損金800のうち青色欠損金は200、期限切れ欠損金は600です。
5. S社における債務の弁済に充てるための資産の処分は親会社以外に対してなされるものとします。
6. S社における弁済不能な負債については債務免除を受けるものとします。

解散時税務B/S

資産 1,500 (1,800)	負債 2,000
欠損金 800	資本金等の額 300

残余財産確定時税務B/S

資産 1,800	負債 2,000
欠損金 500	資本金等の額 300

POINT

- S社が残余財産の確定のために行う資産の換価に伴い生じる資産譲渡益は益金の額に算入されます。また、資産の換価後においてもなお債務超過であることから、債務超過額に相当する債務免除益が生じ益金の額に算入されますが、残余財産がないことから期限切れ欠損金の

- P社はS社から残余財産の分配を受けないことから、P社の保有するS社株式については会計上消滅損が計上されることになりますが、P社とS社との間に完全支配関係があることから、税務上はP社の株式消滅損はないものとして扱うことになり、消滅損に相当する金額を資本金等の額から減算することになります。
- S社において損金算入の対象とならなかった期限切れ欠損金の額は、P社において引継ぎ可能な未処理欠損金額ではないため、P社に引き継ぐことはできません。

Answer

1. 子会社S社における取扱い

① 換価資産に係る譲渡損益

S社の保有資産（帳簿価額1,500、時価1,800）を換価することにより生じる譲渡益300は、最後事業年度（残余財産の確定の日の属する事業年度をいいます。以下同じ）において益金の額に算入されます。

② 債務免除益

S社は、債務超過額200（資産1,800、負債2,000）について、債務免除を受けることにより債務免除益200が生じ、最後事業年度において益金の額に算入されます。

③ 最後事業年度における課税所得の計算

S社は最後事業年度において、資産譲渡益300及び債務免除益200が益金の額に算入されることになりますが、青色欠損金の繰越控除及び期限切れ欠損金の損金算入により課税所得は生じないことになります（法法57①②、59③）。

S社の最後事業年度における課税所得の計算は、以下のとおりとなります。

```
課税所得の計算
─────────────────────
資産譲渡益              300
債務免除益              200
欠損金控除前課税所得      500
青色欠損金            (200)
青色欠損金控除後         300
期限切れ欠損金        (300)*¹
課税所得金額              0
```

*1 期限切れ欠損金の損金算入限度額は、青色欠損金控除後の課税所得300が上限となります。

2. 親会社P社における取扱い

① 子会社株式に係る消滅損

S社は債務超過であるため、株主であるP社は残余財産の分配を受けないことになります。残余財産の分配を受けないことが確定した場合における、P社が保有するS社株式に係る消滅損300はないこととされ、消滅損300に相当する金額は資本金等の額を減算することになります（法法61の2①一、二、⑯、法令8①十九）。

【P社の税務仕訳】

（借）資本金等の額　　300	（貸）S　社　株　式　　300

② 子会社S社から引き継ぐ欠損金

S社における青色欠損金残高200の全額が繰越控除の対象とされており、未処理欠損金額はないことから、S社から引き継がれる欠損金はありません（S社における期限切れ欠損金残高300は引継ぎ可能な未処理欠損金額ではないため、P社において引き継ぐことはできません）。

Q5 完全支配関係のある子会社の清算
—残余財産の金銭分配

【前提】
1. 当社（P社）は10年前に子会社（S社）を買収し、S社の発行済株式のすべてを保有しており、S社株式の帳簿価額は400です。
2. S社の業績は過去数年において低迷しており、業績の回復が見込まれないことから当期において当社はS社を解散し、解散から1年以内に残余財産が確定しました。
3. S社の解散時点及び残余財産確定時のB/Sは以下のとおりです。なお資産の帳簿価額は2,500であり時価は3,000です。
4. S社における債務の弁済に充てるための資産の処分は親会社以外に対してなされるものとします。
5. S社における残余財産はその全額が金銭分配されるものとします。
6. S社における法人税・住民税・事業税の実効税率（事業税の損金算入考慮後）は40％とします。
7. S社は外形標準課税適用対象外であり、残余財産確定の日の属する事業年度における事業税額は50とします。

解散時税務B/S

資産	負債
2,500 (3,000)	2,000
	資本金等の額 300
	利益積立金額 200

残余財産確定時税務B/S

資産	負債
3,000	2,000
	未払法人税等 200
	資本金等の額 300
	利益積立金額 500

> **POINT**
> - S社が残余財産の確定のために行う資産の換価に伴い生じる資産譲渡益は益金の額に算入されます。また、最後事業年度において生じた事業税の額の損金算入が認められています。
> - 残余財産の金銭分配はみなし配当事由とされることから、S社の資本金等の額を超える部分の金額が配当の額とみなされ、源泉徴収の対象となります。
> - 完全支配関係がある内国法人間において残余財産が金銭により分配された場合には、株主であるP社においてみなし配当が計上されますが、S社株式に係る譲渡損益はないものとして扱われ、株式譲渡損益に相当する金額は資本金等の額の減算項目として扱うこととされています。

Answer

1. 子会社S社における取扱い

① 換価資産に係る譲渡損益

S社の保有資産(帳簿価額2,500、時価3,000)を換価することにより生じる譲渡益500は、最後事業年度(残余財産の確定の日の属する事業年度をいいます。以下同じ)において益金の額に算入されます。

② 最後事業年度に係る事業税の損金算入

S社の残余財産の確定の日の属する事業年度に係る地方税法の規定による事業税の額50は、最後事業年度において損金の額に算入されます(法法62の5⑤)。

③ 最後事業年度における課税所得の計算

S社の最後事業年度における課税所得は以下のとおりとなります。

課税所得の計算	
資産譲渡益	500
事業税の損金算入	(50)
課税所得金額	450

④ みなし配当に係る源泉徴収

P社が金銭分配を受ける残余財産の価額800のうち、S社の資本金等の額300を超える部分の金額500はみなし配当とされることから、残余財産の分配時にみなし配当の額について源泉徴収を要します（法法24①三、所法212③）。

2. 親会社P社における取扱い

① 子会社株式の譲渡損益

P社とS社との間に完全支配関係があることから、残余財産の分配により資産の交付を受けた場合のP社における有価証券の譲渡については、譲渡対価の額が譲渡原価の額とみなされ、P社が有するS社株式の譲渡損益はないものとされます（法法61の2①一、二、⑯）。なお、その譲渡損益に相当する金額は資本金等の額の減算項目として扱われます（法令8①十九）。

【P社の税務仕訳】

（借）資本金等の額	400	（貸）S 社 株 式	400

② みなし配当

残余財産の分配により交付を受ける金銭の額800が、S社の資本金等の額のうち交付の基因となった当該法人の株式又は出資に対応する部分の金額300を超えるときは、その超える部分の金額500は配当等の額とみなされ、受取配当等の益金不算入の規定の対象となります（法法23、24①三）。なお、解散による残余財産の分配により、みなし配当とされる金額に相当する金額は、資本金等の額の減算項目として扱われます（法令8①十九）。

【P社の税務仕訳】

（借）　資本金等の額　　　500	（貸）　みなし配当　　　500

③　交付を受けた金銭に係る資本金等の額の増減額

　残余財産の分配により金銭の交付を受けた場合には、法人税法施行令8条1項19号において、法人税法61条の2第16項により有価証券の譲渡対価の額とされる金額(a)から、交付を受けた金銭その他の資産の価額に相当する金額(b)を減算した金額の合計額を資本金等の額から減算することとされています。

　残余財産の分配により交付を受ける金銭800は上記(b)に該当することから、資本金等の額の増加項目として扱うことになります。

【P社の税務仕訳】

（借）　現　　　　　金　　　800	（貸）　資本金等の額　　　800

④　まとめ

　上記①～③の処理をまとめると以下の仕訳となります（みなし配当に係る源泉徴収税額に係る処理は省略しています）。法人税法施行令8条1項19号により資本金等の額の減算項目とされる額の合計額は100であり、この金額はS社株式譲渡損に相当する金額となっています[16]。

【P社の税務仕訳】

（借）　現　　　　　金　　　800	（貸）　S　社　株　式　　　400
資本金等の額*1　100	み　な　し　配　当　　　500

*1　資本金等の額から減算される額　500＋（400−800）＝100

---

[16] 株式譲渡損に相当する金額：300（S社資本金等の額）−400（S社株式帳簿価額）＝▲100（譲渡損）

Q6 完全支配関係のある子会社の清算
—残余財産の現物分配

【前提】
1. 当社（P社）は10年前に子会社（S社）を買収し、S社の発行済株式のすべてを保有しており、S社株式の帳簿価額は400です。
2. S社の業績は過去数年において低迷しており、業績の回復が見込まれないことから当期において当社はS社を解散し、解散から1年以内に残余財産が確定しました。
3. S社の解散時点及び残余財産確定時のB/Sは以下のとおりである。なお資産の帳簿価額は2,500であり時価は3,000です。
4. S社における債務の弁済に充てるための資産の処分は親会社以外に対してなされるものとします。
5. S社における残余財産はその全額が現物分配されるものとします。
6. 現物分配される資産の帳簿価額は500（時価は1,000）であり、他の資産に含み損益はないものとします。
7. P社とS社はいずれも内国法人とします。

解散時税務B/S

資産	負債
2,500 (3,000)	2,000
	資本金等の額 300
	利益積立金額 200

残余財産確定時税務B/S

資産	負債
2,500 (3,000)	2,000
	未払法人税等 0
	資本金等の額 300
	利益積立金額 200

> **POINT**
> - 完全支配関係のある内国法人間で行われる現物分配は適格現物分配に該当することになります。
> - 適格現物分配により移転する資産は、帳簿価額により譲渡されたものとして扱われるため、移転資産に係る含み損益は計上されないことになります。
> - 適格現物分配に該当する収益の分配は配当所得とされる収益の分配から除外されているため、みなし配当に相当する金額に係る源泉徴収は不要とされています。
> - 適格現物分配により資産の移転を受けた法人（P社）においては、みなし配当に相当する金額は利益積立金額の増加項目として扱うことになります。

Answer

1．子会社S社における取扱い

① 移転資産に係る譲渡損益

P社とS社との間に完全支配関係があり、ともに内国法人であることから、S社による保有資産（帳簿価額500、時価1,000）の現物分配は適格現物分配に該当します（法法２十二の十五）。

内国法人が適格現物分配によりその有する資産の移転をしたときは、その移転をした資産の適格現物分配の直前の帳簿価額（その適格現物分配が残余財産の全部の分配である場合には、その残余財産の確定の時の帳簿価額）による譲渡をしたものとして、その事業年度の所得の金額を計算することから、S社における移転資産の譲渡損益は計上されないことになります（法法62の5③）。

② みなし配当に係る源泉徴収

適格現物分配に該当する収益の分配は、配当所得とされる収益の分配から除外されていることから（所法24①）、残余財産の分配が適格現物分配に該当する場合においては、みなし配当に対する源泉徴収は不要となります（所法174、212③参照）。

2. 親会社P社における取扱い

① 子会社株式の譲渡損益

P社とS社との間に完全支配関係があることから、残余財産の分配により資産の交付を受けた場合のP社における有価証券の譲渡については、譲渡対価の額が譲渡原価の額とみなされ、P社が有するS社株式の譲渡損益はないものとされます（法法61の2①一、二、⑯）。なお、その譲渡損益に相当する金額は資本金等の額の減算項目として扱われます（法令8①十九）。

【P社の税務仕訳】

（借）資本金等の額　400	（貸）S　社　株　式　400

② みなし配当に相当する金額

適格現物分配により資産の交付を受けた場合において、現物分配法人のその交付の直前の当該資産の帳簿価額に相当する額が、現物分配法人の資本金等の額のうちその交付の基因となった当該法人の株式又は資本に対応する部分の金額を超えるときは、その超える部分の金額が配当等の額とみなされます（法法24①）。

よって、残余財産の分配により交付を受ける資産の帳簿価額500が、S社の資本金等の額のうち交付の基因となった当該法人の株式又は出資に対応する部分の金額300を超えるため、その超える部分の金額200は配当等の額とみなされます。

なお、適格現物分配において、みなし配当とされる部分の金額については受取配当等の益金不算入の規定の適用はなく、利益積立金額を構成するものとして扱われ（法法23①、法令9①四）、さらに、みなし配当とされる金額に相当する

金額は資本金等の額から減算することとされています（法令8①十九）。

【P社の税務仕訳】

| （借） 資本金等の額 | 200 | （貸） 利益積立金額 | 200 |

③ 交付を受けた資産の取得価額

適格現物分配により移転を受けた資産の取得価額は、適格現物分配により資産の移転をした法人（S社）の適格現物分配の直前の帳簿価額（当該適格現物分配が残余財産の全部の分配である場合には、その残余財産の確定の時の帳簿価額）に相当する金額とされていることから（法法62の5③、法令123の6①）、S社の残余財産確定時の帳簿価額500がP社における資産の取得価額となります。

なお、適格現物分配により資産等の交付を受けた場合においては、交付を受けた資産の取得価額とされる金額を資本金等の額の減算項目として扱うこととされています[17]（法令8①十九）。

【P社の税務仕訳】

| （借） 資　　産 | 500 | （貸） 資本金等の額 | 500 |

④ まとめ

上記①〜③の処理をまとめると以下の仕訳となります。法人税法施行令8条1項19号により資本金等の額の減算項目とされる額の合計額は100であり、この金額はS社株式譲渡損に相当する金額となっています[18]。

【P社の税務仕訳】

| （借） 資　　産 | 500 | （貸） S 社 株 式 | 400 |
| 　　 資本金等の額*1 | 100 | 　　 利益積立金額 | 200 |

*1　資本金等の額から減算される額　200＋（400－500）＝100

---

[17] 仕訳において、結果として資本金等の額の増加項目として処理することになるのは前問と同様です。

[18] 株式譲渡損に相当する金額：300（S社資本金等の額）－400（S社株式帳簿価額）＝▲100（譲渡損）

Q7 完全支配関係のない子会社の清算
―残余財産の現物分配

【前提】
1. 当社（P社）は10年前に子会社（S社）を買収し、S社の発行済株式の90％を保有しており、S社株式の帳簿価額は400です。なお、S社の発行済株式の10％はP社と資本関係がない外部株主により保有されています。
2. S社の業績は過去数年において低迷しており、業績の回復が見込まれないことから当期においてS社を解散し、解散から1年以内に残余財産が確定しました。
3. S社の解散時点及び残余財産確定時のB/Sは以下のとおりです。なお資産の帳簿価額は2,500であり時価は3,000です。
4. S社における残余財産はその全額が現物分配されるものとします。
5. S社における法人税・住民税・事業税の実効税率（事業税の損金算入考慮後）は40％とします。
6. S社は外形標準課税適用対象外であり、残余財産確定の日の属する事業年度における事業税額は50とします。

P社とS社の資本関係

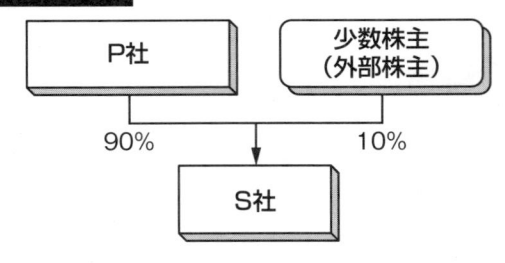

P社 ――90%――→ S社
少数株主（外部株主）――10%――→ S社

S社の解散時及び残余財産確定時のB/S

解散時税務B/S

資産	負債
2,500	2,000
(3,000)	
	資本金等の額 300
	利益積立金額 200

残余財産確定時税務B/S

資産	負債
3,000	2,000
	未払法人税等 200
	資本金等の額 300
	利益積立金額 500

POINT

- 完全支配関係のない法人間で残余財産の現物分配が行われた場合には、当該現物分配は適格現物分配に該当しないことから、現物分配により移転する資産は時価により譲渡されたものとして扱われ、S社における資産譲渡益は最後事業年度の益金の額に算入されます。
- 現物分配を受ける法人（P社）においては、現物分配を受ける資産の価額（時価）のうち、S社の資本金等の額に対応する金額が株式の譲渡対価とされることから、S社株式の帳簿価額との差額が株式譲渡損益となります。
- また、現物分配を受ける資産の価額（時価）のうち、S社の資本金等の額に対応する金額を超える部分の金額は配当等の額とみなされ、受取配当等の益金不算入の規定の対象となります。

Answer

1．子会社S社における取扱い

①　移転資産の譲渡損益

内国法人が残余財産の全部の分配又は引渡し（適格現物分配を除きます）により被現物分配法人にその有する資産の移転をするときは、当該被現物分配法人に移転をする資産が残余財産の確定の時の価額により譲渡されたものとして、その内国法人の各事業年度の所得の金額を計算することとされており、移転資産に係る譲渡利益額又は譲渡損失額は、その残余財産の確定の日の属する事業年度の所得の金額の計算上、益金の額又は損金の額に算入されます（法法62の5①②）。

よって、P社とS社との間に完全支配関係がないことから、当該現物分配は適格現物分配に該当せず、現物分配により資産を移転したS社は、移転資産を時価により譲渡したこととされるため、含み益のある移転資産（帳簿価額2,500、時価3,000）については譲渡益500が生じます。この譲渡益500は、最後事業年度の益金の額に算入されることになります。

②　最後事業年度に係る事業税の損金算入

S社の残余財産の確定の日の属する事業年度に係る地方税法の規定による事業税の額50は、最後事業年度において損金の額に算入されます（法法62の5⑤）。

③　最後事業年度における課税所得の計算

S社の最後事業年度における課税所得は以下のとおりとなります。

課税所得の計算	
資産譲渡益	500
事業税の損金算入	(50)
課税所得	450

④ みなし配当に係る源泉徴収

P社及び外部株主が分配を受ける残余財産の価額800のうち、S社の資本金等の額のうち交付の基因となった当該法人の株式又は出資に対応する部分の金額300を超える部分の金額500は配当等の額とみなされることから、残余財産の分配時にみなし配当の額について源泉徴収を要します（法法24①三、所法212③）。

2. 親会社P社における取扱い

① 子会社株式の譲渡損益

内国法人が有価証券を譲渡した場合には、その譲渡に係る譲渡利益額又は譲渡損失額は、原則として、その譲渡に係る契約をした日（その譲渡が剰余金の配当その他の財務省令で定める事由によるものである場合には、当該剰余金の配当の効力が生ずる日その他の財務省令で定める日）の属する事業年度において益金の額又は損金の額に算入されます（法法61の2①）。

よって、P社がS社から現物分配を受ける資産の価額720（800×90％）のうち、S社の資本金等の額に対応する金額270（300×90％）が有価証券の譲渡に係る対価の額とされることから、S社株式帳簿価額400との差額130がP社における株式譲渡損として、損金の額に算入されます。

② 移転を受けた資産の取得価額

子会社S社は残余財産の分配において資産を時価により譲渡したものとして扱われることから、P社においても移転を受けた資産を時価により取得したものとして扱うことになります。この場合における資産の取得価額は、その取得の時におけるその資産の取得のために通常要する価額（付随費用がある場合は、その付随費用を加算した額）とされることから、P社は資産の価額720（800×90％）を移転を受けた資産の取得価額とすることになります。

③ みなし配当

残余財産の分配により交付を受ける資産の価額720が、S社の資本金等の額のうち交付の基因となった当該法人の株式又は出資に対応する部分の金額270を超えるため、その超える部分の金額450は配当等の額とみなされ、受取配当

等の益金不算入の規定の対象となります（法法23①、24①三）。

④　まとめ

　上記①～③のＰ社における処理をまとめると以下の仕訳となります。なお、みなし配当に係る源泉徴収に関する仕訳は省略しています。

【Ｐ社の税務仕訳】

（借）　資　　　　産	720	（貸）　Ｓ　社　株　式	400
Ｓ社株式譲渡損	130	み　な　し　配　当	450

Q8 残余財産の一部分配が行われた場合の予納申告の要否

残余財産の一部が分配された場合の予納申告の取扱いについて教えてください。

POINT

- 清算所得課税においては、解散時の資本金等の額及び利益積立金額を超えて残余財産の一部の分配が行われる場合には、その分配のつど残余財産分配等予納申告を行うこととされていましたが、通常所得課税への移行に伴い、残余財産の一部分配における申告は不要となりました。

Answer

1．改正前の取扱い（残余財産分配等予納申告）

改正前においては、清算中の内国法人である普通法人又は協同組合等が、残余財産のうち解散当時の資本金等の額及び利益積立金額（清算中に生じた利益積立金額を含む）の合計額を超える部分を分配又は引渡しする場合には、分配又は引渡しのつど、分配又は引渡しの日の前日までに、その超える部分の金額を清算所得金額とみなして計算した法人税額を申告することとされていました（旧法法103①）。

また、地方税においても同様に、法人税につき残余財産分配等予納申告書を提出する義務のある法人は、その申告書の提出期限までに、法人税額を課税標準として算定される法人税割額について、当該法人の有する事務所等所在地の地方公共団体に対して法人住民税（道府県民税及び市町村民税）の申告及び納税をしなければならないこととされていました（旧地法53⑤、321の8⑤）。

このように改正前においては、残余財産の一部につき、解散時の資本金等の額及び利益積立金額を超えて分配又は引渡しをする場合には、分配又は引渡しのつど残余財産分配等予納申告書を提出する必要がありました。

2. 改正後の取扱い

　上記1.のように、清算所得課税においては、清算中に残余財産の一部を分配しようとする場合、その分配の日の前日までに残余財産分配予納申告書を提出することとされていましたが、平成22年度税制改正による清算所得課税の廃止に伴い、改正後においては、残余財産の一部について分配又は引渡しが行われた場合であっても、分配のつど申告書を提出する必要はなく[19]、移転資産に係る譲渡損益の額は、分配の日の属する各事業年度の所得の金額の計算において損金の額又は益金の額に算入することになります。

　上記の改正は、内国法人が平成22年10月1日以後に解散（合併による解散及び破産手続開始の決定による解散を除く）する場合について適用されます（平成22年改正法附則10②）。

---

[19] 清算中の法人は残余財産の一部の分配について、法人税申告書の提出は要しませんが、みなし配当とされる金額がある場合には、源泉徴収義務を負います。

Q9 法人の解散後に継続の決議が採択された場合の取扱い

解散した法人が継続した場合の取扱いについて教えてください。

> **POINT**
> - 株主総会の決議等により解散した法人は、清算が結了するまでに株主総会の決議により、会社を継続することができます。
> - 会社が継続した場合におけるみなし事業年度は、その事業年度開始の日から継続の日の前日までの期間及び継続の日からその事業年度終了の日までの期間とされており、この取扱いは改正前後において変更ありません。
> - 清算所得課税においては、予納申告が行われた後に会社が継続した場合における特別の規定が設けられていましたが、通常所得課税への移行に伴い当該規定も削除されました。

Answer

1. 会社の継続とは

　株式会社は解散により清算手続に入りますが、清算中の会社は権利能力の範囲が清算の目的[20]に限定されるにすぎず、会社の法人格は合併による解散を除いて清算が結了するまで存続するものとみなされ、直ちに消滅しません（会476）。

　株式会社が定款で定めた存続期間の満了及び解散事由の発生若しくは株主総会の決議により解散した場合には、清算が結了するまでに株主総会の決議によ

---

[20] 一般的に、会社のすべての権利義務を処理して残余財産を株主に分配することと解されています。

り、会社を継続することができます[21]（会473）。

また、最後の登記終了後5年を経過したことにより、会社法472条の規定により解散したものとみなされた会社は、その後3年以内に限り、株主総会の特別決議によって継続することができます（会473）。

このように、株式会社は解散により清算中の会社（継続企業の前提のない会社）となりますが、清算手続中において株主総会の決議により通常の会社（継続企業の前提のある会社）に戻ることが会社法上認められており、これを会社の継続といいます。

なお、会社が継続したときは、2週間以内に、その本店所在地において、継続の登記をしなければなりません（会927）。

2．改正前の取扱い

(1) みなし事業年度

内国法人である普通法人等で清算中のものが事業年度の中途において継続した場合には、その事業年度開始の日から継続の日[22]の前日までの期間及び継続の日からその事業年度終了の日までの期間が一の事業年度とみなされていました（旧法法14二十四）。

(2) 予納申告との関係

改正前（清算所得課税）においては、清算中に生じた各事業年度の所得については、清算所得に対する法人税が課され、各事業年度の所得に対する法人税は課さないこととされていました（旧法法5、6）。

また、清算中の法人が継続した場合には、解散の場合における最終の清算所得は生じないため、清算所得に対する法人税が課されないことになり、一方で、

---

[21] 持分会社についても同様の規定が設けられています（会社法642）。
[22] 「継続の日」とは、株主総会その他これに準ずる総会等において継続の日を定めたときはその定めた日をいい、継続の日を定めなかったときは継続の決議の日をいうこととされています（法基通1-2-3）。

清算期間[23]中における各事業年度については、各事業年度の所得に対する法人税も課されないことから、特に残余財産の一部の分配又は引渡しが行われた後（残余財産分配等予納申告後）において会社が継続した場合における課税関係を明確にするために、特別の規定が設けられていました（旧法法108、118〜120）。

① 清算中の所得に係る予納申告税額の取扱い

清算中の所得に係る予納申告又は残余財産の一部分配等に係る予納申告によって納付すべき法人税は、清算確定申告書に基づき納付すべき法人税の予納として納付されたものとされていたところ（旧法法108本文）、解散した法人が継続した場合においては、最終の清算確定申告書がないことから、これらの予納額は例外的に清算中の予納額とはみなされず、清算期間中の各事業年度の所得に対する法人税額とされ、清算期間に係る残余財産分配予納税額は清算所得に対する法人税額として扱うこととされていました（旧法法108但書、119）。

すなわち、清算中の法人において会社が継続することとなった場合には、清算期間中に予納として行われるべき所得金額及び法人税額をもって、その清算期間中の所得金額及び税額として確定させることにより、過去の申告納付額に影響を及ぼさない取扱いとなっていました。

② 所得税等の控除不足額に係る還付の取扱い

清算中の内国普通法人等が継続した場合において、その清算中の各事業年度の清算事業年度予納申告書に記載すべき所得税額等の控除不足額があるときは、納税地の所轄税務署長は、その継続の日の前日の属する事業年度の清算事業年度予納申告書の提出と同時に還付の請求があった場合に限り、その請求をした内国普通法人等に対し、当該金額に相当する税額を還付することとされていました（旧法法120①）。

すなわち、清算中の法人が継続した場合には、清算確定申告書が提出されないことになりますが、清算期間中の利子、剰余金の分配、利益の配当等の支払を受ける場合における源泉所得税額の控除は認められるものの、控除すべき金

---

[23] 解散の日の翌日から継続の日の前日又は合併の日の前日までの期間

額が清算中の各事業年度の法人税額から控除しきれないときは、その控除しきれない金額は各事業年度においては還付されず、清算確定申告書における法人税額から控除しきれないときに初めて還付されることとされていました[24]。

3．改正後の取扱い

① みなし事業年度

清算中の内国法人（連結子法人を除く）が事業年度の途中において継続した場合には、その事業年度開始の日から継続の日の前日までの期間及び継続の日からその事業年度終了の日までの期間が一の課税期間とみなされます（法法14①二十二）。よって、改正後においても、みなし事業年度の取扱いについては変更はないことになります。

② 清算中の各事業年度に係る確定申告との関係

清算所得課税が廃止され、清算中の各事業年度においても通常所得課税とされたことから、改正前における上記２．(2)の取扱い（予納税額、所得税額の控除不足額の還付）もないことになります。

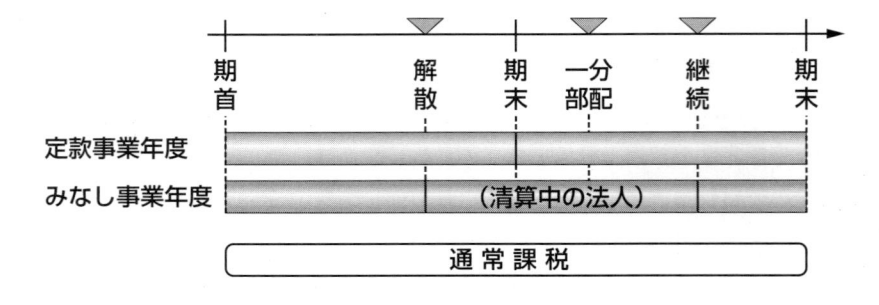

---

[24] 還付を受けるためには、継続の日の前日の属する事業年度に係る清算事業予納申告書の提出と同時に還付請求書の提出が必要とされていました（旧法法120③）。

第4章 清算

Q10 外国法人の100％子会社（内国法人）の清算

外国法人の100％子会社（内国法人）が清算した場合の取扱いについて教えてください。なお、外国法人は国内に恒久的施設を有していないものとします。

POINT

- グループ法人税制は完全支配関係のある法人の双方が内国法人である場合に適用されるため、外国法人の100％子会社（内国法人）が清算した場合には適用されません。
- 内国法人である子会社は、親会社（外国法人）に残余財産を分配する場合において、配当等の額とみなされる部分の金額について源泉徴収義務を負いますが、租税条約により徴収税額が減免される場合があります。
- 外国法人である親会社は、国内に恒久的施設を有していないため、配当等とみなされる額には法人税は課されませんが、子会社株式の譲渡益については、事業譲渡類似株式に係る所得として法人税が課されます。なお、租税条約により子会社株式の譲渡益に係る課税が減免される場合があります。

Answer

1．グループ法人税制の適用について

平成22年度税制改正により創設されたグループ法人税制において、完全支配関係がある法人間で一定の資産が譲渡された場合には、その譲渡損益を繰り延べることとされていますが（法法61の13）、この取扱いは完全支配関係のある法

人の双方が内国法人である場合に適用されることから、外国法人が100％子会社（解散した内国法人）から資産を有償取得する場合や残余財産の分配により資産の現物分配を受けるような場合には、グループ法人税制の規定の適用はありません。

2．子会社（内国法人）の取扱い

(1) 資産の譲渡損益

① 資産が換価される場合

清算所得課税が廃止され、清算中においても通常の所得課税が行われることから、財産の換価に伴う資産の譲渡損益は時価により計上され、各事業年度の所得の金額の計算上、損金の額又は益金の額に算入されます（法法5、22）。

② 資産が現物分配される場合

内国法人が現物分配により資産を移転する場合において、当該資産の移転が適格現物分配に該当する場合には、移転資産の譲渡損益は繰り延べられ、適格現物分配に該当しない場合には、移転資産は時価により被現物分配法人へ譲渡されたものとして扱われます（法法62の5①〜④）。

適格現物分配とは、内国法人を現物分配法人とする現物分配のうち、その現物分配により資産の移転を受ける者がその現物分配の直前において当該内国法人との間に完全支配関係がある内国法人（普通法人又は協同組合等に限る）のみであるものをいいます（法法2十二の十五）。

よって、内国法人（子会社）から外国法人（親会社）に対して行われる現物分配は、適格現物分配に該当しないことから、移転資産は時価により譲渡されたものとして扱われます。

(2) みなし配当に係る源泉徴収

① 租税条約の適用がない場合

解散による残余財産の分配が行われた場合において、交付された金銭の額及び金銭以外の資産の価額の合計額が、解散した法人の資本金等の額のうち交付

の基因となった当該法人の株式又は出資に対応する部分の金額を超えるときは、その超える部分の金額は配当等の額とみなされます（法法24①三、所法24①、25①三）。

この場合において、国内に恒久的施設を有しない外国法人に対し国内において配当等（国内源泉所得）の支払をする者は、その支払の際、その配当等について源泉徴収を行うこととされています（所法212①、161五）。

② 租税条約の適用がある場合

上記①にかかわらず、国内源泉所得の対価を受領する非居住者等の所在地国と日本国との間に租税条約が結ばれている場合には、その租税条約に規定されている軽減税率によって源泉徴収を行うことができます（実施特例法[25] 3の2）。

軽減税率による源泉徴収を行うための手続は、国内源泉所得を受領する非居住者等が「租税条約に関する届出書」を支払者を通じて支払者の納税地を管轄する税務署長に提出することになります。なお、この届出書は、支払の日の前日までにその支払者を通じて所轄の税務署長に提出することとされています（実施特例法省令2）。

3．親会社（外国法人）の取扱い

(1) みなし配当

上記2.(2)のとおり、解散による残余財産の分配が行われた場合において、交付された金銭の額等の価額の合計額が、解散した法人の資本金等の額のうち交付の基因となった当該法人の株式又は出資に対応する部分の金額を超えるときは、その超える部分の金額は配当等の額とみなされます。

外国法人が内国法人から受ける配当等の額は、国内源泉所得として扱われるものの（法法138五、所法24①）、国内に恒久的施設を有さない外国法人おける法人税の課税標準とされる国内源泉所得には含まれていないことから、みなし配

---

[25] 租税条約の実施に伴う所得税法、法人税法及び地方税法の特例等に関する法律
[26] 2.(2) ①のとおり、所得税法においては、国内源泉所得として扱われることから源泉徴収の対象となります。

当に係る法人税の課税はありません[26]（法法141四）。

(2) 子会社株式に係る譲渡益
① 国内源泉所得
　日本国内に恒久的施設を有していない外国法人は、国内にある資産の運用、保有若しくは譲渡により生ずる所得（国内源泉所得）について法人税が課されます（法法138一、141四イ）。

　国内にある資産の譲渡により生ずる所得に該当するものとして、法人税法施行令187条1項3号（恒久的施設を有しない外国法人の課税所得）に規定する株式等の譲渡による所得が掲げられており（法令177②四）、具体的には、内国法人の特殊関係株主等である外国法人が行うその内国法人の株式等の譲渡による所得が該当します（法令187①三ロ）。

② 事業譲渡類似株式の譲渡
　上記における、法人税法施行令187条1項3号ロに規定される株式等の譲渡は、一般的に事業譲渡類似株式の譲渡と呼ばれており、事業譲渡類似株式の譲渡とは、以下の要件を満たす譲渡とされています（法令187⑥）。

　(イ)　その譲渡の日の属する事業年度終了の日以前3年内のいずれかの時において、その内国法人の特殊関係株主等がその内国法人の発行済株式等の総数の25％以上に相当する数の株式等を所有していたこと

　(ロ)　その譲渡の日の属する事業年度において、その外国法人を含むその内国法人の特殊関係株主等が、最初にその内国法人の株式等の譲渡をする直前のその内国法人の発行済株式等の総数の5％以上に相当する数の株式等の譲渡をしたこと

③ 外国法人が内国法人から残余財産の分配を受けた場合
　内国法人の特殊関係株主等である外国法人が有する株式等を発行した内国法人の法人税法24条1項3号（配当等とみなす金額）に規定する解散による残余財産の一部の分配として、外国法人が金銭その他の資産の交付を受けた場合において、当該金銭その他の資産の交付に係る法人税法施行令119条の9第1項

(資本の払戻し等の場合の株式の譲渡原価の額等）に規定する割合に、内国法人の金銭その他の資産の交付直前の発行済株式等の総数のうちに内国法人の特殊関係株主等がその交付直前に保有していた内国法人の株式等の数の占める割合を乗じて算出した割合が５％以上であるときは、内国法人の特殊関係株主等である外国法人が上記②(ロ)の要件を満たす株式等の譲渡をしたものとされます（法令187⑦二）。

　よって、外国法人が解散した内国法人（100％子会社）から残余財産の分配を受ける場合の外国法人における子会社株式の譲渡益は、内国法人の特殊関係株主等である外国法人が行うその内国法人の株式等の譲渡による所得（事業譲渡類似株式の譲渡による所得）に該当することになり、法人税が課されることになります（法法142、法令188①十七参照）。

(3)　租税条約の適用がある場合

　外国法人の所在地国と日本国との間における租税条約が締結されている場合において、みなし配当に係る源泉徴収若しくは事業譲渡類似株式の譲渡益について課税の減免措置が講じられている場合があります。

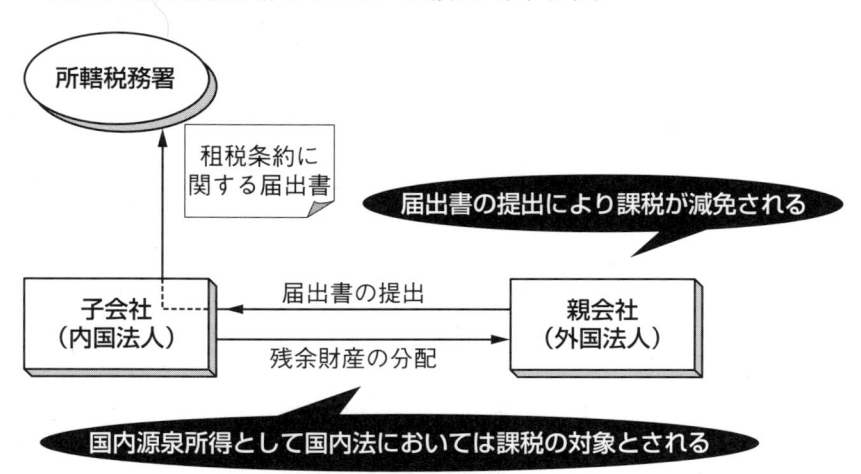

Q11 外国子会社の清算と株主の課税

国外にある100％子会社を清算した場合の株主（内国法人）の取扱いについて教えてください。なお、子会社は債務超過ではなく、欠損金はありません。

POINT

- グループ法人税制は完全支配関係のある法人の双方が内国法人である場合に適用されるため、内国法人の100％子会社（外国法人）が清算した場合には適用されません。
- 内国法人が外国法人から残余財産の分配を受ける場合において、残余財産のうち配当として扱われる部分の金額は、外国子会社から受ける配当等の益金不算入の規定が適用され、子会社株式の譲渡損益は、損金の額又は益金の額に算入されることになります。

Answer

1．グループ法人税制の適用について

前問のとおり、平成22年度税制改正により創設されたグループ法人税制は、完全支配関係のある法人の双方が内国法人である場合に適用されることから、内国法人が100％子会社（解散した外国法人）から残余財産の分配により資産の移転を受けるような場合には、グループ法人税制の規定の適用はありません。

2．親会社（内国法人）の取扱い

（1） 残余財産の分配により交付を受けた資産に係る収益の取扱い

子会社は債務超過ではないことから、内国法人である親会社は残余財産の分

配を受けることになります。残余財産の分配手法としては、金銭分配と現物分配が考えられますが、いずれの分配においても、その分配のうち配当として扱われる部分の金額については、外国子会社から受ける配当等の益金不算入の規定の適用を受けることになると考えられます。

　外国子会社から受ける配当等の益金不算入の規定は、平成21年度税制改正により設けられ、内国法人が外国子会社（内国法人が保有しているその株式等の数又は金額がその発行済株式等の総数又は総額の25％以上に相当する数又は金額となっていること及びその状態が剰余金の配当等の額の支払義務の確定する日以前6カ月以上継続していること等の要件を備えている外国法人をいいます）から受ける剰余金の配当等の額がある場合には、その剰余金の配当等の額からその剰余金の配当等の額に係る費用に相当する金額（その剰余金の配当等の額の5％相当額）を控除した金額について、その内国法人の各事業年度の所得の金額の計算上、益金の額に算入されません（法法23の2）。なお、内国法人が外国子会社から受ける剰余金の配当等の額に対して課される外国源泉税等の額は、損金の額に算入されません（法法39の2）。

(2)　子会社株式に係る譲渡損益の取扱い

　内国法人が受ける残余財産の分配のうち、上記（1）において配当等の額とされた金額を除いた部分の金額は、株式又は出資に対応する部分の金額の払戻しを受けたものと考えられることから、その株式又は出資に対応する部分の金額と子会社株式の帳簿価額との差額は、株式譲渡損益として、内国法人（親会社）の所得の金額の計算上、損金の額又は益金の額に算入されることになると考えられます。

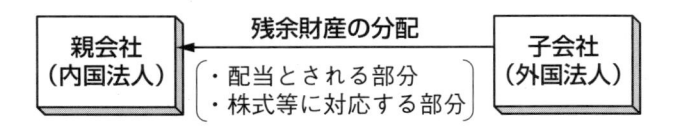

```
                  残余財産の分配
┌──────┐  ←─────────── ┌──────┐
│ 親会社  │  ・配当とされる部分      │ 子会社  │
│(内国法人)│  ・株式等に対応する部分  │(外国法人)│
└──────┘                          └──────┘
```

株式譲渡損のケース

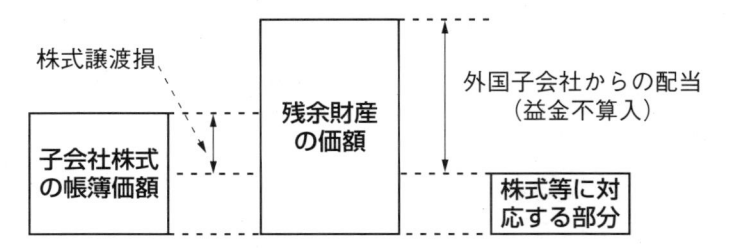

株式譲渡損 ← → 子会社株式の帳簿価額 / 残余財産の価額

外国子会社からの配当（益金不算入）

株式等に対応する部分

株式譲渡益のケース

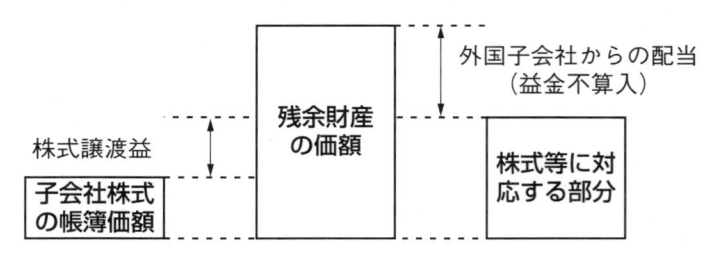

株式譲渡益 ← → 残余財産の価額 / 子会社株式の帳簿価額

外国子会社からの配当（益金不算入）

株式等に対応する部分

第5章
組織再編税制

Q1 適格現物分配の創設
—改正前後の取扱い

当社（内国法人S社）は当年度（平成22年4月1日開始事業年度）の10月1日以後に、保有する以下の資産を100％親会社（内国法人P社）に対して現物配当を行う予定です。平成22年度税制改正により法人税法上、現物配当に関する規定が設けられましたが、現物配当時の簿価及び時価を下記のとおりとした場合、当社及び親会社の税務上の取扱いを具体的に教えてください。

（単位：百万円）

譲渡対象資産	税務上の簿価*	時価
土地	800	1,000

＊　会計上の簿価と一致

POINT

- 100％親会社に現物配当をした場合、その現物配当は法人税法上「適格現物分配」に該当し、対象資産を簿価で譲渡したものとして、譲渡損益は認識しません。
- 適格現物分配により100％子会社から現物配当を受けた場合、その受けたことにより生ずる収益の全額が益金不算入となり、また、対象資産を子会社の現物分配直前の簿価で取得したものとされます。
- 適格現物分配の規定は、平成22年10月1日以後の現物分配から適用されます。

Answer

現物配当については、平成22年度税制改正により税務上「現物分配」として新たに規定が創設されました。改正前は、現物配当が行われた場合、現物配当

を受けた法人は時価で配当を認識することが示されており（法基通3－1－7の5）、また、国税庁HPにおける同通達の趣旨説明で、現物配当を行う法人は配当財産の含み損益を譲渡損益として認識することが説明されていました。

　創設された現物分配に関する税制の適用によって、平成22年10月1日以後の貴社から100％親会社への現物配当は、簿価で譲渡されたものとして譲渡損益は認識されないこととなります（法法62の5③）。また、現物配当を受けた100％親会社においては、同制度の適用により分配を受けたことにより生ずる収益の全額についてが益金不算入となります（法法62の5④）。

　これらの取扱いを含めて、現物分配における税務上の取扱いを以下、具体的に説明します。

1．現物分配及び適格現物分配の定義

　法人税法上、現物分配とは、その株主に対して次に掲げる事由により金銭以外の資産の交付をすることと定義しています（法法2十二の六）。

① 剰余金の配当
② 資本の払戻し（資本剰余金の減少に伴う剰余金の配当のうち分割型分割によるもの以外のもの）又は解散による残余財産の分配
③ 自己株式の取得又は出資の取得
④ 出資の消却、出資の払戻し、社員その他法人の出資者の退社又は脱退による持分の払戻しその他株式又は出資をその発行した法人が取得することなく消滅させること
⑤ 組織変更

　①は通常の配当ですが、②から⑤はみなし配当を生じさせる事由となります（現物分配とみなし配当の関係はQ4を参照）。その上で、現物分配は組織再編税制の1つとして位置付けられ、下記の要件を充足する現物分配は適格現物分配として、特別な取扱いが規定されています。

【現物分配の適格要件（法法２十二の十五）】

> 内国法人を現物分配法人とする現物分配のうち、その現物分配により資産の移転を受ける者がその現物分配の直前においてその内国法人との間に完全支配関係がある内国法人（普通法人又は協同組合等に限る）のみであるもの

2. 現物分配が行われた場合の税務上の論点

現物分配が行われた場合の税務上の主な論点とその取扱いは、現物分配法人（現物分配によりその有する資産の移転を行った法人）と被現物分配法人（現物分配により現物分配法人から資産の移転を受けた法人）の区分に応じて、下記のように整理できます。

	現物分配法人		被現物分配法人		
	譲渡損益	源泉徴収	資産の取得価額	配当の取扱い	欠損金等の制限規定
適格現物分配	簿価譲渡（譲渡損益が認識されない）	不要	簿価	組織再編取引として全額益金不算入	適用あり
非適格現物分配	時価譲渡（譲渡損益が認識される）	必要	時価	受取配当として益金不算入が適用	適用なし

（1） 現物分配法人

① 資産の譲渡損益（法法62の5）

現物分配の対象資産に含み損益がある場合、原則として、その含み損益は現物分配時に実現することとなりますが、適格現物分配の場合は分配直前の帳簿価額で譲渡されたものとすることから譲渡損益は認識されないこととなります。

② 源泉徴収（所法24）

適格現物分配は所得税法24条に規定する配当所得から除外されていることから、源泉徴収は不要となります。

（2） 被現物分配法人

① 資産の取得価額（法令123の6）

適格現物分配により被現物分配法人が資産を取得した場合は、その資産の取得価額は適格現物分配直前の帳簿価額に相当する金額とされています。

② 配当に関する取扱い（法法23、62の5）

現物分配に係る配当は原則として受取配当等の益金不算入の規定により益金不算入の対象となりますが、適格現物分配の場合は、受取配当等ではなく、組織再編取引としてその全額が益金不算入となります。

③ 欠損金等の制限規定（法法57④、62の7）

適格現物分配は、簿価で譲渡されることから含み損益が被現物分配法人において将来的に実現されることとなります。したがって、被現物分配法人において繰越欠損金の制限規定及び特定資産の譲渡等損失の損金算入制限規定の対象となります。

3．具体的取扱い

ご質問のケースでは、現物分配の直前において100％の資本関係があることから適格現物分配に該当し、その取扱いはそれぞれ以下のとおりとなります。

（1） 税務上の仕訳

【S社（現物分配法人）の税務仕訳】

（借） 利益積立金額	800	（貸） 土地	800

【P社（被現物分配法人）の税務仕訳】

（借）土　　地　　800	（貸）利益積立金額　　800*

* 会計上、被現物分配法人が収益計上した場合においては、その全額を申告書別において益金不算入（減算・社外流出）の処理が行われることにより利益積立金額が増加することとなります。

（2）申告書別表四及び別表五(一)の記載例

　S社及びP社の申告書の記載例は下記のとおりとなります。

【S社　別表四】　　　　　　　　　　　　　　　　　　　　　　　　　（単位：百万円）

区分	総額	処分	
		留保	流出
	①	②	③
当期利益又は当期欠損の額	0	▲800	配当　800
			その他　―
加算	―	―	―
減算	―	―	―
所得金額又は欠損金額	0	▲800	800

* 会計上、下記の仕訳のみがされたものと仮定している。

（借）利益剰余金　　800	（貸）土　　地　　800

【S社　別表五(一)】　　　　　　　　　　　　　　　　　　　　　　　（単位：百万円）

区分	期首現在利益積立金額	当期の増減		差引翌期首現在利益積立金額
		減	増	
	①	②	③	④
繰越損益金	―	―	▲800	▲800
差引合計額	―	―	▲800	▲800

【P社　別表四】

(単位：百万円)

区分	総額	処分		
		留保	流出	
	①	②	③	
当期利益又は当期欠損の額	800	800	配当	—
			その他	—
加算	—	—	—	
減算　適格現物分配に係る益金不算入額	800		▲800	
所得金額又は欠損金額	0	800	▲800	

＊　会計上、下記の仕訳のみがされたものと仮定している。

(借) 土　　　　地　　800	(貸) 受 取 配 当 金　　800

【P社　別表五(一)】

(単位：百万円)

区分	期首現在利益積立金額	当期の増減		差引翌期首現在利益積立金額
		減	増	
	①	②	③	④
繰越損益金	—	—	800	800
差引合計額	—	—	800	800

4. 非適格現物分配の税務処理

　ご質問のケースでは適格現物分配に該当しますが、同じ前提で適格現物分配に該当しない場合の取扱いはそれぞれ以下のとおりとなります。

【S社(現物分配法人)の税務仕訳】

(借)	利益積立金額	1,000	(貸)	土　　　　地	800	
				土地譲渡益 （益　金）	200	

【P社(被現物分配法人)の税務仕訳】

(借)	土　　地	1,000	(貸)	受取配当金 （受取配当等の益金不算入の対象）	1,000

※ 非適格現物分配については源泉徴収の手続が必要となりますが、上記の仕訳においてはその記載を省略しています。

5. 会社法及び会計上の取扱い

(1) 会社法上の取扱い

　会社法では、剰余金の配当をしようとするときは、そのつど、株主総会の決議によって、配当財産の種類及び帳簿価額の総額を定めることとされ（会454①一）、また、配当財産が金銭以外の財産であるときは、株主総会の決議により金銭分配請求権（配当財産に代えて金銭の交付を請求する権利）を定めることができるとされています。なお、現物配当も分配可能額の規定の適用を受けることとなります（会461）。

(2) 会計上の取扱い

　現物配当を行う会社の会計処理は「自己株式及び準備金の額の減少等に関する会計基準の適用指針」に定められています。この適用指針によりますと、原則として配当財産の時価と帳簿価額との差額は、配当の効力発生日の属する期の損益として認識し、配当財産の時価をもってその他資本剰余金又はその他利益剰余金を減額することとされておりますが、下記の場合には帳簿価額をもってその他資本剰余金又はその他利益剰余金を減額するとされています。

　　(イ)　分割型の会社分割（按分型）

(ロ)　保有する子会社株式のすべてを株式数に応じて比例的に配当（按分型の配当）する場合
　　(ハ)　企業集団内の企業へ配当する場合
　　(ニ)　市場価格がないことなどにより公正な評価額を合理的に算定することが困難と認められる場合
　また、現物配当を受ける会社の会計処理は「事業分離等に関する会計基準」及び「企業結合会計基準および事業分離等会計基準に関する適用指針」に定められています。この基準によりますと、株主が現金以外の財産の分配を受けた場合、企業結合には該当しないが、株主は、原則として、これまで保有していた株式と実質的に引き換えられたものとみなして、被結合企業の株主に係る会計処理に準じることとされています。具体的に、子会社からの配当については、共通支配下の取引として移転前にその資産に付されていた適正な帳簿価額、子会社以外からの配当については、時価により資産計上し、引き換えられた株式の帳簿価額のうち合理的に按分された金額との差額は、原則、交換差益として認識することとされています。

Q2 適格現物分配の創設
―完全支配関係のある外国法人への現物分配

当社（S3社）は下記【現物分配前】の資本関係を有する内国法人です。当年度（平成22年4月1日開始事業年度）の10月1日以後に、保有するS4社株式を内国法人S1社と米国法人S2社に対して現物分配する予定です。この現物分配は適格現物分配として処理して良いか教えてください。

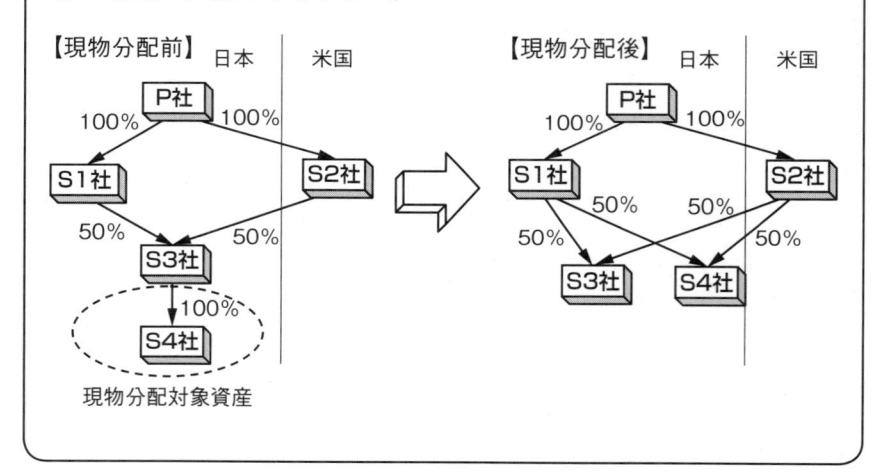

【現物分配前】 日本 | 米国
P社 100% → S1社、100% → S2社
S1社 50% → S3社、S2社 50% → S3社
S3社 100% → S4社
現物分配対象資産

【現物分配後】 日本 | 米国
P社 100% → S1社、100% → S2社
S1社 50% → S3社、50% → S4社
S2社 50% → S3社、50% → S4社

POINT

- 完全支配関係のある法人間の現物分配であっても、現物分配により資産の移転を受ける法人に外国法人が含まれているため、適格現物分配には該当しないこととなります。

Answer

Q1のとおり、平成22年度税制改正により「現物分配」に関する税制が創設され、適格現物分配に該当する場合は、簿価で譲渡したものとして譲渡損益は認識されず、また、源泉徴収も必要ありません。この現物分配の適格要件は法

人税法2条12号の15に規定されており、ご質問のケースが当該要件を充足するか検討します。

（1） 完全支配関係の有無

　現物分配の適格要件において、現物分配により資産の移転を受ける者は、現物分配を行う内国法人との間に完全支配関係を有することが前提となっています。

　ご質問のケースでは、S1社とS2社はS3社の発行済株式の50％しか保有していませんので、現物分配を行う内国法人との間に完全支配関係を有しているかが論点となりますが、P社を介して、S3社はS1社及びS2社と完全支配関係を有していることとなります。

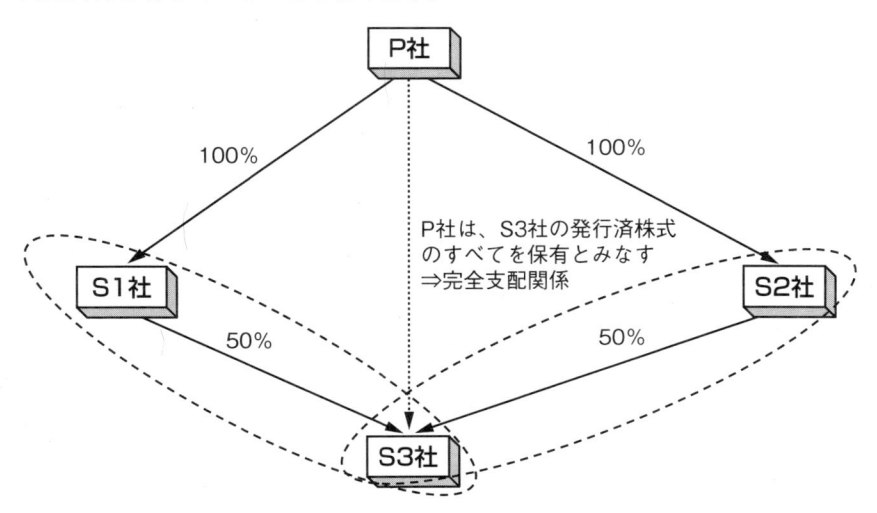

```
                    P社
              100%  ／＼  100%
                   ／　＼
                  ／　　＼
               S1社　　　S2社
                  ＼　　／
              50%  ＼　／  50%
                    S3社
```

P社は、S3社の発行済株式のすべてを保有とみなす
⇒完全支配関係

・P社とS3社のみなし保有関係により、S1社とS3社はP社に100％保有されることとなる。これにより、S3社とS1社に完全支配関係が生じることとなる。

・S2社とS3社も同様

則ち、P社が発行済株式のすべてを保有するS1社とS2社でS3社の発行済株式のすべてを保有することから、P社はS3社の発行済株式のすべてを保有しているものとみなされます（法令4の2②）。これによりP社とS3社は完全支配関係を有することとなり、この結果、S1社、S2社及びS3社の全社がP社と完全支配関係を有することとなり、同時に相互に完全支配関係を有することとなります。

(2) 外国法人への現物分配

次に、適格現物分配は、現物分配を受ける者が完全支配関係のある内国法人のみであることが要件とされています。ご質問のケースでは、S2社が米国法人であることから内国法人のみであるという要件を充足せず、適格現物分配には該当しないこととなります。

したがって、ご質問の現物分配は適格現物分配とならず、S1社への配当を含めて、非適格現物分配としての処理が必要となります。

Q3 適格現物分配 —減価償却に関する取扱い（有形固定資産の現物分配）

　当社（S社）は当年度（平成22年4月1日開始事業年度）、保有する以下の建物Aを100％親会社（P社）に現物分配する予定です。建物Aは当年度において20百万円の減価償却費を計上しており、現物分配直前の帳簿価額は900となっています。

　そこで、平成22年10月1日以後に現物分配した場合におけるS社の減価償却費に関する取扱い、及び、移転した事業年度以降におけるP社の減価償却に関する取扱いについて具体的に教えてください。

（単位：百万円）

移転資産	取得価額	当期償却費	直前簿価
建物A	1,000	20	900

取得日：平成20年4月1日、償却方法：定額法、耐用年数：25年（0.040）

POINT

- S社（現物分配法人）における移転の日の属する事業年度開始の日から移転の前日までの期間に生じた減価償却費は、期中損金経理の明細の届出の要件のもと、損金に算入されます。
- S社がその資産を取得した日がP社（被現物分配法人）における移転資産の取得日とみなされます。また、償却方法は、移転資産の取得日に応じて被現物分配法人の選択している償却方法により決定されます。
- P社における移転資産の取得価額は、S社の現物分配直前の取得価額に事業の用に供するために直接要した費用の額を加算した金額となります。
- P社における移転資産の耐用年数は、原則として法定耐用年数によ

> りますが、特例として中古資産の取得をしたものとして見積耐用年数を使用するほか、現物分配法人が使用していた見積耐用年数を使用することも可能です。

Answer

　平成22年度の税制改正によりグループ法人税制が導入され、本制度の適用によって、平成22年10月1日以後、貴社から100％親会社へ現物分配により資産の移転をしたときは、適格現物分配の直前の帳簿価額による譲渡をしたものとして取り扱われます（法法62の5③、法令123の6）。

　適格現物分配の規定が創設されたことにより、移転資産に関する減価償却の規定も整備されていますので、本事例におけるS社における減価償却費に関する税務上の取扱い、及び、P社における移転後の移転資産に関する減価償却に関する取扱いにつき、以下具体的に説明します。

1．S社における移転前の減価償却費20百万円の取扱い

　譲渡日の属する事業年度開始の日から譲渡日まで期間に係る減価償却費については、その期中に損金経理した金額のうち、適格現物分配の日の前日を事業年度終了の日とした場合に計算される償却限度額に達するまでの金額は、S社の適格現物分配の日の属する事業年度の損金に算入されます（法法31②）。

　ただし、期中損金経理の明細に関する届出書を適格現物分配の日以後2月以内に納税地の所轄税務署長に提出することとされていますのでこの点にご留意ください（法法31③、法規21の2）。

　したがって、建物Aの適格現物分配の日の前日を事業年度終了の日とした場合に計算される償却限度額は、〔取得価額〕1,000×〔償却率〕0.040×6月/12月＝20であることから、減価償却費20百万円について2月以内の届出書の提出があることを前提に特に調整は生じないこととなります。

2．P社における移転後の事業年度における減価償却の取扱い

適格現物分配を受けた事業年度以後における移転資産の減価償却については、税務上次のように取り扱われます。

(1) 取得日、償却方法

適格現物分配により現物分配法人から移転を受けた減価償却資産については、現物分配法人がその減価償却資産の取得をした日において被現物分配法人が取得したものとみなされます（法令48の3）。

償却方法は、現物分配法人の取得日に取得したものとみなして、被現物分配法人の選択している償却方法によることとなります（法令48の3）。

なお、被現物分配法人が償却方法を選択している資産以外の資産の移転を受けた場合には、新規取得資産として償却方法の届出が必要となります（法令51②四）。

(2) 取得価額

次に掲げる区分に応じそれぞれに定める金額となります（法令54①五、123の6）。

① 残余財産の全部の分配

現物分配法人が残余財産の確定の日の属する事業年度において当該資産の償却限度額の計算の基礎とすべき取得価額に、当該資産を事業の用に供するために直接要した費用の額を加算した金額。

② ①以外の分配

現物分配法人が適格現物分配の日の前日を事業年度終了の日とした場合に、その事業年度においてその資産の償却限度額の計算の基礎とすべき取得価額に、その資産を事業の用に供するために直接要した費用の額を加算した金額。

ただし、耐用年数について中古資産の取得による見積耐用年数による場合には、上記の取得価額から、現物分配法人の各事業年度において損金に算入され

た償却額を控除したものを取得価額とすることとされています（耐令3③）。

(3) 耐用年数

　適格現物分配による資産の移転は、耐用年数省令第3条の「取得」に該当するため、原則として法定耐用年数によることとなりますが、特例として中古資産の取得をしたものとして見積耐用年数によることもできます（耐令3①）。また、移転を受けた資産につき、現物分配法人において中古資産の見積耐用年数により償却していた場合には、その見積耐用年数によることもできることとされています（耐令3②）。

　P社が移転を受けた建物Aについては、S社の取得日である平成20年4月1日がP社においても取得日とみなされ、平成20年4月1日に取得した資産の償却方法である定額法により償却することとなります。

　また、法定耐用年数で償却する場合には、S社の現物配当直前の取得価額1,000百万円が取得価額となります（P社が事業の用に供するために直接要した費用の額はなかったものとします）。一方、中古資産の取得として見積耐用年数により償却する場合には、上記の取得価額1,000百万円から、S社での各事業年度の損金算入額100百万円を控除した900百万円が取得価額となります。

Q4 適格現物分配 ―みなし配当との関係

当社（内国法人S社）は当年度（平成22年4月1日開始事業年度）の10月1日以後に、保有する土地（簿価1,000、時価1,500）を100％親会社（内国法人P社）に対して現物配当を行う予定です。このとき、当社は、下記のように利益剰余金と資本剰余金を減少させる経理を行う予定です。

平成22年度税制改正により法人税法上、現物配当に関する規定が設けられましたが、資本剰余金の減少を伴うものはみなし配当の規定も適用されると考えます。これらの処理方法について具体的に教えてください。

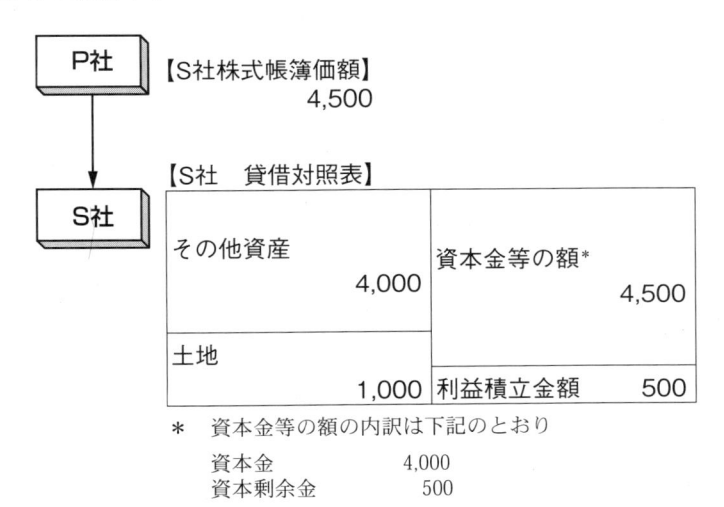

P社 → S社

【S社株式帳簿価額】
4,500

【S社 貸借対照表】

その他資産 4,000	資本金等の額* 4,500
土地 1,000	利益積立金額 500

＊ 資本金等の額の内訳は下記のとおり
　資本金　　　　　4,000
　資本剰余金　　　　500

【S社の現物分配時仕訳】

| （借）資本剰余金 | 500 | （貸）土　地 | 1,000 |
| 　　　利益剰余金 | 500 | | |

> **POINT**
> - 分配対象資産の価額（適格現物分配の場合は帳簿価額）が対応する資本金等の額を超える場合には、その超える部分の金額は配当とみなされます。
> - 受取配当等の計算において、適格現物分配に係る配当は除かれていますので、配当とみなされても「受取配当等の益金不算入」の対象とはならず、組織再編取引として益金不算入となります。

Answer

　資本剰余金の減少を伴う剰余金の配当が行われる場合においても、交付される金銭及び金銭以外の資産の価額が、その交付の基因となった株式に対応する資本金等の金額を超えるときは、その超える部分の金額は配当とみなされます。
　現物分配の場合においてもこのみなし配当は適用されます。

1．現物分配の定義

　法人税法上、現物分配には、次に掲げる事由により金銭以外の資産の交付をすることとされています（法法２十二の六）。
　①　剰余金の配当（資本剰余金の減少に伴うもの及び分割型分割によるものを除く）
　②　資本の払戻し（資本剰余金の減少に伴う剰余金の配当のうち分割型分割によるもの以外のもの）又は解散による残余財産の分配
　③　自己株式の取得又は出資の取得
　④　出資の消却、出資の払戻し、社員その他法人の出資者の退社又は脱退による持分の払戻しその他株式又は出資をその発行した法人が取得することなく消滅させること
　⑤　組織変更
　上記のうち、②から⑤についてはみなし配当発生事由であり、現物分配が行

われた場合においてもみなし配当は発生することとなります。S社の場合は、利益剰余金と資本剰余金を原資として現物分配を行うことから②に該当することとなります。また、本問は完全支配関係のある内国法人間の現物分配であることから、適格現物分配に該当します。

2．みなし配当の金額

みなし配当の金額は、下記の算式により算出されます。金銭及び金銭以外の資産の価額の合計額の計算上、適格現物分配の場合は交付直前の帳簿価額により計算することとされています（法法24①）。したがって、本問の場合は、時価の1,500ではなく、簿価の1,000によりみなし配当の計算を行うこととなります。

> 金銭及び金銭以外の資産の価額の合計額－資産の交付を行う法人の資本金等の額のうち、その交付の基因となった株式に対応する部分の金額

3．益金不算入の取扱い

受取配当等の益金不算入の計算においては、適格現物分配に係るものは除かれています（法法23）。適格現物分配は、組織再編税制の一環として創設されたものであることから法人税法62条の5（現物分配による資産の譲渡）の適用により資産の移転より生ずる収益は、益金不算入となります。

4．具体的計算

（1）　税務上の仕訳

本問における数値を前提に具体的な税務上の仕訳及び別表はそれぞれ下記のとおりとなります。

【S社の税務仕訳】

(借)	資本金等の額	450*1	(貸)	土　　　　地	1,000
	利益積立金額 （みなし配当）	50*2			
	利益積立金額	500			

【P社の税務仕訳】

(借)	土　　　　地	1,000	(貸)	S　社　株　式	450*3
				利益積立金額 （みなし配当）	50*4
				利益積立金額	500

*1　減少する資本金等の額（法令8十六）
　　S社資本金等の額4,500×0.1（減少資本剰余金500／簿価純資産5,000）＝450
*2　減少する利益積立金額（法令9①十一）及びみなし配当の金額（法法24、法令23①三）
　　減少した資本剰余金に対応する土地帳簿価額500－＊1の金額450＝50
*3　株式譲渡原価（法令119の9①）
　　S社株式帳簿価額4,500×0.100＝450
*4　利益積立金額（法令9①四）及びみなし配当金額（法法24、法令23①三）
　　減少した資本剰余金に対応する土地帳簿価額500－＊1の金額450＝50

(2)　申告書別表四及び別表五(一)の記載例

S社及びP社の申告書の記載例は下記のとおりとなります。

【S社　別表四】　　　　　　　　　　　　　　　　　　　　（単位：百万円）

区分	総額	処分		
		留保	流出	
	①	②	③	
当期利益又は当期欠損の額	0*	▲500	配当	500
			その他	－

第5章 組織再編税制

加算	みなし配当	50	—	50
減算	みなし配当	50	▲50	—
所得金額又は欠損金額		0	▲550	550

＊ 企業会計上、下記の仕訳のみがされたものと仮定している。

（借）	資本剰余金	500	（貸）	土地	1,000
	繰越損益金	500			

【S社　別表五(一)】

Ⅰ　利益積立金額
（単位：百万円）

区分	期首現在利益積立金額	当期の増減		差引翌期首現在利益積立金額
		減	増	
	①	②	③	④
繰越損益金	500	500	0	0
資本金等の額	—	—	▲50	▲50
差引合計額	500	500	▲50	▲50

Ⅱ　資本金等の額

区分	期首現在資本金等の額	当期の増減		差引翌期首現在資本金等の額
		減	増	
	①	②	③	④
資本金	4,000			4,000
資本剰余金	500	500	0	0
利益積立金額	—		50	50
差引合計額	4,500	500	50	4,050

【P社　別表四】

(単位：百万円)

区分	総額	処分	
		留保	流出
	①	②	③
当期利益又は当期欠損の額	500	500	配当　—
			その他　—
加算　みなし配当	50	50	—
減算　適格現物分配に係る益金不算入額	550		▲550
所得金額又は欠損金額	0	550	▲550

＊　企業会計上、下記の仕訳のみがされたものと仮定している。

(借) 土　　地　　1,000	(貸) S 社 株 式　　500
	受 取 配 当 金　　500

【P社　別表五(一)】

I　利益積立金額

(単位：百万円)

区分	期首現在利益積立金額	当期の増減		差引翌期首現在利益積立金額
		減	増	
	①	②	③	④
S社株式	—	—	50	50
差引合計額	—	—	50	50

第5章　組織再編税制

Q5 適格現物分配
―孫会社の子会社化

当社（P社）グループは現在下記のような資本関係を有していますが、S2社株式をP社に移転し、孫会社を子会社化することを予定しています。

この場合、S2社株式をP社に移転させる方法として、どのような方法があるか、また、それぞれの方法における平成22年税制改正後の取扱いを教えてください。なお、P社、S1社及びS2社は全て内国法人です。

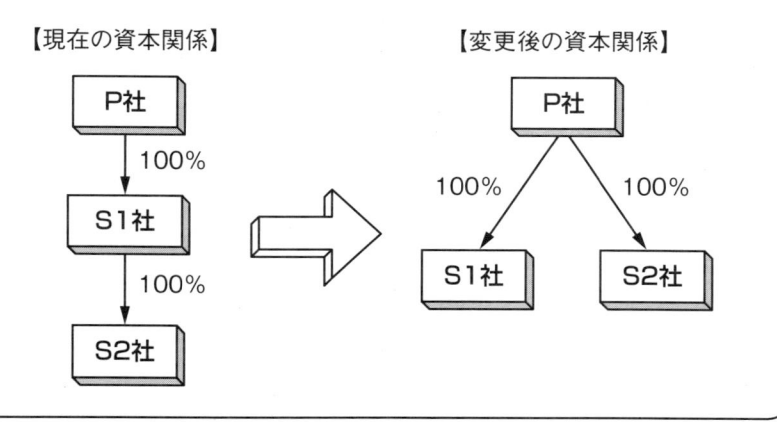

【現在の資本関係】

P社
↓100%
S1社
↓100%
S2社

⇒

【変更後の資本関係】

P社
↓100%　↓100%
S1社　　S2社

POINT

- 孫会社を子会社化する方法として、下記方法が挙げられます。
    ① 譲渡
    ② 分割型分割（無対価）
    ③ 現物分配
- 100％の資本関係を前提とした場合、平成22年10月1日以後は、いずれの方法によっても含み損益に対する課税はなく、孫会社の子会社化が可能となります。

Answer

　孫会社であるS2社を子会社化する方法として、S2社株式のP社への譲渡、分割型分割又は現物分配が挙げられます。譲渡の場合は、譲渡損益が発生しますが、平成22年度税制改正により完全支配関係のある法人間の一定資産の譲渡は、その譲渡損益が繰り延べられます。また、無対価の分割型分割についても規定の明確化がなされ、分割前に完全支配関係があり、かつ、分割後も当事者間の完全支配関係が継続する見込みであることを前提に適格分割型分割に該当し、分割対象資産は簿価で引き継がれます。現物分配の場合においても、現物分配を受けるのはS1社と完全支配関係のある内国法人であるP社のみであるため適格現物分配に該当し、帳簿価額で譲渡されることとなります。

　したがって、すべての方法において含み損益に対する課税は生じることなく、孫会社の子会社化が可能と考えられます。以下、これらの各方法の税務上の取扱いについて比較します。

　実際には、これら税務上の取扱いのほか、会社法手続等を考慮して決定する必要があります。

1．取扱いの要約

	時価移転／簿価移転の別	含み損益の実現	欠損金等の制限規定適用の有無
譲渡	時価	含み損益は実現するが、繰り延べられる	無
適格分割型分割	簿価	含み損益は実現しない	有
適格現物分配	簿価	含み損益は実現しない	有

2．譲渡

　株式の移転方法として譲渡が選択された場合、時価で取引が行われるため含

み損益はいったん実現します。しかし、完全支配関係がある法人間の取引であることから（S2社株式が譲渡損益調整資産に該当することを前提に）実現した譲渡損益は繰り延べられ、最終的にＰ社において譲渡等の事由が生じたときに実現することとなります（法法61の13①②）。

　なお、譲渡の場合、簿価移転ではないことから欠損金等の制限規定の適用はありません。

3．適格現物分配

　株式の移転方法として現物分配が選択された場合、完全支配関係のある法人間の現物分配であることから適格現物分配に該当します。適格現物分配は、簿価譲渡であり含み損益は実現しないこととなります（法法62の5③）。

　しかし、Ｐ社とＳ1社における50％超の支配関係が生じてから5年を経過していない場合等、一定の場合にはＰ社において欠損金等の制限規定が適用されますので、留意が必要となります。

4．適格分割型分割

　株式の移転方法として分割型分割が選択された場合、分割前に完全支配関係があり、かつ、分割後も当事者間の完全支配関係が継続する見込みであることを前提に適格分割型分割に該当します。適格分割型分割は簿価で資産が引き継がれることから、含み損益は実現しないこととなります（法法62の2②）。

　しかし、Ｐ社とＳ1社における50％超の支配関係が生じてから5年を経過していない場合等、一定の場合にはＰ社において欠損金等の制限規定が適用されますので、留意が必要となります。

　なお、適格分割型分割が行われた場合においては、移転する資産に対応する資本金等の額及び利益積立金額の引継計算とＰ社におけるＳ1社株式帳簿価額の付替計算が必要となります。

5．税務仕訳

これら3つの方法における税務仕訳は下記のとおりとなります。

(1) 前提

- P社におけるS1株式帳簿価額　1,000　　　　　　　　　（単位：百万円）
- S1社におけるS2社株式帳簿価額　1,000（時価2,000）
- S1社の簿価純資産2,000（資本金等の額1,000、利益積立金額1,000）

譲渡

【P社】

（借）	S2社株式	2,000	（貸）	現金	2,000

【S1社】

（借）	現金	2,000	（貸）	S2社株式	1,000
				譲渡益 （繰延べ）	1,000

適格現物分配

【P社】

（借）	S2社株式	1,000	（貸）	現物分配利益 （益金不算入）	1,000

【S1社】

（借）	利益積立金額	1,000	（貸）	S2社株式	1,000

適格分割型分割

【P社】

(借)	S2社株式	1,000	(貸)	資本金等の額	500*1
				利益積立金額	500*2
	S2社株式	500		S1社株式	500*3

【S1社】

(借)	資本金等の額	500*1	(貸)	S2社株式	1,000
	利益積立金額	500*2			

*1　S1資本金等の額1,000×0.5（移転純資産1,000/簿価純資産2,000）＝500
*2　S2社株式1,000－*1（減少資本金等の額）500＝500
*3　簿価付替　S1社株式帳簿価額1,000×0.5＝500

Q6 100％グループ内の法人間で非適格合併が行われた場合の再編当時会社と株主における処理

当社（内国法人Ｐ社）のグループには100％子会社であるＳ１社とＳ２社、100％孫会社であるＳ３社とＳ４社が存在します（下図参照）。この度グループ内での事業再編の一環として孫会社同士の合併（Ｓ３社を被合併法人、Ｓ４社を合併法人）を計画しています。合併対価は金銭を予定しています。平成22年度の税制改正も踏まえて、本件合併の税務上の取扱いを教えてください。

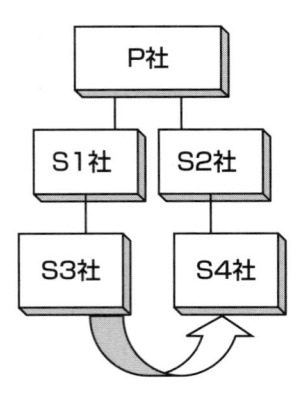

```
           P社
          /   \
        S1社   S2社
         |      |
        S3社   S4社
          \___→/
```

POINT

- 100％グループ内の法人間で非適格合併が行われた場合、時価で資産が譲渡されたものとして取り扱われますが、資産を譲渡した法人（Ｓ３社）では一定の資産に係る譲渡損益が繰り延べられます。
- 非適格合併によりＳ３社で繰り延べられた譲渡損益はＳ４社に引き継がれます。

Answer

100％グループ内の法人間での組織再編行為において、対価要件や支配継続

要件が充足されないなどの場合には非適格組織再編となり、移転する資産及び負債に係る譲渡損益を認識する必要があります。他方、平成22年度の税制改正により完全支配関係法人間における譲渡損益調整資産の譲渡に係る譲渡損益の繰延べ（法法61の13①）の制度が創設されました。これにより100％グループ内の法人間で行われる一定の資産の譲渡については、譲渡時に譲渡法人が認識すべき譲渡損益に対する課税が繰り延べられることとなりました。この譲渡損益の繰延規定は100％グループ内の法人間で行われる非適格合併による資産の譲渡の場合にも適用されます（法法62、61の13）。

なお、譲渡損益調整資産を移転した法人が資産の譲受法人との間で完全支配関係を有さなくなった場合（100％グループ内での適格合併による消滅を除く）には、移転法人において繰り延べられていた含み損益が実現することになります（法法61の13③）。ただし、移転法人が非適格合併により消滅した場合には譲渡利益に相当する金額は合併法人の取得価額に含めず、譲渡損失に相当する金額は合併法人の取得価額に加算することとされていますので、移転法人の消滅による繰延損益の実現はありません（法法61の13⑦）。つまり、譲渡損益調整資産については、実質的には、非適格合併であっても適格合併と同様に、合併法人は合併直前の簿価により取得することになります。

被合併法人から下記のような内容で合併法人に資産を移転する場合の税務上の仕訳は次のとおりです（会計上は簿価移転を前提とします）。

科目	帳簿価額	時価	差額
流動資産	3,200	3,200	―
有形固定資産	800	1,000	200
のれん	―	1,000	1,000
前期末純資産額	4,000	5,200	1,200
前期末利益積立金額	3,000	―	―
前期末資本金等の額	1,000	―	―
S3社株式	1,500		

【S3社】

(借) 現　　金　5,200	(貸) 流 動 資 産　3,200
	有形固定資産　　800
	固定資産譲渡益　1,200
	（うち有形固定資産に係る譲渡益200のみは繰延べ）

別表四

区分	総額	処分	
		留保	流出
	①	②	③
当期利益又は当期欠損の額	0	0	配当
			その他
減算　固定資産譲渡益繰延べ	200	200	
非適格の合併等又は残余財産の全部分配等による移転資産等の譲渡利益額又は譲渡損失額	1,200		1,200
所得金額又は欠損金額	1,000	▲200	1,200

別表五(一)

区分	期首現在利益積立金額	当期の増減		差引翌期首現在利益積立金額
		減	増	
	①	②	③	④
固定資産譲渡益に係る調整勘定			▲200	▲200

【S4社】

　合併法人は時価で移転資産及び負債を受け入れることになりますが、譲渡損益調整資産に係る繰延譲渡損益を被合併法人から引き継ぐ形となります。

(借)	流 動 資 産	3,200	(貸)	現 金	5,200
	有形固定資産	800			
	資産調整勘定	1,000			
	資産譲渡益調整勘定	200			

別表五（一）

区分	期首現在利益積立金額	当期の増減		差引翌期首現在利益積立金額
		減	増	
	①	②	③	④
固定資産譲渡益に係る調整勘定			▲200	▲200
資産調整勘定			1,000	1,000

【S1社】

　金銭交付型非適格合併の場合、被合併法人株主が保有する被合併法人株式は現金による払戻しを受けたものと取り扱われますので、株式譲渡損益とみなし配当課税が発生します。ただし、100％グループ内の法人から払戻しを受けた場合には、みなし配当は益金不算入、株式譲渡損益は資本金等の額の増減させることになります（法法61の2⑯、法令9①十九）。

(借)	現 金	5,200	(貸)	S 3 社 株 式	1,500
	資本金等の額	500		みなし配当 （益金不算入）	4,200

Q7 100％グループ内の法人間で非適格分割が行われた場合の再編当時会社と株主における処理

当社（P社）は製造子会社（S1社）を有しています。当年度（平成22年4月1日開始事業年度）においてS1社が有している事業の一部を同業他社であるX社に平成23年5月1日に売却することを予定しています。事業売却の方法は次のとおりです。まず、当社はS2社を新設します。次に、S1社の事業の一部をS2社に会社分割により移転します。その後、S2社株式をX社に売却します。以上の組織再編を行った場合の、再編当事会社（S1社、S2社）と株主（P社）における税務上の取扱いにつき教えてください。

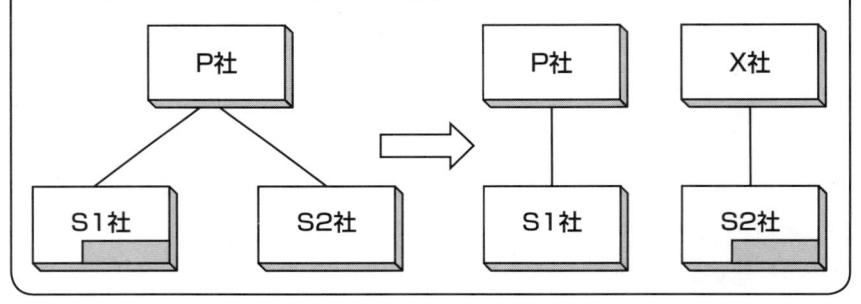

POINT

- 100％グループ内の法人間で非適格分割が行われた場合、時価で資産が譲渡されたものとして取り扱われますが、資産を譲渡した法人（S1社）では一定の資産に係る譲渡損益が繰り延べられます。
- 資産の譲受け法人（S2社）とS1社との完全支配関係が消滅した日の属する事業年度に、S2社で繰り延べられた譲渡損益が実現することになります。

Answer

100％グループ内の法人間での組織再編行為において、対価要件や支配継続

要件が充足されない場合には非適格組織再編となり、移転する資産及び負債に係る譲渡損益を認識する必要があります。本件の分割においては分割承継法人であるＳ２社の売却が当初から見込まれていることから、適格分割の要件を充足しません。他方、平成22年度の税制改正により完全支配関係法人間における譲渡損益調整資産の譲渡による譲渡損益の繰延べ（法法61の13①）の制度が創設され、100％グループ内の法人間で行われる一定の資産の譲渡については、譲渡法人において譲渡損益が繰り延べられることとなりました。この譲渡損益の繰延規定は100％グループ内の法人間で行われる非適格分割の場合にも適用されます（法法62、61の13）。

なお、譲渡損益調整資産を移転した法人と資産の譲受法人との間で完全支配関係が消滅した場合（100％グループ内での適格合併による消滅を除く）には、譲渡法人において繰り延べられていた譲渡損益が実現することになります（法法61の13③）。したがって、分割事業年度では、Ｓ１社において譲渡損益調整資産に係る損益が繰り延べられ、Ｓ２社がＸ社に売却された事業年度において当該繰延損益が実現します。

分割法人の保有する土地（簿価500、時価100）と建物（簿価200、時価500）を非適格分割により分割承継法人に移転する場合の分割事業年度における税務上の仕訳は次のとおりです（会計上は簿価移転を前提とします）。

【Ｓ１社】

（借）			（貸）		
資本金等の額	200		土　　　　地	500	
土地譲渡損 （譲渡損繰延）	400				
利益積立金額 （みなし配当）	400		建　　　物	200	
			建物譲渡益 （譲渡益繰延）	300	

Ｓ１社の分割の日の属する直前の事業年度末の資本金等の額を1,000、純資産の額を3,500とする。
減少する資本金等の額は1,000×700/3,500＝200

別表四

区分	総額	処分	
		留保	流出
	①	②	③
当期利益又は当期欠損の額	0	0	配当
			その他
加算 土地譲渡損繰延べ	400	400	
減算 建物譲渡益繰延べ	300	300	
非適格の合併等又は残余財産の全部分配等による移転資産等の譲渡利益額又は譲渡損失額	▲100		▲100
所得金額又は欠損金額	0	100	▲100

別表五(一)

区分	期首現在利益積立金額	当期の増減		差引翌期首現在利益積立金額
		減	増	
	①	②	③	④
土地譲渡損に係る調整勘定			400	400
建物譲渡益に係る調整勘定			▲300	▲300

　別表五(一)で翌期に繰り越されたＳ１社の土地譲渡損400及び建物譲渡益300は、Ｓ１社とＳ２社が完全支配関係を有さなくなった日の前日の属する事業年度（つまり、Ｐ社がＳ２社株式をＸ社へ売却した平成23年５月１日の前日である４月30日の属する事業年度）において取り崩すことになります。なお、Ｓ２社はＳ１社に対して完全支配関係がなくなった旨を通知する義務があります（法令122の14⑯⑰）。

第5章 組織再編税制

【S2社の税務仕訳】

分割承継法人は時価で移転資産及び負債を受け入れます。また、非適格分割型分割の場合、分割承継法人は分割法人の利益積立金を引き継ぎません（法令8①六）。

（借）	土　　　　地	100	（貸）	資本金等の額	600
	建　　　　物	500			

【P社の税務仕訳】

非適格分割型分割の場合には分割法人株主が保有する分割法人株式の一部売却と取り扱われ、非適格分割型分割（金銭等不交付分割型分割）の場合にはみなし配当課税のみが発生します（法法24、61の2④）。金銭等不交付分割型分割における分割法人様式の譲渡原価及び分割承継法人様式の譲渡対価は、分割純資産対応帳簿価額とされているため、S1社株式の譲渡損益は生じません（法法61の2④、法令119の8①）。

また、交付を受けたS2社株式の取得価額は、S1社株式（分割前の簿価は1,000）での譲渡原価の額にみなし配当の額を加算して算定されます（法令119①六）。

（借）	S 2 社 株 式	600	（貸）	S 1 社 株 式	200
				み な し 配 当*	400

＊　源泉税は考慮しない。

P社のS2社株式売却時の譲渡損益は対価を売却直前のS2社株式簿価の差額により計算します（法法61の2①）。

Q8 100%グループ内の法人間で非適格株式交換が行われた場合の再編当時会社と株主における処理

当社（P社）は複数の子会社を有しています（直接完全支配関係にある子会社）。事業の選択と集中の観点から一部の子会社を売却することを考えています。子会社売却手続の簡略化のため、当年度（平成22年4月1日開始事業年度）においてS1社を完全親法人、その他の数社を完全子法人とする株式交換を行った後にS1社株式を売却するつもりです。税務上の取扱いにつき教えてください。

POINT

- 100％グループ内の法人間で非適格株式交換が行われた場合、改正前は、株式交換完全子法人となる法人の有する一定の資産について時価評価課税が行われていましたが、平成22年10月1日以後に行われる非適格様式交換については、時価評価課税が行われないようになりました。

Answer

株式交換・株式移転は、平成18年度の税制改正において合併・分割・現物出資といった他の組織再編に係る税制の枠組みの中に制度化されました。合併や分割と同様に税制適格要件による判定を行い、適格要件を充足する場合には、完全子法人株主の株式譲渡損益の繰延べが認められます。適格要件を充足しない場合には、完全子法人株主は株式譲渡損益を認識するとともに、完全子法人が保有する一定の資産につき時価評価課税を受けることとされています。

時価評価の対象となる資産（時価評価資産）は、固定資産、土地等、有価証券、金銭債権及び繰延資産（圧縮記帳の適用を受けた減価償却資産や売買目的有価証券などは除く）を含みます。

100％グループ内での株式交換・株式移転後に完全子法人株式を譲渡するこ

とが予定されている場合、株式の継続保有要件を充足しないため、非適格の株式交換・株式移転となります。平成22年10月1日以後に100％グループ内の法人間で行われる非適格株式交換、又は非適格株式移転については、時価評価課税の適用除外とされました。したがって、本件の場合も、S1社の完全子法人が保有する時価評価対象資産の時価評価課税は受けないことになります（法法62の9①）。なお、株式交換・株式移転により完全親法人の子法人株式の取得価額等と増加する資本金等の額については従前どおりです。

完全親法人の完全子法人株式の取得価額

適格株式交換、適格株式移転	株式交換等の直前の完全子法人の株主の数	50人未満の場合	完全子法人の株主が有していた完全子法人の株式の帳簿価額の合計額
		50人以上である場合	完全子法人の簿価純資産価額
非適格株式交換、非適格株式移転			株式の取得のために通常要する金額（時価）

完全親法人の増加資本金等の額は、完全子法人の株式の取得価額から完全子法人の株主等に交付した完全親法人の株式以外の資産の価額を減算した金額です。

Q9 無対価組織再編の取扱いの概要

グループ内で合併や分割等の組織再編を無対価で行った場合、税務上は適格組織再編になるのかどうか明確ではありませんでした。平成22年度の税制改正で無対価組織再編の取扱いが明確にされたということですが、その概要を教えてください。

POINT

- 平成22年度の税制改正では、無対価で行われる合併、分割及び株式交換のうち一定のものが適格組織再編に該当することが法令において明文化されました。

Answer

1．無対価組織再編の規定の概要

改正前の法人税法は、組織再編が行われる場合、対価として株式又はその他の資産が交付されることを前提に適格性要件を規定していたと考えられます。分割型分割、分社型分割のいずれの定義においても「分割により分割法人が交付を受ける分割対価資産」と規定されていました。また、資産及び負債を移転しているにも関わらず対価を得ていない行為は寄附・贈与に該当するのではないかという考えもありました。そこで、無対価分割が行われた場合、実質的に株式割当等を省略したと認められる場合には株式割当等があったものとして法人税法の規定を適用することとされていました。実務的には、株式割当等を省略したことを説明するために、株式交付を省略しても資本関係に変化がないことや契約書等において株式交付の省略を行うことを明記するなどの要件のもとで、適格分割の取扱いを認めていました。

平成22年税制改正により適格組織再編として取り扱われる無対価再編の要件が法令において明文化されました。基本的な考え方としては、実質的には株式の交付が省略されたと認められる場合は適格組織再編として、そうではない場合は非適格組織再編として取り扱われてきた従前の取扱いを明確にしたものであり、税務当局の課税方針が変更されたわけではないと考えられます。

まず、無対価の分割の場合、分割対価資産が交付されないため、その分割が分割型分割なのか、分社型分割なのか不明であるといった実務上の問題がありました。税制改正後は、分割対価資産が交付されない分割で、その分割の直前において、分割承継法人が分割法人の発行済株式等の全部を保有している場合または分割法人が分割承継法人の株式を保有していない場合は、分割型分割となります。そして、分割対価資産が交付されない分割で、その分割の直前において分割法人が分割承継法人の株式を保有している場合は、分割型分割となります。

分割承継法人が分割法人の発行済株式等の全部を保有している場合	分割型分割
分割法人が分割承継法人の株式を保有していない場合	分割型分割
分割法人が分割承継法人の株式を保有している場合	分社型分割

無対価適格合併における被合併法人の株主の課税については、合併法人の株式以外の資産が交付されない合併の場合と同様に、被合併法人の株式の譲渡対価の額を合併直前の帳簿価額とすることにより譲渡損益を計上しないこととし（法法61の2②）、また、無対価株式交換における株式交換完全子法人の株主の課税については、株式交換完全親法人の株式以外の資産が交付されない株式交換の場合と同様に、株式交換完全子法人の株式の譲渡対価の額を株式交換直前の帳簿価額とすることにより譲渡損益を計上しないこととしています（法法61の2⑧）。

2. 適格組織再編となる無対価組織再編の範囲

　平成22年度の税制改正において無対価組織再編が適格組織再編として認められる再編当事者間の関係を限定しました。明記された内容を整理すれば次表のようになります。

（1）　無対価合併の場合

完全支配関係がある場合	①合併法人が被合併法人の発行済株式等の全部を保有すること
	②合併前に被合併法人と合併法人との間に同一の者による次に掲げる完全支配関係があり、かつ、合併後に当該同一の者による当該完全支配関係が継続することが見込まれていること イ）合併法人が被合併法人の発行済株式等の全部を保有する関係 ロ）一の者が被合併法人及び合併法人の発行済株式等の全部を保有する関係 ハ）合併法人及び当該合併法人の発行済株式等の全部を保有する者が被合併法人の発行済株式等の全部を保有する関係 ニ）被合併法人及び当該被合併法人の発行済株式等の全部を保有する者が合併法人の発行済株式等の全部を保有する関係
支配関係がある場合	③被合併法人と合併法人との間に一方の法人による次に掲げる支配関係があること イ）合併法人及び当該合併法人の発行済株式等の全部を保有する者が被合併法人の発行済株式等の全部を保有する関係 ロ）被合併法人及び当該被合併法人の発行済株式等の全部を保有する者が合併法人の発行済株式等の全部を保有する関係
	④上記②の完全支配関係を支配関係と読みかえた場合にイ）～ニ）の関係があること

| 支配関係がない場合 | 無対価合併に係る被合併法人のすべて又は合併法人が資本又は出資を有しない法人であること |

　今般の無対価再編の取扱いの改正については、対価の交付を省略しても当事者の資本関係に変動がない、いわゆる省略型の再編については適格要件を充足し、それ以外の場合は非適格として整理されています。

　上記表において列挙されている関係はいずれも、省略型の類型になります。この点、省略型の再編を行った後に株主が一部の株式を売却し、完全支配関係が崩れる場合でも、支配関係が継続することが見込まれる限りにおいて、適格要件を充足させるべく、完全支配関係のみならず、支配関係がある場合においても無対価再編の規定が置かれています（上記表の③及び④）。

　例えば、共通の親会社を有する子会社同士が無対価合併をした後に、親会社が合併法人株式の一部を外部の第三者に譲渡するようなケースは、上記表の④のロ）に該当し、事業継続等、他の適格要件を充足する場合は適格合併と取り扱われます。

　一方、支配関係がない場合、すなわち共同事業を営むための合併については、無対価再編に係る改正の対象とはなっていません。これは、共同事業を営むための合併については、株式継続保有要件（法令4の3④五）の充足が必要であるところ、無対価再編の場合は当該要件を充足し得ないことによります。

　すなわち、合併の株式継続保有要件とは、①被合併法人の株主で、合併により交付を受ける株式全部を継続保有することが見込まれる者が有する被合併法人株式数と、②合併法人が有する被合併法人株式（抱合株式）数の合計が、被合併法人の発行済株式総数の80％以上であることを求めるものですが、無対価合併の場合、①が0となりますので、要件充足のためには合併直前に合併法人が被合併法人の株式を80％以上保有している必要がある、すなわちグループ内再編の場合に限られるということです。

(2) 無対価分割の場合

完全支配関係がある場合	①分割前に分割法人と分割承継法人との間にいずれか一方の法人による次に掲げる完全支配関係があり、かつ、当該分割後に当該分割法人と分割承継法人との間にいずれか一方の法人による完全支配関係が継続することが見込まれていること イ）分割承継法人が分割法人の発行済株式等の全部を保有する関係 ロ）分割法人が分割承継法人の発行済株式等の全部を保有する関係
	②分割前に分割法人と分割承継法人との間に同一の者による次に掲げる完全支配関係（分割型分割の場合はイからハ、分社型分割の場合はニ）があり、かつ、当該分割後に当該分割法人と分割承継法人との間に当該同一の者による完全支配関係が継続することが見込まれていること イ）分割承継法人が分割法人の発行済株式等の全部を保有する関係 ロ）一の者が分割法人及び分割承継法人の発行済株式等の全部を保有する関係 ハ）分割承継法人及び当該分割承継法人の発行済株式等の全部を保有する者が分割法人の発行済株式等の全部を保有する関係 ニ）分割法人が分割承継法人の発行済株式等の全部を保有する関係
支配関係がある場合	③分割前に分割法人と分割承継法人との間にいずれか一方の法人による次に掲げる支配関係があり、かつ、当該分割後に当該分割法人と分割承継法人との間にいずれか一方の法人による支配関係が継続することが見込まれていること イ）分割承継法人が分割法人の発行済株式等の全部を保有する関係 ロ）分割法人が分割承継法人の発行済株式等の全部を保有する関係 ハ）分割承継法人及び当該分割承継法人の発行済株式等の全部を保有する者が分割法人の発行済株式等の全部を保有する関係

	④上記②の完全支配関係を支配関係と読みかえた場合にイ）～ニ）の関係があること
支配関係がない場合	⑤次に掲げる関係がある分割型分割であること イ）分割承継法人が分割法人の発行済株式等の全部を保有する関係 ロ）分割承継法人及び当該分割承継法人の発行済株式等の全部を保有する者が分割法人の発行済株式等の全部を保有する関係

　分割についても、合併と同様、上記表に列挙される省略型の再編については適格要件を充足し、それ以外の場合は非適格として取り扱われます。

　合併と異なる点ですが、分割の場合は無対価であっても、共同事業を営むための適格要件の一つである株式継続保有要件を充足するケースがあり、その点につき手当てが行われています。

　分割における株式継続保有要件とは、①分割法人の株主で、分割により交付を受ける株式全部を継続保有することが見込まれる者が有する分割法人株式数と、②分割承継法人が有する分割法人株式数、及び③その分割に係る他の分割法人が有する分割法人株式数の合計が、分割法人の発行済株式総数の80％以上であることを求めるものですが、無対価分割の場合、①は０となるものの、②について、分割前に分割承継法人が分割法人株式を80％以上保有しているケースについては充足の可能性があり、そうしたケースに対応するため、上記表の⑤が規定されています。

(3) 無対価株式交換の場合

完全支配関係がある場合	①株式交換前に株式交換完全子法人と株式交換完全親法人との間に同一の者による次の完全支配関係があり、かつ、当該株式交換後に当該株式完全交換子法人と株式交換完全親法人との間に当該同一の者による完全支配関係が継続することが見込まれていること イ）一の者が株式交換完全子法人および株式交換完全親法人の発行済株式等の全部を保有する関係（「同一者完全支配関係」）にあること ロ）株式交換完全親法人及び当該株式交換完全親法人の発行済株式等の全部を保有する者が株式交換完全子法人の発行済株式等の全部を保有する関係（「親法人完全支配関係」）にあること
支配関係がある場合	②株式交換前に株式交換完全子法人と株式交換完全親法人との間にいずれか一方による親法人完全支配関係があり、かつ、当該株式交換後に当該株式交換完全子法人と株式交換完全親法人との間にいずれか一方の法人による支配関係が継続することが見込まれていること
	③株式交換前に株式交換完全子法人と株式交換完全親法人との間に同一の者による同一者完全支配関係又は親法人完全支配関係があり、かつ、当該株式交換後に当該株式交換完全子法人と株式交換完全親法人との間に当該同一の者による支配関係が継続することが見込まれていること
支配関係がない場合	④親法人完全支配関係がある場合

　株式交換についても、合併と同様、上記表に列挙される省略型の再編については適格要件を充足し、それ以外の場合は非適格として取り扱われます。

　無対価株式交換における留意点ですが、まず、株式交換前に株式交換完全親法人により株式交換完全子法人が完全支配されている場合、省略型の株式交換は行い得ないので無対価株式交換は非適格として取り扱われます。

　したがって、完全支配関係がある場合、無対価株式交換が適格となるのは同一者による完全支配関係があるケースに限定されます。

一方、支配関係がある場合は、同一者による支配のみならず、いずれか一方の法人による支配関係がある場合も、省略型であれば適格となります。

　また、支配関係のない場合、すなわち共同事業を営むための株式交換については、分割と同様、無対価であっても共同事業を営むための適格要件の一つである株式継続保有要件を充足するケースがあり、その点につき手当てされています。

　株式交換における株式継続保有要件とは、①株式交換完全子法人の株主で、株式交換により交付を受ける株式全部を継続保有することが見込まれる者が有する株式交換完全子法人の株式数と、②株式交換完全親法人が有する株式交換完全子法人株式数の合計が、株式交換完全子法人の発行済株式総数の80％以上であることを求めるものですが、無対価株式交換の場合、①は0となるものの、②について株式交換前において株式交換完全親法人が株式交換完全子法人株式を80％以上保有しているケースについては充足の可能性があり、そうしたケースに対応するため、上記表の④が規定されています。

Q10 兄弟会社間の分割と孫会社間の分割

　当社（内国法人P社）のグループには100％子会社であるS1社とS2社、100％孫会社であるS3社とS4社がいます（下図参照）。この度グループ内での事業再編の一環としてS1社からS2社への事業の一部移管及びS3社からS4社への事業の一部移管をする計画があります。100％グループ内の事業移管であるため、無対価分割を予定しています。平成22年度の税制改正も踏まえて、税務上の取扱いを教えてください。

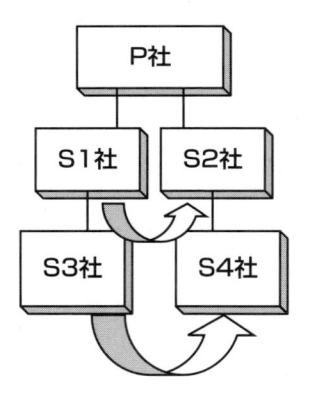

```
        P社
       /   \
     S1社   S2社
      |     |
     S3社   S4社
```

POINT

- S1社からS2社への分割は適格分割型分割に該当します。S1社から移転される資産・負債は簿価でS2社に引き継がれます。
- S3社からS4社への分割は非適格分割に該当します。S3社から移転される資産・負債は時価でS4社に引き継がれます。S3社は移転資産・負債に係る譲渡損益を認識することになりますが、平成22年10月1日以後の分割の場合、一定の譲渡損益に係る課税は繰り延べられます。

- なお、平成22年10月１日以降の無償の事業譲渡による場合も非適格分割と同様に、譲渡損益に係る課税は繰り延べられます。よって、事業移転時に譲渡損益課税が発生しないという点においては適格分割、非適格分割及び事業譲渡の差異は少なくなったといえますが、資産・負債調整勘定計上の有無、欠損金や含み損益の利用制限、不動産取得税の軽減措置などの重要な差異に留意して手法を検討する必要があります。

Answer

　改正前の法人税法では無対価の分割が行われた場合の取扱いにつき明文の規定がなく、適格分割に該当するのか不明でした。実務上は国税庁のHPで公開されている質疑応答事例を参考にして適格要件を検討していました。質疑応答事例では、無対価の分割を適格分割として取り扱うためには、①株式の交付の省略と認められること、②実際に株式が交付された場合の分割前後で株主構成および資本構成に変化がないこと等の要件を充足することが必要だとしています。

　平成22年度の税制改正では分割を次のように分類しました（法法２十二の九、十二の十）。

分割承継法人が分割法人の発行済株式等の全部を保有している場合	分割型分割
分割法人が分割承継法人の株式を保有していない場合	分割型分割
分割法人が分割承継法人の株式を保有している場合	分社型分割

　また、100％グループ内において無対価分割が認められる場合を制限しています。具体的には、分割型分割にあっては下記イからハまでに掲げる関係がある場合、分社型分割にあっては下記ニに掲げる関係がある場合における当該完全支配関係にそれぞれ限定しています（法令４の３⑥）。

イ	分割承継法人が分割法人の発行済株式等の全部を保有する関係
ロ	一の者が分割法人及び分割承継法人の発行済株式等の全部を保有する関係
ハ	分割法人及び当該分割承継法人の発行済株式等の全部を保有する者が分割法人の発行済株式等の全部を保有する関係
ニ	分割法人が分割承継法人の発行済株式等の全部を保有する関係

　S1社からS2社への無対価分割は上記のロに該当するため適格分割型分割となります。しかし、S3社からS4社への分割の場合は上記イ～ニのいずれにも該当しないことから、非適格分割となります。なお、平成22年10月1日以後を効力発生日とする100％グループ内の法人間で分割が行われた場合は、たとえ非適格分割に該当する場合も、譲渡損益調整資産に係る損益は分割法人において繰延られます。ただし、自己創設のれんは、譲渡損益調整資産に該当せず、譲渡益課税の対象となるので注意が必要です。

　上記のような100％グループ内で行われる適格分割、非適格分割及び無償の事業譲渡について比較をすると次のようになります。

	適格分割	非適格分割	無償の事業譲渡
譲渡損益課税	簿価譲渡のため損益なし	時価譲渡のため損益が発生するが、譲渡損益調整資産に係る損益については繰り延べられる	時価譲渡のため損益が発生するが、譲渡損益調整資産に係る損益については繰り延べられる
のれん	―	資産・負債調整勘定が発生	資産・負債調整勘定が発生
繰越欠損金や含み損益に係る制限	一定の場合制限される	―	―

株主課税	子会社株式簿価の付替えが必要	株主間の寄附に該当する可能性あり	寄附修正事由による子会社株式の修正が必要
不動産取得税	一定の場合、軽減措置あり	一定の場合、軽減措置あり	軽減措置なし

Q11 適格再編における貸倒引当金の処理

　当社（P社）は、平成22年11月1日に、分社型分割により、以下に示す資産を、100％子会社（S社）に移転をする予定です。税務上、適格分社型分割に該当する場合において、一括評価金銭債権に係る貸倒引当金に関する取扱いが変わったと聞きましたが、当社における、移転資産の分社型分割の直前の会計上の簿価、税務上の否認額を下記のとおりと想定した場合の、当該分社型分割における、当社及び子会社の税務上の取扱いを、具体的に教えてください。

（単位：百万円）

移転資産	会計上の簿価	税務否認金	時価
金銭債権	600	0	300
貸倒引当金（個別）	△100	50	—
貸倒引当金（一括）	△200	10	—
減価償却資産	1,000	0	600
減価償却累計額	△400	0	
土地	500	0	1,000

POINT

- 分割法人が、移転する金銭債権について、適格分割の日の前日を事業年度終了時とした場合の貸倒引当金の繰入計算を行ったときは、税務署への一定の届出を要件として、個別評価金銭債権に係る貸倒引当金に加え、一括評価金銭債権に係る貸倒引当金についても、その適格分割の日の前日を事業年度終了時とした場合に計算される繰入限度額に達するまでの金額は損金の額に算入されます。
- 分割承継法人では、移転を受ける金銭債権に係る貸倒引当金について、個別評価金銭債権に係るものに加え、一括評価金銭債権に係る貸

倒引当金についても、分割承継法人で損金の額に算入された貸倒引当金に相当する金額で引継ぎを行い、当該分割があった日の属する事業年度において、戻入れの処理を行うことになります。
- 平成22年10月１日以後に、適格分社型分割が行われる場合について適用されます。

Answer

　平成22年度の税制改正により、適格分社型分割、適格現物出資又は適格現物分配（残余財産の全部の分配を除く。以下「適格分割等」）において、一括評価金銭債権の移転に伴う一括貸倒引当金の引継ぎが可能となりました。具体的には、分割法人、現物出資法人又は現物分配法人（以下「分割法人等」）において、個別評価金銭債権の場合と同様に、その分割等の日以後２カ月以内に税務署に対して、一括評価金銭債権にかかる期中貸倒引当金に関する届出を提出した場合には、その分割等の日の前日を事業年度終了の日とした場合に計算される一括評価金銭債権にかかる一括貸倒引当金限度額に達するまでの金額を損金算入することが認められます（法法52⑥⑦）。そして、分割承継法人、被現物出資法人又は被現物分配法人（以下「分割承継法人等」）においては、分割法人等で損金算入された期中一括貸倒引当金勘定の金額で受け入れ（法法52⑧）、その分割等の日が属する事業年度の所得金額の計算上、その期中一括貸倒引当金勘定を戻し入れ、益金の額に算入します（法法52⑪）。この改正規定は、平成22年10月１日以後に行われる適格分割等について適用されます（平成22年改正法附則10②）。

　改正前は、適格組織再編のうち、適格合併又は適格分割型分割の場合にのみ、一括評価金銭債権に係る貸倒引当金の引継ぎが認められていましたが、平成22年度の改正により、適格分社型分割、適格現物出資及び適格現物分配においても、一括評価金銭債権に係る貸倒引当金の引継ぎが認められることになり、適格組織再編の形態による取扱いの差異がなくなりました。

　分社型分割の場合の個別評価金銭債権に係る貸倒引当金については改正前後

で取扱いに差異はなく、分割型分割のみなし事業年度の廃止や適格現物分配の創設により、規定の整備が行われました（法法52③）。

1. 会計処理

P社では、移転する資産・負債の分社型分割の日の前日における適正な帳簿価額を算定するため、金銭債権については、当該分割日の前日を事業年度終了の日とした場合の貸倒引当金の繰入計算を行います。そして、分社型分割の日において、以下に示す仕訳により、S社に移転します。

【P社の会計仕訳】

（単位：百万円）

（借）	S 社 株 式	1,400	（貸）	金 銭 債 権	600
				貸倒引当金（個別）	△100
				貸倒引当金（一括）	△200
				減 価 償 却 資 産	1,000
				減価償却累計額	△400
				土　　　　　地	500

S社では、以下の仕訳（資本金の増加額を700と仮定）で示すように、移転資産・負債について適正な帳簿価額により引き継ぐことになります。

【S社の会計仕訳】

（借）	金 銭 債 権	600	（貸）	資　本　金	700
	貸倒引当金（個別）	△100		資 本 準 備 金	700
	貸倒引当金（一括）	△200			
	減 価 償 却 資 産	1,000			
	減価償却累計額	△400			

土　　　　地　　　　500

2．P社の税務申告書での取扱い

　P社は、移転する金銭債権（個別評価金銭債権及び一括評価金銭債権）に関して設定した期中個別貸倒引当金勘定及び期中一括貸倒引当金勘定について、それぞれ分社型分割の日の前日を事業年度終了の日とした場合に計算される貸倒引当金繰入限度額に達するまでの金額を損金の額に算入できます（法法52⑤⑥）。この場合、損金算入の要件として、分社型分割の日以後2ヵ月以内に、期中貸倒引当金勘定の金額その他一定の事項を記載した届け出書を税務署に提出することが必要となりますので注意が必要です（法法52⑦）。

【分社型分割の日の前日（平成22年10月30日）】

別表五（一）Ⅰ　　　　　　　　　　　　　　　　　　　　　（単位：百万円）

区分	期首現在利益積立金額	当期の増減		差引翌期首現在利益積立金額
		減	増	
	①	②	③	④
貸倒引当金（個別）			50	50
貸倒引当金（一括）			10	10

【分社型分割の日（平成22年11月１日）】

別表五(一)Ⅰ　　　　　　　　　　　　　　　　　　　　　（単位：百万円）

区分	期首現在利益積立金額	当期の増減 減	当期の増減 増	差引翌期首現在利益積立金額
	①	②	③	④
貸倒引当金（個別）			50 △50	0
貸倒引当金（一括）			10 △10	0
Ｓ社株式			60	60

3．Ｓ社の税務申告書での取扱い

　Ｓ社では、当該分社型分割において、Ｐ社において損金算入された期中貸倒引当金勘定の金額を引き継ぐことになります（法法52⑧）。そして、引き継いだ期中貸倒引当金勘定は、分割の日を含む事業年度の所得金額の計算上、戻入れを行い益金の額に算入します（法法52⑪）。また、Ｐ社において税務調整された繰入限度超過額については、Ｓ社の別表５(1)Ⅰ上に引き継がれ、戻入れの際に認容減算されることになります。

【分社型分割の日（平成22年11月１日）】

別表五(一)Ⅰ　　　　　　　　　　　　　　　　　　　　　（単位：百万円）

区分	期首現在利益積立金額	当期の増減 減	当期の増減 増	差引翌期首現在利益積立金額
	①	②	③	④
貸倒引当金（個別）			50	50
貸倒引当金（一括）			10	10
資本金等の額振替			△60	△60

第5章　組織再編税制

Q12 適格再編における売買目的有価証券の処理

　当社（P社）は、平成23年4月1日に、分社型分割により、売買目的有価証券を含む資産を、100％子会社（S社）に移転をする予定です（両社とも3月決算）。税務上、適格分社型分割に該当する場合において、売買目的有価証券を移転する際の取扱いが変わったと聞きましたが、平成23年3月31日の当該売買目的有価証券の時価評価金額を下記のとおりと想定した場合の、当該分社型分割に係る当社及び子会社の税務上の取扱いを、具体的に教えてください。

（単位：百万円）

移転資産	会計上の簿価	税務否認金	時価
売買目的有価証券	100	0	150

POINT

- 税務上、適格分社型分割において、売買目的有価証券を移転する場合には、分割法人では、その売買目的有価証券の、適格分社型分割の日の前日の時価評価金額を基に評価益又は評価損を計上し、益金の額又は損金の額に算入します。

- 分割承継法人では、その時価評価金額で受入れ処理を行い、分割法人等で益金の額又は損金の額に算入された評価益又は評価損に相当する金額を、その分社型分割があった日の属する事業年度の所得金額の計算上、戻入れを行い損金の額又は益金の額に算入します。

- 平成22年10月1日以後に適格分割が行われる場合について適用されます。

Answer

　平成22年度の税制改正により、適格分割、適格現物出資又は適格現物分配（残余財産の全部の分配を除く。以下「適格分割等」）により、売買目的有価証券を移転する場合には、分割法人、現物出資法人又は分配法人（以下「分割法人等」）では、その分割等の日の前日において、その売買目的有価証券の時価評価を行い評価損益の計上をするとともに（法法61の3③）、分割承継法人、被現物出資法人又は被現物分配法人（以下「分割承継法人等」）においては、その時価評価金額を、適格分割等の直前の帳簿価額として受入れ処理を行うことになりました（法令119の15②）。この改正規定の適用は、平成22年10月1日以後に行われる適格分割等について適用されます（平成22年改正法附則10②）。

　従来では、適格組織再編のうち、適格合併又は適格分割型分割の場合にのみ、売買目的有価証券を時価で評価替えした上で引継ぎが行われていましたが（旧法法61の3①）、今回の改正により、適格分社型分割、適格現物出資及び適格現物分配においても、時価評価が行われることになり（旧法法61の3③）、適格組織再編の形態による取扱いの差異がなくなりました。

1. 会計処理

　P社では分社型分割を行った時の前日の時価に基づき評価損益を計上し、その評価替えを行った帳簿価額によりS社に移転します。設例の場合、移転直前の時価150と帳簿価額100の差額50を評価益として認識し、その時価評価後の帳簿価額150によりS社に移転します。一方、S社では、P社の移転直前の帳簿価額を取得価額として受け入れることになります。したがって、設例の場合、P社の移転直前の帳簿価額は150となりますので、S社ではその売買目的有価証券の取得価額を150で計上します。

2. P社の税務上での取扱い

　税務上、適格分割等に該当する場合、売買目的有価証券は、その適格分割等

の日の前日における時価で評価損益を計上し（法法61の3③）、そして、その時価評価金額を移転直前の帳簿価額として移転することになります（法令119の15②）。設例の場合では、移転直前の時価による評価益50について、税務上も益金算入が認めら、時価評価金額150により移転処理を行います。したがって、売買目的有価証券の移転に関する処理について、税務上の取扱いと会計上の取扱いとが一致することになり、法人税の税務申告書上、何ら調整する必要はないことになります。

3．S社の税務申告書での取扱い

売買目的有価証券を、移転直前の帳簿価額である時価評価金額で受け入れた後（法令123の4）、分割法人等で計上した時価評価損益に相当する金額を、当該分割等の日を含む事業年度において、戻し入れることになります（法令119の15③）。設例の場合では、時価評価金額150で受入れ処理を行い、その分割等の日を含む事業年度末においてP社で計上した評価益に相当する金額50を戻し入れ、損金の額に算入します。したがって、S社における、この売買目的有価証券の時価評価の基準となる帳簿価額は、当該戻入れを行った後の金額、すなわち、分割法人等が時価評価損益を計上する前の帳簿価額100となります（法令119の15⑤）。

索　引

【あ行】

圧縮記帳……………………………76
圧縮記帳の適用対象となる
　譲渡損益調整資産……………79
一括評価金銭債権……………340
一括評価金銭債権にかかる
　期中貸倒引当金に関する届出……341
受取配当………………………16
受取配当等の益金不算入
　…………181, 185, 187, 196, 201, 206
受取配当等の益金不算入額……202, 233
親法人の設立事業年度………141

【か行】

外国子会社から受ける
　配当等の益金不算入……289
外国子会社の清算……………288
外国法人…………………………9, 16
外国法人への現物分配………300
解散した法人が継続した場合……279
確定申告書に添付すべき系統図……91
株式移転完全子法人…………151
株式譲渡損益
　…… 178, 185, 192, 207, 212, 254, 289, 321
株式帳簿価額の付替計算……315
株式の譲渡損益………………4, 266
関係法人株式等…………202, 223
完全子法人株式等
　…………196, 201, 202, 223, 225, 232
完全支配関係……………………7, 20

完全支配関係の終了…………67
完全支配関係を有することとなった日
　………………………………10, 14
企業会計基準委員会実務対応報告
　第5号…………………………84
企業会計基準委員会実務対応報告
　第7号…………………………84
期限切れ欠損金…………243, 248, 262
期中損金経理の明細の届出……303
寄附金…4, 21, 94, 105, 110, 114, 120, 123, 162
寄附修正…………………………161
寄附修正事由……………100, 108
寄附修正事由による投資簿価修正……96
期末関係法人株式等…………235
期末完全子法人株式等………240
金銭交付型非適格合併………321
金銭等不交付分割型分割……325
繰延譲渡損益……………72, 159
繰延譲渡損益の実現
　………………40, 44, 48, 53, 58, 63, 67
グループ法人税制……………2
グループ法人税制導入に伴う
　税効果会計への影響………83
グループ法人税制の適用対象法人……11
経済的利益の供与……………123
計算期間………………………232
欠損金の引継制限……………257
減価償却（簡便法）…………44
減価償却（原則法）…………40
源泉徴収………255, 257, 270, 275, 284, 295
現物配当………………………4, 292

現物分配	274, 284, 292	資産の高額譲渡	110
公開買付期間中の株式の取得	184	資産の譲渡取引	25
控除負債利子	234	資産の低廉譲渡	105
控除負債利子の簡便法による計算	236	資本金等の額	192, 257, 259, 263, 267, 270
控除負債利子の原則法による計算	234, 238	従業員持株会	10
子会社株式に係る消滅損	263	受贈益	21, 94, 105, 110, 114, 120, 123, 163
子会社株式の譲渡損益	244, 257, 270, 275	譲渡損益実現額	42, 47, 50
子会社等を再建する場合の無利息貸付け等	121	譲渡損益実現にかかる通知	86
子会社等を整理する場合の損失負担等	121	譲渡損益調整資産	23, 29, 36, 37, 85, 323
子会社の有する未処理欠損金額	254	譲渡損益調整資産に関する通知書	89
個別所得	155	譲渡損益調整資産の譲渡	76
個別評価金銭債権	340	譲渡損益調整資産の低廉譲渡	114
		譲渡損益の繰延べ	23, 29, 319

【さ行】

		譲渡損益の繰延べ処理に伴う税効果会計	81
最後事業年度	250	譲渡損益の実現	37
債務免除益	262	譲渡法人に通知	40, 44
残余財産確定の日	173	譲渡法人の通知義務	85
残余財産がないと見込まれるとき	247	所得税等の控除不足額	281
残余財産の一部分配	277	新設親法人の承認申請の特例	141
残余財産の確定の日	245, 250	清算確定申告書	282
残余財産の全部の分配	244	清算子法人の欠損金	244
時価評価課税	326	清算事務年度	250
時価評価損益	347	清算所得課税の廃止	242
時価評価対象外法人	151, 153		
事業譲渡類似株式の譲渡	286	【た行】	
事業税の損金算入	244, 248, 265, 274	第二次納税義務	259
自己株式及び準備金の額の減少等に関する会計基準の適用指針	298	抱合株式	218
自己株式取得予定株式	214	抱合株式の譲渡損益	220
自己株式取得予定株式の譲渡	192, 196	単体申告事業年度に生じた欠損金額	149
自己株式等の取得が予定されている株式等	186	地方法人特別税	249
		中小企業者	126
		中小法人	126
		中小法人向け特例措置	17, 126, 129

索　引

通知義務……………………………… 85
適格合併による解散………………… 72
適格株式移転………………………… 151
適格現物分配
　……… 165, 244, 257, 258, 269, 292, 308, 315
適格分割型分割…………………… 315, 338
適格分割型分割等による期中損金経理額
　等の損金算入に関する届出………… 176
当事者間の完全支配関係…………… 7
投資簿価修正………………… 161, 171
同族関係……………………………… 20
特殊の関係のある個人……………… 20
特定連結欠損金…………… 149, 150, 153
特定連結子法人……………………… 151

【な行】

日本公認会計士協会　会計制度委員会
　報告第6号………………………… 83
日本公認会計士協会　会計制度委員会
　報告第10号………………………… 83
のれん…………………………… 32, 36

【は行】

配当基準日………………………… 228
配当等の額の計算期間…………… 227
売買目的有価証券………………… 345
非適格合併…………………… 25, 207
非適格合併による資産の譲渡…… 319
非適格株式移転……………………… 26
非適格株式交換………………… 26, 327
非適格現物出資……………………… 25
非適格現物分配…………… 25, 297, 302
非適格分割…………………… 25, 322
非特定連結欠損金………………… 150, 154

負債利子控除……………………… 4
分割型分割………………… 174, 329
分社型分割………………………… 329
平成22年度税制改正に係る法人税質疑
　応答事例（グループ法人税制関係）… 88
法人による完全支配関係……… 11, 21, 99

【ま行】

未処理欠損金額…………………… 263
みなし加入日……………………… 144
みなし事業年度…………… 170, 175, 280
みなし配当…… 178, 184, 212, 216, 220, 255,
　257, 258, 266, 270, 275, 285, 309, 321, 325
みなし連結欠損金………………… 152
無対価合併………………………… 330
無対価株式交換…………………… 334
無対価組織再編…………………… 328
無対価分割…………………… 332, 336

【や行】

有価証券の一部譲渡……………… 49
有価証券の評価替え……………… 51
有形固定資産の現物分配………… 303
譲受金銭債権の貸倒れ…………… 53
譲受資産のグループ外譲渡……… 58
譲受資産のグループ内譲渡……… 63
譲受法人の通知義務……………… 86
予納申告………………… 277, 280

【ら行】

連結確定申告書…………………… 138
連結欠損金個別帰属額…………… 173
連結子法人が解散した場合……… 245
連結子法人の解散………………… 169

連結子法人の残余財産が
　確定した場合……………………… 260
連結事業年度……………………… 141
連結所得………………………… 155, 157
連結納税開始又は加入時の
　時価評価課税…………………… 147
連結納税の開始……………………39
連結納税の承認申請期限………… 140
連結納税の承認取消……………… 158
連結納税の承認の効力発生日…… 144
連結納税の承認の申請書を提出した
　旨の届出書……………………… 143
連結納税の承認の取消事由……… 169, 245
連結納税の取消事由……………… 260
連結納税への加入…………………39
連結法人株式等…………………… 223
連結法人間の寄附金……………… 161

税理士法人プライスウォーターハウスクーパース

　税理士法人プライスウォーターハウスクーパースは、プライスウォーターハウスクーパース（PwC）グローバルネットワークの日本におけるメンバーファームです。公認会計士、税理士等約560名のスタッフを有する日本最大級のタックスアドバイザーとして、法人・個人の申告をはじめ、金融・不動産関連、移転価格、M＆A、事業再編、国際税務、連結納税制度など幅広い分野において税務コンサルティングを提供しています。

編著者一覧

荒井　優美子　マネージングディレクター／税理士、公認会計士
Yumiko Arai

君塚　　悟　シニアマネージャー／税理士、公認会計士
Satoru Kimizuka

齋木　信幸　シニアマネージャー／税理士、公認会計士
Nobuyuki Saiki

中村　賢次　シニアマネージャー／税理士
Kenji Nakamura

飯島　哉文　マネージャー／税理士
Saimon Iijima

柿本　雅一　マネージャー／税理士
Masakazu Kakimoto

粂田　隆宏　マネージャー／税理士
Takahiro Kumeda

駒井　栄次朗　マネージャー／税理士
Eijiro Komai

前田　貴子　マネージャー／税理士
Takako Maeda

福永　俊明　アシスタントマネージャー／税理士
Toshiaki Fukunaga

編著者との契約により検印省略

平成22年10月1日 初版第1刷発行	**グループ法人税制　実務事例Q&A**

編 著 者	税理士法人 プライスウォーターハウスクーパース	
発 行 者	大　坪　嘉　春	
製 版 所	美研プリンティング株式会社	
印 刷 所	税経印刷株式会社	
製 本 所	株式会社　三森製本所	

発 行 所　東京都新宿区下落合2丁目5番13号　株式会社 税務経理協会
郵便番号 161-0033　振替 00190-2-187408　電話 (03) 3953-3301 (編集部)
　　　　　　　　　FAX (03) 3565-3391　　　　(03) 3953-3325 (営業部)
URL　http://www.zeikei.co.jp/
乱丁・落丁の場合はお取替えいたします。

Ⓒ　税理士法人　プライスウォーターハウスクーパース　2010　Printed in Japan

本書を無断で複写複製（コピー）することは，著作権法上の例外を除き，禁じられています。本書をコピーされる場合は，事前に日本複写権センター（JRRC）の許諾を受けてください。
JRRC〈http://www.jrrc.or.jp　eメール：info@jrrc.or.jp　電話：03-3401-2382〉

ISBN978-4-419-05582-0　C3032